悪性格と有罪推認

本書は末延財団の助成を得て刊行された

中川 武隆

悪性格と有罪推認

── イギリス控訴院判例の分析 ──

学術選書
188
刑事訴訟法

信山社

は し が き

　本書は，私が2018年10月，早稲田大学へ提出した博士論文に加筆・修正を加えたものである。ほぼ41年にわたる裁判官の勤務を終え，早稲田大学法科大学院にお招きを受け，その任期中，最高裁平成24年判例が出された（続いて，ほぼ同趣旨の平成25年判例が出された）。裁判員制度の導入を意識して，英米法起源の「悪性格証拠排除法則」の採用を明確に宣言したものと評してよい。これを受けて，英米法の「悪性格証拠排除法則」とは，一体，どのような内容を持つものか，さらに，イギリスにおいては，2003年の刑事司法法により，悪性格証拠の許容性につき，コモン・ローのルールを廃止する改革がなされた，それはどのような内容か，以上を，英米の資料に基づいて研究してみたいと考えた。そのために，法学研究科博士後期課程への入学を志した。研究成果を我が国にどう導入するかは，一まず除外して，外国法をそのものとして研究してみたい。そういう気持ちが強く，私の我がままであったが，刑事法専攻の学者ではなく，イギリス憲法等を専攻しておられる中村民雄教授の門をたたくことにした。ご迷惑であったと思うが，快く引き受けて下さった寛大な精神に感謝申し上げる。若い学生と並んで，英文の読解，イギリス法の基礎，学術論文の作法等々，第一歩からご指導を受けたことも，楽しい思い出となった。

　しかし，論文の提出までに4年6か月を要した。その理由は，私の怠惰ゆえであるが，今となっては，必要な時間であったようにも思われる。研究の初めにおいては，中村教授から，スペンサー教授の著書を教科書として指定していただいた。その後，レドメイン教授の著書の存在を，小川佳樹教授からご教示いただき，スペンサー教授とはまた違った，学者らしい分析に大いに刺激を受けた。4年目の夏，控訴院判決の読み込みに追われた。当初から意図したものではないが，徐々に集積し，結果，第7，8章で詳細に分析した判決は，50件を越える。この控訴院判決の分析部分（第7章ないし第9章）が，本書のテーマである，悪性格証拠による有罪推認過程，理由付けの中心部分となる。多くの控訴院判決を読み進めて行く中で，裁判官（ここでは，控訴審の裁判官）は，

v

はしがき

同じような思考をするものだなと妙に納得するところがあった。裁判官スピリットには，法体系が異なっても共通するところがある。また，言葉を尽くし，論理立てて，きちんと説得しようとする判決文から，これが，イギリスの裁判官の伝統であろうと感じさせられた。

　本研究は，イギリス法それ自体を分析し，それを我が国に正確に紹介したいという目的でスタートした。しかし，それをどのように我が国に持って来ることができるか。イギリスにおいては，控訴院判決で，陪審に対する説示の適否を審査する過程で，悪性格証拠のうちの類似事実証拠による有罪推認過程，理由付けの分析が次第に明確化されてきている。我が国において，類似事実証拠の許容性を判断する際に，まず，このような有罪推認過程，理由付けの分析を行い，そのような類似事実証拠の使用が，証明力が高く，事実認定を誤らせる弊害が少ない場合であれば，類似事実証拠を有罪認定に活用することが許されるというのが，私の提言である。我が国の最高裁平成24年，25年判例が出された以降の議論に一石を投じるものである。広く御批判を仰ぎたいが，本書が，我が国における，類似事実証拠の利用に関する議論の基礎資料の一つとなり，議論がさらに深まるための一助となることを期待したい。

　この論文は，中村教授の暖かい叱咤激励，特に，終盤においては，期限を切ってのご指導がなければ，到底，完成しなかったと言ってよい。この場をお借りして，その学恩に心から感謝を申し上げる。また，博士論文の審査に当たって多くのご指導をいただいた宮川成雄教授，小川佳樹教授，酒巻匡教授，田口守一名誉教授に御礼を申し上げる。草稿に対して貴重なご意見を下さった佐藤友幸氏に御礼を申し上げる。論文作成中に，早稲田大学のイギリス法研究会，刑事法学研究会において，研究中の成果の一部を発表する機会を与えられ，出席者から貴重なご意見を賜ったことについても，御礼を申し上げる。

　最後に，はるか，私の学部学生時代に遡ることを許していただきたい。瀬田川で端艇部の活動に明け暮れていたものの，漕手として物にならず，教室に戻った私に，法学への興味を与えて下さった，国際私法の故溜池良夫教授のことである。講義録を読み上げ，学生が必死にノートを取るという古典的なスタイルであったが，国際私法の論理の精緻さにすっかり魅せられてしまった。国際私法の学問の道に進むことができなかった私であるが，本書の出版を先生の御霊

はしがき

前に報告したい。

　本書の公刊については，中村教授が，ご紹介の労をとって下さり，さらに，末延財団からの出版助成を受けるに当たってもご尽力を賜った。信山社の稲葉文子氏，今井守氏が本書の完成まで，万全のサポートをして下さった。ここに，厚く御礼を申し上げる。

　2019年7月

中 川 武 隆

〈目　次〉

は し が き (v)

◆ 第1章　は じ め に ……………………………………3

第1節　研究の動機・目的及び研究の対象………4

第2節　先行研究と本研究の独自性………8

第3節　本書の構成と結論………11

◆ 第2章　イギリスのコモン・ローにおける類似事実証拠の許容性 ………………………………14

第1節　*Makin* 判決まで………14

第2節　*Makin* 判決（1893年12月12日枢密院司法委員会判決）………20

第3節　*Boardman* 判決（1974年11月13日貴族院判決）………26

第4節　*P* 判決（1991年6月27日貴族院判決）………32

補　論　1898年刑事証拠法（Criminal Evidence Act 1898）1条………36

◆ 第3章　アメリカにおける類似事実証拠の利用 …………………38

第1節　連邦証拠規則の規定………38

第2節　*Huddleston* 判決が示した運用指針………40

第3節　性向推認と性向推認ではない推認との峻別………42

◆ 第4章　2003年刑事司法法（Criminal Justice Act 2003）が定めた悪性格証拠の許容性に関するルール …………45

第1節　同法（第11編第1章「悪性格証拠」）成立の動因………45

第2節　同法における悪性格証拠規定の全体像………48

ix

目　次

　　　第3節　同法における類似事実証拠の許容性に関するルール
　　　　　　　………53

　　　第4節　悪性格証拠ないし類似事実証拠の許容性に対する基本的
　　　　　　　考え方………57

　　　第5節　*Hanson* 判決が示したガイドライン………58

　　　第6節　副次的訴訟(satellite litigation)の弊害………60

◆ **第5章　許容された悪性格証拠の使用** …………………………………65

　　　第1節　裁判官による陪審に対する説示………66

　　　第2節　許容された悪性格証拠の使用目的に限定はあるか………71

◆ **第6章　類似事実証拠はなぜ有罪認定に役立つか** …………………74

　　　第1節　性向推認とこれが禁止された理由………74

　　　第2節　犯罪性向が証明力を持つ実証的基礎………77

　　　第3節　性向推認に存する倫理的問題………82

　　　第4節　類似事実証拠使用における「他の証拠(other evidence)」
　　　　　　　の重要性………84

　　　第5節　性向推認を経由しない類似事実証拠の使用方法………86

　　　第6節　控訴院判例の分析の座標軸の設定………93

◆ **第7章　控訴院判決の分析その一(複数訴因間の利用を除く)** ……94

　　　第1節　推認過程の分析………94

　　　第2節　窃盗・強盗，子どもに対する性的暴行罪における利用
　　　　　　　………96

　　　第3節　直接証拠の真実性を支持するための利用………119

　　　第4節　正当防衛の防御の反証のための利用………124

　　　第5節　認識，故意の認定のための利用………131

　　　第6節　犯人の同一性認定のための利用（同定証言の正確性の
　　　　　　　支持ほか）………141

目　次

◆ **第8章　控訴院判決の分析その二（複数訴因間の利用）**……………153

第1節　複数訴因間の証拠の許容性………153
第2節　複数告訴人の証言の訴因間使用………154
第3節　被害者複数事件におけるその他の問題………163
第4節　すべての訴因の証拠の全体的観察………169

◆ **第9章　控訴院判決の分析の総括**………………………………………173

第1節　許容性から説示（推認過程）への重点の移動………173
第2節　他の証拠との関係………174
第3節　狭義の性向推認を経ない理由付けのまとめ………179
第4節　狭義の性向推認に頼る場合が限定されてきていること
………184
第5節　2003年刑事司法法がもたらした変革とイギリス法の根底に
あるもの　………185

◆ **第10章　我が国における類似事実証拠の有効かつ適切な利用** …187

第1節　イギリス控訴院判例から示唆を受けての問題提起………187
第2節　我が国の事案における類似事実証拠の適切な利用………191
第3節　結　論………207

参考文献一覧
Ⅰ　邦文の文献（213）
Ⅱ　英文の文献（216）

事項・人名索引（221）
判 例 索 引（224）

xi

悪性格と有罪推認

第1章　は じ め に

　被告人の前科を証拠として，被告人を有罪としてよいか。本書が扱うのは，
この問題である。

　イギリスでは，悪性格証拠の許容性の問題は，古くからコモン・ローによっ
て規律されてきた。しかし，2003年に刑事司法法（Criminal Justice Act 2003，
以下，CJA2003と略することがある）が制定されて，この点に関するコモン・ロー
が廃止され，新しく悪性格証拠の許容性の要件が定められた。そこで，本書では，
イギリスにおけるこのようなコモン・ロー（旧法）から制定法（新法）への移
り変りを追い，次いで，被告人（以下，Dと略する）の前科等の類似事実の公判
審理における利用状況を，控訴院判決から分析する。その分析によれば，Dの
前科等の類似事実から，Dの有罪を推認する過程を明確化する方向性が見て取
れる。本書は，控訴院判決から分析できる有罪推認過程に着目して，類似事実
を利用する際の有罪推認過程の分析の重要性を，我が国に提言するものである。

　ここで，イギリス刑事証拠法において，一般に，性格（character）を証拠と
する場合を整理しておこう。まず，誰の性格を問題にするかの視点から，(1)D
の性格，(2)D以外の者の性格，とに分けられる。本書は，Dの性格を取り扱
う。D以外の者の性格が関係する主な場合の一つは，例えば，性犯罪の被害者
が証人となる場合である。

　次に，性格は，(1)悪性格（bad character）と(2)善性格（good character）とに
分かれる。したがって，(1)Dについて，悪性格証拠と善性格証拠があり，(2)
D以外の者についても，悪性格証拠と善性格証拠が問題となり得る。ここで，
注意を要するのは，新法が規定するのは，悪性格証拠（D及びD以外の者のそ
れ）の許容性のみであるから，善性格証拠（D及びD以外の者のそれ）に関し
ては，従来どおり，コモン・ローが規律することである。本書は，Dの性格の
うち，その悪性格証拠を取り扱う[1]。

　（1）　対比的に，Dの善性格証拠について参考までに簡単に説明しておこう。Dは法廷に

◆第1章◆　はじめに

さらに，Ｄの悪性格証拠は，大別して，(1)コモン・ローにおいて，類似事実証拠（similar fact evidence）として，その許容性が議論されてきた証拠と，(2)それ以外の証拠とに分かれる。(1)の類似事実証拠として使う場合は，検察の有罪立証に使用する場合である。本書のテーマは，まさにこれである。(2)のそれ以外の証拠とは，Ｄが善性格を主張した場合の反証として使う場合，Ｄの供述の信用性を弾劾する場合，「説明証拠」として使う場合などであるが，第4章の新法の規定の解説において要点だけ説明する。

◆ 第1節 ◆　研究の動機・目的及び研究の対象

(1)　研究の動機・目的

本書で「Ｄの悪性格証拠」のうち，特に，類似事実証拠の許容性やそれを用いた推論の適正さを研究することになった動機は，最高裁の二つの判例にある。

平成24年（2012年）9月7日，最高裁第二小法廷は，Ｄの前科に係る犯罪事実の証拠能力に関して判断を示した。その要旨は，「前科証拠をＤと犯人との同一性の証明に用いる場合は，前科に係る犯罪事実が顕著な特徴を有し，かつ，それが起訴に係る犯罪事実と相当程度類似することから，それ自体で両者の犯人が同一であることを合理的に推認させるようなものであるときに証拠能力が肯定される」であった。その上で，当該前科に関係する証拠の証拠能力を否定した[2]。

次いで，平成25年（2013年）2月20日，最高裁第一小法廷は，前科に係る犯

おいて，自分が善性格の持ち主であることを立証することが許される。Ｄが自己の善性格を立証した場合，検察は，Ｄの悪性格を立証することが許される。この場面でも，Ｄの悪性格証拠が登場するが，善性格立証に対する反証という使用であり，類似事実証拠によって有罪を立証する場合とは，使用目的が異なる。なお，Ｄの善性格証拠の利用は，17世紀に遡るとされ，Ｄが，証人を呼んで，自己の善性格を証言してもらうことは，19世紀初めころに通例であったとされる（D. Bentley, *English Criminal Justice in the Nineteenth Century* 237 (The Hambledon Press, London, 1998)）。Ｄの善性格証拠に関する全体像を要領よく説明したものとして，R. Munday, *Evidence* 242-251 (9th ed., Oxford University Press, Oxford, 2017) がある。

4

◇ 第1節 ◇　研究の動機・目的及び研究の対象

罪事実のほか，前科以外の他の犯罪事実[3]についても，第二小法廷の上記判断をおおむね踏襲する判断を示した。その要旨は，「前科に係る犯罪事実や前科以外の他の犯罪事実をＤと犯人の同一性の間接事実とすることは，これらの犯罪事実が顕著な特徴を有し，かつ，その特徴が証明対象の犯罪事実と相当程度類似していない限りは，許されない」であった。その上で，当該前科に係る犯罪事実及び前科以外の犯罪事実を，犯人がＤであることの間接事実とすることは許されないとした[4]。

　最高裁が，このように相次いで，前科に係る犯罪事実及び前科以外の他の犯罪事実を，Ｄが起訴された罪の犯人であることを立証するための証拠として許容できるかどうかに関して，ルールを提示し，結論として，いずれも，当該証拠が許容されないと判断したことは，実務及び学界の大きな注目を引いた[5]。

　以上の２件の判例までの，いわゆる悪性格証拠に関する最高裁の判例を振り返ってみる。昭和41年（1966年）の第三小法廷決定は，詐欺罪の故意のような犯罪の主観的要素を認定するために，犯罪の客観的要素が他の証拠で認定できるとの要件の下で，同種前科を証拠として許容した[6]。そのような場合は，英米法において，許容される類型の一つであると説明され，我が国でも受け入れられてきた[7]。

　その後，最高裁は，平成21年（2009年）の和歌山毒カレー事件の上告棄却決定において，一，二審の有罪認定を是認できる旨の職権判断を示したものの，一，二審以来争点となっていた，他の犯罪事実（併合審理されている他の犯罪事

（2）　最二判平成24年9月7日刑集66巻9号907頁。事実関係は，本書第10章第2節参照。

（3）　当該事案では，併合審理されている他の犯罪事実である。

（4）　最一決平成25年2月20日刑集67巻2号1頁。事実関係は，本書第10章第2節参照。

（5）　担当調査官の解説として，岩﨑邦生『最高裁判所判例解説刑事篇平成24年度』（2015年）275頁，同『最高裁判所判例解説刑事篇平成25年度』（2016年）1頁がある。それぞれに，多くの判例評釈（原判決のそれを含む）が掲げられている。本書では，それらを網羅的に掲げることはしない。末尾参考文献一覧において，その一部を掲げる。

（6）　最三決昭和41年11月22日刑集20巻9号1035頁。事実関係は，本書第10章第2節参照。

（7）　綿引紳郎『最高裁判所判例解説刑事篇昭和41年度』（1967年）212，214，215頁参照。ただし，最高裁決定自体は，同種前科が，どのようにして故意の認定に役立つのか，その理由を明示していない。

◆第1章◆　はじめに

実及び起訴されていない他の犯罪事実）をＤが犯人であることの立証に用いてよいかどうかの争点については，判断を示さなかった。すなわち，間接事実３点などを総合してＤを犯人と認めることができると指摘したが，他の犯罪事実の存在を指摘することはなかった[8]。最高裁は，Ｄの悪性格証拠の許容性という困難な問題に取り組むまでもなく，有罪の結論を出すことが可能であると判断したと解することができる。しかし，一方で，他の犯罪事実を取り調べた上，これをも利用して有罪認定したことが違法であったとは述べていない。

　このような経緯で見てくると，平成24年判例及び平成25年判例が，証拠法に関し，制定法の規定がない分野において，原則を示した上，当該証拠の証拠能力を否定したことの影響力は大きい[9]。

　この両判例を契機に，今後，我が国において，悪性格証拠の許容性に対し，どのように考えるべきなのか。私自身，平成24年判例が出て早い段階で，これに対する評釈などを発表した[10]。そこでは，アメリカの連邦証拠規則の関連条文からの検討及びイギリスのCJA2003中の「悪性格証拠」部分[11]からの検討を試みてみた。その際，イギリスにおいて，CJA2003が，刑事手続における悪性格証拠の許容性に関するコモン・ローのルールを廃止し，制定法としてルールを定め直した事実に，関心を抱いた。そこで，イギリスのコモン・ローにおける，悪性格証拠排除法則とは，実際，どのような内容を持つものであったのか，それがCJA2003によってどのような内容に変更されたのか，これを，まず，イギリスの資料に基づいて，調査したいと考えたのが本研究を行う動機

（8）　最三判平成21年４月21日判例タイムズ1297号127頁。

（9）　裁判員裁判の施行が切っ掛けとなり，最高裁は，意図して，類似事実証拠の利用に厳格な態度を取るべきことを下級審裁判所に対し指導したものとも受け取れる。しかし，後に述べるように，類似事実証拠の利用は，推認の論理構造の分析が明確になされることが重要であり，裁判員裁判であるかないかは，類似事実証拠の利用に直接関係ないものと考える。

（10）　中川武隆「判批」刑事法ジャーナル35号（2013年）185頁，同「同種前科ないし類似事実の証拠能力について」捜査研究753号（2013年）２頁。

（11）　CJA2003の第11編第１章「悪性格証拠」。Criminal Justice Act 2003 c. 44 Part 11 Evidence, Chapter 1 Evidence of Bad Character, https://www.legislation.gov.uk/ukpga/2003/44/part/11/chapter/1. 最終閲覧日2019年１月11日。

◇ 第1節 ◇ 　研究の動機・目的及び研究の対象

である。ところで，CJA2003の悪性格証拠の規定のほとんどは，2004年12月15日から施行され，その後，現在までに14年以上を経ているので，法文それ自体によるルールの変更の研究だけでは足りず，裁判所における適用状況を調査研究することが必要と考えられた。

(2) 研究の対象

　CJA2003の裁判所による適用状況を調査するために，控訴院判決を分析することとした。控訴院判決の位置付けであるが，イギリス（イングランド及びウェールズ）の控訴院は，ロンドンに1か所存在するだけである。他方，連合王国の最高裁判決が出されることは稀であり，本研究で取り上げたのは，1件のみである[12]。このような事情などから，控訴院がイギリスの刑事裁判実務を指導している立場にあると言ってよい[13]。次に，控訴院判決が本研究の対象として適切であることを説明する。類似事実を利用した有罪に対する控訴の理由は，裁判官の類似事実証拠の許容決定の誤り及び（又は）裁判官が審理の最後に陪審に与えるサミング・アップ（summing up. 事件概要及び法律上の論点の提示）でする類似事実証拠使用に関する説示（direction）の誤りを主張するものがほとんどである。したがって，控訴院判決を読み解くことにより，類似事実証拠の許容性判断の問題のみならず，陪審に対する説示の適否に対する判断から，類似事実をどのような推認過程，理由付けにより有罪認定に使用することが許容されているのかが見えてくる。

---

(12)　2005年の憲法改革法により，2009年10月1日に設立された。貴族院に代わるものである。なお，貴族院当時でも，貴族院に対し上訴の許可が与えられるのは年に数件に過ぎないと言われていた。田中英夫『英米法総論下』（東京大学出版会，1980年）379頁。

(13)　成瀬剛「イギリスにおける専門証拠規律の最新動向」信州大学経法論集1号（2017年）37頁，45頁参照。

7

◆第1章◆　はじめに

◆　第2節　◆　先行研究と本研究の独自性

(1)　悪性格証拠に関するもの

　本研究の導入部分に関連する先行研究のうち主なものを，最初に，掲げておきたい。

　(a)　英米の悪性格証拠に関するコモン・ローや学説を紹介するものとして，楠本英隆「イギリスにおける類似事実証拠」[14]，同「アメリカにおける類似事実証拠法則の一断面」[15]，同「類似事実証拠法則の若干の適用」[16]，高田卓爾「同種事実の証拠（一）」[17]，松岡正章「被告人の悪性格の立証について」[18]，高倉新喜「刑事被告人の類似事実の証拠の証拠能力の判断について」[19]などの論文がある。

　(b)　アメリカの悪性格証拠に関する連邦証拠規則の規定及び判例を紹介するものとして，安冨潔「余罪証拠と悪性格の立証」[20]，高倉新喜・前同論文，野々村宜博「アメリカ合衆国における同種行為の許容性に関する一考察」[21]，辻脇葉子「同種前科・類似事実による立証 ── 『起訴された犯罪行為と密接不可分に結合する』犯罪行為の立証」[22]，同「類似事実による立証と偶然の理論」[23]などの論文があり，連邦証拠規則を日本語訳した上，逐条解説した，田邉真敏

---

(14)　楠本英隆「イギリスにおける類似事実証拠」早稲田法学38巻3・4冊（1963年）20頁。

(15)　楠本英隆「アメリカにおける類似事実証拠法則の一断面」楠本英隆［ほか］編『齊藤金作先生還暦祝賀論文集』（成文堂，1963年）1頁。

(16)　楠本英隆「類似事実証拠法則の若干の適用」早稲田法学39巻1号（1964年）23頁。

(17)　高田卓爾「同種事実の証拠（一）」大阪市立大学法学雑誌10巻1号（1963年）1頁。

(18)　松岡正章『量刑手続法序説』（成文堂，1975年）25頁。

(19)　高倉新喜「刑事被告人の類似事実の証拠の証拠能力の判断について」寺崎嘉博＝白取祐司編『激動期の刑事法学 ── 能勢弘之先生追悼論集』（信山社，2003年）105頁。

(20)　安冨潔「余罪証拠と悪性格の立証」刑法雑誌27巻3号（1986年）566頁。

(21)　野々村宜博「アメリカ合衆国における同種行為の許容性に関する一考察」東大阪大学・東大阪大学短期大学部教育研究紀要9号（2012年）1頁。

(22)　辻脇葉子「同種前科・類似事実による立証 ── 『起訴された犯罪行為と密接不可分に結合する』犯罪行為の立証」明治大学法科大学院論集18号（2016年）51頁。

◇ 第 2 節 ◇　先行研究と本研究の独自性

『アメリカ連邦証拠規則』[24]が出版されている。

　(c) CJA2003に関するもの

　高平奇恵「イギリスにおける悪性格証拠の許容性に関する予備的考察」[25]は，主に CJA2003の制定経緯を，同「イギリス二〇〇三年刑事司法法における悪性格証拠の許容性」[26]は，主に CJA2003の規定の内容，施行直後の控訴院判例の状況を紹介し，同「二〇〇三年英国刑事司法法における悪性格証拠に関する説示」[27]は，裁判官の陪審に対する説示に焦点を当て，日本の裁判員裁判においても，公判廷において裁判長が説示する必要性を主張し，同「イギリス法の視点からみる悪性格証拠に関する課題」[28]は，イギリス法の視点から見た日本の判例の検討及びイギリスの議論から得られる示唆を述べるものであり，以上は，日本における CJA2003に関する先駆的かつ総合的な研究である。

　他に，松代剛枝「類似事実立証について —— 最高裁平成24年 9 月 7 日判決／同平成25年 2 月20日決定と英米法の論理」[29]があり，アメリカの連邦証拠規則のほか，CJA2003及びその下での判例に言及している。

(2)　類似事実証拠からの有罪推認過程，理由付けに関するもの

　本研究の中心的部分である，類似事実からの有罪推認過程，理由付けに関し

---

(23)　辻脇葉子「類似事実による立証と偶然の理論」明治大学法科大学院論集21号（2018年）139頁。

(24)　田邉真敏『アメリカ連邦証拠規則』（レクシスネクシス・ジャパン，2012年）。

(25)　高平奇恵「イギリスにおける悪性格証拠の許容性に関する予備的考察」法政研究78巻 3 号（2011年）267頁。

(26)　高平奇恵「イギリス二〇〇三年刑事司法法における悪性格証拠の許容性」法政研究79巻 3 号（2012年）341頁。

(27)　高平奇恵「二〇〇三年英国刑事司法法における悪性格証拠に関する説示」法政研究81巻 3 号（2014年）195頁。

(28)　高平奇恵「イギリス法の視点からみる悪性格証拠に関する課題」法政研究81巻 4 号（2015年）373頁。

(29)　松代剛枝「類似事実立証について —— 最高裁平成24年 9 月 7 日判決／同平成25年 2 月20日決定と英米法の論理」関西大学法学論集63巻 6 号（2014年）48頁。

◆第1章◆　はじめに

ては，上記先行研究の中に，偶然の一致排除理論（第6章第5節(1)参照）に言及するものがある。楠本は，偶然の理論（doctrine of chances）に言及し[30]，高田は，機会の理論（doctrine of chances）に言及する[31]。最近のものでは，松代は「偶然累積の理論」とCJA2003との関係に言及している[32]。さらに，辻脇も，「偶然の理論」に言及している[33]。

推認過程に関しては，辻裕教は，「他の犯罪行為等が証拠として許容されるかを考えるに当たっては，どのような推認の過程によりどのような事実を立証しようとするものであるか，また，その推認がどの程度確実かを具体的に検討する必要があろう」としていた[34]。ただし，以上の論文は，いずれも抽象的主張にとどまっている。

本研究の本体部分は，CJA2003施行後の類似事実証拠からの推認過程，理由付けを控訴院判決を素材に実証的に研究するものである。類似事実証拠の許容性判断，あるいは，その適切な使用の問題を検討するためには，類似事実証拠からの推認過程，理由付けの分析が必須であると言える。この点の具体的な研究は，日本においては，いまだほとんどなされていない状況にある。本書の独自性は，まさに類似事実証拠からの推認過程，理由付けの論理をイギリスの控訴院判例に即して実証的に分析するところにある。

---

(30)　楠本・前掲注(15) 8頁。

(31)　高田・前掲注(17) 5頁。

(32)　松代・前掲注(29)70頁。

(33)　辻脇・前掲注(23)145頁以下。

(34)　辻裕教「判批」井上正仁編『刑事訴訟法判例百選（第9版）』（有斐閣，2011年）141頁。さらに，玉本将之「判批」研修779号（2013年）3963，3969頁，成瀬剛「類似事実による立証」井上正仁＝酒巻匡編『刑事訴訟法の争点』ジュリスト増刊（有斐閣，2013年）154頁は，辻とほぼ同旨。他に，推認過程の検討等の必要を主張する，正木祐史「前科・類似事実立証」季刊刑事弁護70号（2012年）37頁がある。加えて，遠藤邦彦「類似事実に関する証拠の許容性，関連性，必要性の判断基準」判例タイムズ1419号（2016年）35，54頁は，「推論過程の合理性の実質的検証の重要性」を主張している。また，寺崎嘉博「前科と「関連性」について」井田良ほか編『新時代の刑事法学 —— 椎橋隆幸先生古稀記念（上巻）』（信山社，2016年）469頁は，前科証拠による推認が合理的であるかどうかが関連性の基準となると主張する。

◇ 第 3 節 ◇　本書の構成と結論

◆ 第 3 節 ◆　本書の構成と結論

(1) 構　成

　本書は，最初に，コモン・ロー（旧法）において類似事実証拠が許容される
ルールを説明し，これが CJA2003（新法）によりどのような規定に変更された
かを叙述する。その後，CJA2003施行後，類似事実証拠が，裁判上，どのよう
に有罪認定に利用されているのかを研究する。そのために，イギリスの控訴院
判決を素材として，類似事実証拠から有罪を推認する過程，理由付けの論理を
具体的に分析し，整理し，その結果を踏まえ，我が国における類似事実証拠の
利用の在り方の方向性を提言する。

　具体的には，コモン・ローについて，枢密院又は貴族院が下した *Makin* 判
決以下の著名な 3 件の判決を分析する（第 2 章）。アメリカにおけるルールは，
イギリスのコモン・ロー及び CJA2003と対比し，参考にする目的から取り上
げ，簡潔に叙述する。連邦証拠規則及びその運用上の指針を示した連邦最高裁
の *Huddleston* 判決を紹介する（第 3 章）。その後，コモン・ローに代わる CJA
2003が定めた悪性格証拠に関する新しいルールのうち，類似事実証拠に関する
規定を中心に説明し（第 4 章），次いで，許容された悪性格証拠の使用の場面
に関し，裁判官が行う陪審に対する説示の在り方その他の論点に関する控訴院
判例を紹介する（第 5 章）。そして，控訴院判例の分析に入る前に，その分析
の視点，座標軸を得るために，類似事実証拠から有罪を推認する推認過程，理
由付けに関する，後記 *Boardman* 判決が出されたころから CJA2003施行前後
ころに発表された学説を整理する。イギリスのほか英米法圏の諸国の学者らの
見解である（第 6 章）。その上で，この学説の整理によって得られた座標軸を
用いて，第 7 章から第 9 章において，控訴院判例の判決ごとの分析とその類型
化を試みる。その上で，このようなイギリスの控訴院判例及び学説から得られ
た推認過程，理由付けの分析を道具として，我が国の判例上現れた事案におい
て，有効・適切な推認過程，理由付けの探求を試み，最後に，結論として，我
が国における類似事実証拠の有効・適切な利用の在り方への提言を行いたい
（第10章）。

◆ 第1章 ◆ はじめに

(2) 結 論

　本書の結論として，イギリス控訴院判例の分析結果を踏まえ，我が国におけ
る類似事実証拠の利用の在り方の方向性を提言するものである。

　第一に，類似事実証拠の許容性の基準を，性向推認を利用する場合か否かに
置くことは相当でない。性向推認を，最初から排除する発想を取ることは適切
とは言えない。本書では，性向推認とは，前科等の類似事実証拠からＤの一
定の犯罪性向を認定し，その性向から，直接，独立して，Ｄが起訴されている
犯罪を行った蓋然性を高めるとする推認に限定し，これを狭義の（直接の，独
立した）性向推認と呼ぶことがある。

　第二に，類似事実証拠の許容性判断に当たっては，性向推認であるか否かの
区別より，類似事実証拠からの有罪推認過程，理由付けの分析を適切に行うこ
とが重要である。類似事実証拠の許容の要件としては，一般の証拠と同様，争
点との関連性が必要であるが，これに加えて，検察によって類似事実証拠が証
拠請求された段階から，それによる有罪推認過程，理由付けの分析を事案の状
況に応じて適切に行う必要がある。その分析に当たり，「他の証拠」が重要な
意味を持つ。例えば，直接証拠の信用性判断に補助証拠として働く場合がある。
類似事実証拠からＤの性向を認定しても，そこから性向推認によらない推認
過程，理由付けによる場合もある。性向推認を経ない利用であれば，弊害がよ
り少ないことが明らかとなる。なお，このような推認過程，理由付けは，一般
人の常識に基礎を置くものでなければならない。上記のような分析を行ってい
く結果，類似事実証拠を，狭義の性向推認を経由して使用する場合は，限定的
となってくる。それは，弊害が少ないことが明らかな事案に限られることにな
る。この提言は，我が国の平成24年判例，25年判例の下であっても，採用する
ことができる。

　第三に，裁判員裁判を特別扱いする必要はない。ただし，類似事実証拠によ
る有罪を推認する過程，理由付けは，裁判員に対し具体的に説明すべきである。
もちろん，それを採用するかどうかの判断は，裁判員が常識に基づいてなすべ
きことである。加えて，前科等の類似事実証拠に対処する場合の注意，警告は，
イギリスにおいて，陪審に行なっているものと同様の注意・警告を裁判員に対

◇ 第3節 ◇　本書の構成と結論

してすべきである。

　第四に，副次的訴訟の弊害（類似事実に争いがある場合，その審理に時間が掛かり過ぎることなど）が生じるかどうかは，類似事実証拠の許容性判断の考慮要素となる。

第2章 イギリスのコモン・ローにおける 類似事実証拠の許容性

◆ 第1節 ◆ *Makin* 判決まで

(1) 19世紀のコモン・ロー

　この節の以下の記述は，主として，ベントレーの著作[35]を参考にしつつ叙述する。

　18世紀末の刑事公判において，すでに，類似事実証拠が，関連性があるとして許容された例があった。19世紀に入り，*Tattershall* 判決（1801年）[36]及び *Whiley and Haines* 判決（1804年）[37]が，偽造銀行券使用罪による起訴につき，他の類似の使用事実を，知情性（偽造であることの認識）を立証するために許容した。これらは，歴史的な判決となった。知情性立証の「困難性」，そしてそれを立証するためには，どうしても，他の事実や状況を集めることが必要であるという立証上の「必要性」が，類似事実証拠を許容する重要な理由である。この知情性立証のために他の事実が許容されるという原則は，不良硬貨，偽造為替手形使用の場合にも適用されるようになった。

　Cole 判決（1810年）[38]は，「破廉恥な犯罪の訴追において，Dが当該犯罪を別の時に，別の人と行った，そして，Dが当該行為を行う性向があるというDの自認は，許容されるべきではない」と判示した。この判決は，判例集に登載されなかったが，フィリップスが1814年，証拠法の初版に引用したことから，

---

(35) Bentley, *supra* note 1, at 241–249.

(36) *R v Tattersal and Others*（1801）*in* D. Bentley, *Select Cases from the Twelve Judges' Notebooks* 89. なお，この判決は，次注の *R v Whiley and Haines* 判決（1804年）で，先例として引用されている。

(37) *R v Whiley and Haines*（1804）168 Eng Rep 589.

(38) *R v Cole*（1810）*in* Bentley, *supra* note 36, at 109.

◇ 第1節 ◇　*Makin* 判決まで

類似事実証拠排除の先例として引用されるようになった[39]。

Dunn and Smith 判決（1826年）[40]は，盗品譲受罪の起訴で，他の機会に同じ被害者から盗まれた盗品をＤが所持していた事実を，盗品であることの認識（知情性）を立証するために，許容した。

しかし，*Oddy* 判決（1851年）は，他の類似事実を許容しなかった。同事件では，Ｄが工場から盗まれたＡ所有の毛織物を隠匿所持していたため，その布の窃盗罪又は盗品譲受罪の訴因で起訴された。Ｄは，ほかにも，これより3か月前に別の工場から盗まれた4点の布を所持していた。窃盗の訴因に対しても，盗品譲受の訴因に対しても，上記類似事実は，証拠として許容されなかった。許容性判断の違いは，事実関係の相違による。許容された上記事件では，起訴された盗品と他に所持していた盗品との所有者は同一人であったが，*Oddy* 事件では，起訴された事実の盗品と他に所持していた盗品の被害者は別人であり，盗まれた時期も異なっていた。判決の中で，キャンベル首席裁判官が述べた理由が，悪性格証拠排除を宣言したものとして，著名である。すなわち，窃盗の訴因についても，盗品譲受の訴因についても，Ｄが他に4点の盗品である布を所持するという証拠は「Ｄが悪い人間（a bad man）であり，そして，起訴された犯罪を犯したであろうことを示す証拠である。しかし，イギリス法は，この種類の証拠に基づいて，刑事事件の争点を判断することを許さない」と言う。同首席裁判官は，さらに，偽造紙幣使用罪の判例をこの事件に類推適用することは相当でない，その種事件で，前の使用事実が許容される理由の一つは，Ｄが前の使用により，どれが偽造紙幣であり，どれがそうでないかの知識を獲得したと推認されるからである，と説明する[41][42]。

類似事実が，犯人の同一性を証明する目的で許容される場合がある。*Rickman* 判決（1789年）[43]では，放火の現場から盗まれた物をＤが所持している事実が，Ｄが放火の犯人であるための立証に許容された。同趣旨の判決として，*West-*

---

(39)　J. Stone, The Rule of Exclusion of Similar Fact Evidence : England, 46 *Harv. L. Rev.* 954, 959（1932–1933）からの引用。同論文によれば，フィリップスは，争点に関係しない証拠は許容されるべきでないことを述べた箇所で，*Cole* 判決を引用していた。

(40)　*R v Dunn and Smith*（1826）1 Moo 146.

(41)　*R v Oddy*（1851）169 Eng Rep 499, 502.

◆ 第 2 章 ◆　イギリスのコモン・ローにおける類似事実証拠の許容性

wood 判決（1813年）[44]，*Fursey* 判決（1833年）[45]がある。

19世紀において，裁判所は，類似事実が許容されるカテゴリーを増やした。*Donnall* 判決（1817年）[46]は，被害者（以下，V と略することがある）が D によって毒殺されたことを証明するため，V が，以前に，D とお茶を飲んだとき，今回の死の直前に示したと同じ症状を示した証拠を許容した。*Egerton* 判決（1819年）[47]は，起訴された強盗の翌日に行われた，同じ V に対する強盗未遂の事実を，起訴された事実についての V の証言を補強するとの理由で許容した。*Clewes* 判決（1830年）[48]は，他の謀殺の事実の証拠を，起訴された謀殺罪の動機（証人の口封じをするため）を証明するために許容した（本書では，以下，謀殺（murder）を，便宜，単に殺人と表記することがある）。

Voke 判決（1823年）[49]は，事故又は偶然（accident）であるとの防御（defence）に対する反証のために，類似事実を許容した最初の判例集に登載された事件である。D は，V に対する故意による射撃で起訴された。当該射撃から15分後に2回目の至近距離からの射撃がなされた事実が許容された。起訴された射撃が故意によることを立証するとされた。このように，故意を立証する目的で類似事実が許容される事例が増えた。*Winkworth* 判決（1830年）[50]，*Boynes* 判決

---

(42)　ところで，1871年の犯罪防止法（Prevention of Crimes Act 1871）19条（その後，1916年窃盗法（Larceny Act 1916）43条(1)項を経て，1968年窃盗法（Theft Act 1968）27条(3)項に引き継がれている）によって，*Oddy* 判決は，事実上，覆された。それによれば，12か月以内に行われた窃盗に係る盗品を所持等していた事実及び5年以内の窃盗又は盗品関与罪による前科は，盗品であることの知情性の証明に許容される。ベントレーによれば，裁判所は，この規定を厳格に解釈し，実際，ほとんど使用されなかったと述べる。Bentley, *supra* note 1 at 245, 246. しかし，ストーンは，当該規定は，有効に機能したと述べる。Stone, *supra* note 39 at 978.

(43)　*R v Rickman* (1789) East 2 P C 1035.

(44)　*R v Westwood* (1813) 4 C & P 547.

(45)　*R v Fursey* (1833) 172 Eng Rep 1155.

(46)　*R v Donnall* (1817) 2 C & K 308 n.

(47)　*R v Egerton* (1819) 168 Eng Rep 852.

(48)　*R v Clewes* (1830) 4 C & P 228.

(49)　*R v Voke* (1823) 168 Eng Rep 934.

(50)　*R v Winkworth* (1830) 4 C & P 444.

◇ 第1節 ◇　*Makin* 判決まで

（1843年）[51]，*Mahoney* 判決（1848年）[52]，*Cooper* 判決（1849年）[53]である。

　事故又は偶然であるとの防御の反証のために，類似事実を許容した *Voke* 判決の原則は，類似事実が D の行為と認定されていない場合にも拡張して適用された。*Bailey* 判決（1847年）[54]は，メイドが馬小屋に放火したとの起訴に係る公判で，同じ敷地内の最近の 2 件の火事の証拠が，馬小屋の火事が事故又は偶然でないことを証明するために許容された。1850年以降，*Voke* 判決の原則は，毒殺事件，放火事件のほか，次のような殺人事件でも適用された。*Roden* 判決（1874年）[55]では，子どもの窒息死が事故又は偶然でないことを証明するために，多数の子どもが嬰児のうちに死んだ事実が許容された。*Waters and Ellis* 判決（1870年）[56]は，*Makin* 判決（第2節参照）同様，子ども預かりのケースであった。

　多重毒殺事件において，類似事実証拠が許容されている。*Geering* 判決（1849年）[57]が指導的判例である。D は，1848年 9 月，夫に砒素を摂取させ殺害した罪で起訴された。D の防御は完全否認であった。検察は，夫の死亡後，砒素の摂取により，D の 3 人の息子のうち 2 人が死亡し（1848年12月，1849年 3 月），1 人は死亡にまでは至らなかった（1849年 4 月）事実及び以上の 4 人の男性は，全員 D の世話の下にあり，食事を用意していたのは D である事実の立証が許容された。同判決は，許容の理由を二つ挙げ，その一つは，毒を摂取させたのが，事故ではなく，殺人であることを証明するためであり，二つ目は，起訴された事件の V の死因が毒によることを証明するためであった。同判決後，これに従った判例が多数ある。そして，後述の *Makin* 判決（1893年）が，*Geering* 判決を是認した。

（51）　*R v Boynes*（1843）174 Eng Rep 714. 治安判事の前で虚偽の無宣誓供述書を作成した罪の故意を立証するために，それに添付された証明書の署名が偽造である事実を立証することが許容された。

（52）　*R v Mahoney*（1848）12 JP 377.

（53）　*R v Cooper*（1849）3 Cox 547.

（54）　*R v Bailey*（1847）2 Cox 311.

（55）　*R v Roden*（1874）12 Cox 630.

（56）　*R v Waters and Ellis*（1870）72 CCC Sess Pap 544.

（57）　*R v Geering*（1849）8 Cox 450n.

◆第2章◆　イギリスのコモン・ローにおける類似事実証拠の許容性

　同じ多重毒殺事件でも，*Winslow*（1860年）判決[58]では，類似事実の許容性
が否定された。Dは，食堂に住み込みで働いていたが，雇い主にアンチモンを
摂取させて毒殺したとして起訴された。雇い主の家族のうち3人が，同じくア
ンチモンの摂取により死亡した事実が証拠として許容されなかった。*Geering*
判決と *Winslow* 判決は，相反する判断をしたように見えるが，ストーンによ
れば，以上は，区別することができると言う。すなわち，毒を摂取させたのが，
事故であるか，故意によるものかに関連性があると言うためには，まず，起訴
された死者に対し，毒を摂取させた者がDであることの立証がなされていな
ければならない。*Geering* 事件では，その立証がなされていたが，*Winslow* 事
件では，その立証はされていなかったとする[59]。ニュージーランド最高裁の
Hall 判決（1887年）[60]は，*Winslow* 判決と同旨である。アンチモンによる毒殺
事件で，起訴された事件後，Dの妻を毒殺しようとして未遂に終わった事実が，
公判審理で許容されたが，最高裁は，不許容とした。最初に，他の証拠により，
Dが本件の死者に対し，アンチモンを使用した事実が立証されなければならな
いという理由であった。

　Richardson 判決（1861年）[61]により，横領罪において，計算間違いの防御に
対する反証として，類似事実証拠が許容された。

　Francis 判決（1874年）[62]では，質屋から，ダイヤモンドでないのに（水晶で
あった），ダイヤモンドであると嘘を言って，借受金として金銭を詐取しよう
として未遂に終わった事件で，故意（ダイヤモンドでないことを知っていたこと）
を立証する目的で，本件の2日前に，3回にわたり，同じように，嘘を言って
質屋から借受金を騙し取り，あるいは，未遂に終わった事件が，裁判官によっ
て証拠として許容された。控訴審裁判所は，この判断を是認した。知情性の立
証に類似事実が許容されるのは，*Tattersall* 判決，*Whiley* 判決が認めた偽造
銀行券使用罪に限定されないと判断した。Dが罪となる認識で行動したか，錯

---

(58)　*R v Winslow*（1860）8 Cox 397.

(59)　Stone, *supra* note 39 at 968, 969.

(60)　*R v Hall*（1887）5 NZLR 93.

(61)　*R v Richardson*（1861）8 Cox 448.

(62)　*R v Francis*（1874）LR 2 CCR 128.

◇ 第1節 ◇ *Makin* 判決まで

誤で行動したかが争点であるが，Dが類似の行動を行なっていることは，本件でDが錯誤の下で行動したものでないことを推定させる。*Francis* 判決は，人は，類似の錯誤の下，何回も行動する可能性があるから，その推定は決定的ではないが，それほど数多く，錯誤の下にあったことは，ありそうにない，そして，Dがいずれの場合も，錯誤の下になかった事実は，本件における知情性の推定を強めると，その推認過程を説明している。偶然の一致排除理論によると言えよう（第7章第5節(1)(a)(i)参照）。

1870年までには，「システム」[63]に言及して類似事実証拠を許容する判例が現れた。

(2) 小 括

以上述べてきたように，判例上，許容されるカテゴリーが，集積されてきた。知情性立証（偽造銀行券使用罪，盗品譲受罪など），事故又は偶然であるとの防御に対する反証ないし故意の立証（射撃行為，多重毒殺事件），犯人の同一性立証（Dが犯人であること），「システム」の立証などである。ベントレーによると，1894年までには，類似事実証拠が許容されるカテゴリーは11個を超え，カテゴリーは，着実に増えたが，一方，裁判官は，カテゴリーに該当しさえすれば，類似事実を許容すべきものと考えており，裁判官が裁量によって排除することは行われていなかった[64]。なお，このカテゴリーの問題は，後述の *Makin* 判決を解説する箇所で，改めて論ずる。

---

(63) システムについては，第8章第4節(a)(ii)で説明する。

(64) Bentley, *supra* note 1 at 248.

◆第 2 章◆　イギリスのコモン・ローにおける類似事実証拠の許容性

◆第 2 節◆　*Makin* 判決（1893年12月12日枢密院司法委員会判決）[65]

(1)　事　実

Makin 夫婦が，母親から預かった生後 1 か月の乳児 1 人を殺害したとして起訴された。

D らの主張は，世話するために 1 人の乳児しか預かっていない，1 週間につき10シリングもらった，数週間後，両親に返した，というものであった。

被害乳児の母は，「D らは，乳児を自分たちの養子にしたいので，3 ポンドという少額の金員を支払えば，喜んで子どもを引き取ると述べ，子どもの衣服はたくさんあるからいらないとも述べた」と証言した。

類似事実証拠としては，起訴に係る乳児の遺体のほかにも12人の乳児の遺体が，D 夫婦がかつて居住していた 3 軒の家の庭に埋められていたこと及び乳児を D らに預けたが返してもらっていない旨を供述する，他の 5 人の母親の証言である。以上を証拠として許容した裁判官の決定及びこれを是認したオーストラリア・ニューサウスウェールズ州最高裁判所判決が正当であるかが争点である[66]。

(2)　判　旨

ハーシェル大法官が，裁判官の意見を，代表して述べた。

「本件で，当該乳児が謀殺された事実について，陪審審理に委ねるに十分な証拠があることは，疑いがない。実際，この点を，D らの弁護人は，弁論でに

---

(65)　*Makin v Attorney General for New South Wales*［1894］AC 57. 枢密院司法委員会に対する上訴については，田中・前掲注(12)383頁，田中英夫『英米法総論上』（東京大学出版会，1980年）351，355頁参照。

(66)　この事件のドキュメンタリーとして，A. Cossins, *The Baby Farmers : A Chilling Tale of Missing Babies, Shameful Secrets and Murder in 19ᵗʰ Century Australia*（Allen & Unwin, Sydney, 2013）がある。

◇第2節◇　*Makin* 判決（1893年12月12日枢密院司法委員会判決）

とんど争っていない。ここで我々が判断すべき問題は，他の遺体発見及び他に
も D らに子どもが預けられた事実に関する証拠の許容性である。

　本件を判断するために適用すべき原則は，明白であるが，その適用は決して
簡単ではない。

　検察が，D の犯罪的行状や性格から，D が今審理中の犯罪を行った人間であ
ろうとの結論に導く目的で，起訴状に含まれる犯罪行為以外の犯罪行為で D
が有罪であることを証明することになる証拠を提出することが許容されないこ
とは，まさに疑う余地のないところである。他方，提出された証拠が，陪審に
提示された争点に関連性があれば，それが他の犯罪の実行を証明することにな
るとの理由により，直ちに許容されないとは言えない，例えば，以下の場合に
は，その関連性があるであろう，〔1〕当該証拠が，起訴状で起訴された犯罪
を構成する行為が計画された（designed）ものか，事故（偶然）による（acciden-
tal）ものかの問題に関係がある場合，又は，〔2〕D が援用するであろう防御
（抗弁）（defence）に対して反証（反論）する（rebut）場合。

　これらの一般的な原則を述べることはたやすい。しかし，線引きした上で，
特定の証拠が線のどちら側にあるかを決定することは，しばしば，非常に困難
であろうことは明らかである。」

　「これらの状況の下で，D らが，母親に同じようなことを申し述べて，そし
て，短くない期間の乳児の養育のためとしては不適当な額の支払いを受けて，
起訴された乳児以外にも数名の乳児を受け取ったこと，あるいは，D らが居住
していた数軒の家の庭に同じような方法で埋められていた乳児の遺体が発見さ
れたことは，陪審が審理すべき争点に関連性がないと見ることはできない。」[67]

（3）　解　説

　(a)　*Makin* 判決が宣言した一般原則は，その後の貴族院の *Ball* 判決[68]及び
Harris 判決[69]により是認され，後述する *Boardman* 判決（1974年），*P* 判決（1991

---

　(67)　［1894］AC 57, 64-68.

　(68)　*R v Ball* ［1911］AC 47.

　(69)　*R v Harris* ［1952］AC 694.

◆第2章◆　イギリスのコモン・ローにおける類似事実証拠の許容性

年) においても，従うべき原則とされた。このようにして，*Makin* 判決は，まさに，悪性格証拠 (類似事実証拠) の許容性に関する指導的判例となった。

(b) 禁じられたタイプの推論 (forbidden type of reasoning)

Makin 判決は，一般原則を示す上記下線部分の第1文で，Ｄの犯罪的行状や性格から，Ｄが起訴された犯罪を犯した蓋然性の高い人間であることを証明するために，Ｄが他の犯罪事実を犯したことを立証することは許されないと判示する。その上で，第2文で，しかし，その証拠が，陪審に提示された争点に関連性を有する場合，他の犯罪の実行を証明するとの理由により許容されないとは言えない，そして，その証拠が，起訴された犯罪行為が計画されたものか，事故 (偶然) によるものかの問題に関係する場合，又は，Ｄが援用するであろう防御に対して反証するためであれば，関連性を有し得る，と述べる。

まず，第1文については，起訴された犯罪事実でないＤの犯罪事実→Ｄが起訴された犯罪を犯す犯罪性向を有すること→起訴された犯罪事実をＤが行った，というような推認の連鎖は許されないとの宣言であると解される。これは，禁じられたタイプの推論 (forbidden type of reasoning)，許容されない推論の連鎖 (inadmissible chain of reasoning) と呼ばれる (*Boardman* 判決のヘイルシャム裁判官の意見参照[70])。

例えば，M. N. Howard et al. edit., *Phipson On Evidence* 469 (15th ed., Sweet & Maxwell, London, 1999) では，法が，許容しない，禁止された形の推論があるとして，「我々は，Ｄが特定の種類の非行を行う性向を有することから，彼は，現在，問題となっている機会においても，そのように行動したと，推論してはならない」と説明する。これは，禁じられた推論に対する一般的な理解であると思われる。

しかし，レドメインは，「禁じられた推論 (forbidden reasoning)」を定義する箇所で，「禁じられた推論」とは，悪性格証拠が性向を証明するために使用される場合としている。そして，悪性格証拠が性向を証明するために使用される場合とそれ以外の理由で使用される場合とに分け，前者は許容されないが，

---

(70)　*DPP v Boardman* [1975] AC 421, 453.

◇ 第 2 節 ◇　*Makin* 判決（1893年12月12日枢密院司法委員会判決）

後者は許容されるとするテストを，禁じられた推論アプローチと呼ぶ[71]。そうすると，類似事実証拠からＤの一定の性向を認定するが，それを直接，性向推認に使用しないで，Ｄと犯人との同一性の補強に使用するなどの場合も，禁じられた推論に含めているようにも読まれる。これは，Ｄの性向を認定する以上，Ｄに対する偏見の潜在的危険があることを考慮してのことであるかもしれない。

　しかし，本書は，第6章第1節でも述べるが，類似事実証拠から性向を認定するが，その性向から，直接，Ｄが起訴された犯罪を行なった蓋然性を高めると推認することなく，別の推認過程を経て，性向をＤの有罪に役立てる場合は，性向推認に当たらないとの立場に立って論述を進めるものである。

（c）カテゴリー・アプローチ（categories approach）
　次に，第2文は，その証拠が争点に関連性がある場合は，許容されるとし，関連性が認められる場合として，二つの場合，すなわち，起訴された行為が事故（偶然）か，計画されたものかに関係がある場合，又は，Ｄが援用するであろう防御に対して反証する場合を挙げている。これは，例示であり，限定的なものと解すべきではない旨を，*Harris* 判決が明らかにした[72]。このように，許容性の判断を類型に該当するかどうかで決するため，これは，カテゴリー・アプローチと呼ばれる。前述のように，初期の判例法において発達し，*Makin* 判決が承認したものと解されている[73]。

　Makin 判決以前の判例法において，許容される類型が次第に集積されてきたことは，すでに述べた。

　ストーンは，上記論文執筆時の1932，33年当時の段階で，裁判所は，カテゴリーを増やしてきたとして，6個の類型を取り上げている。(ⅰ)同一性を立証するため，(ⅱ)関係，特に，人と人との間の情熱的関係を立証するため，(ⅲ)行為がなされた目的を立証するため，(ⅳ)争点である主要事実に関連性がある事実を立

---

(71)　M. Redmayne, *Character in the Criminal Trial* 132, 133（Oxford University Press, Oxford, 2015）.

(72)　*R v Harris*［1952］AC 694, 705.

(73)　Redmayne, *supra* note 71 at 128.

◆第2章◆　イギリスのコモン・ローにおける類似事実証拠の許容性

証するため，(v)重要な証人の証言を補強するため，(vi)正当な動機を否定するため，といった類型が生まれたとする[74]。

　クロスは，後述の *Boardman* 判決後となる1979年の段階で，主要な五つの類型を挙げる。(i)事故（偶然）又は不任意の行為であるとの防御に対し反証する場合。(ii)不知又は事実の錯誤の防御に対し反証する場合。(iii)特定の行為又は犯罪道具を所持していることに対し潔白であると説明したことに対し反証する場合。(iv)Dが犯人であると同定されたことが誤りであるとの主張に反証する場合。(v)潔白な関係であるとの防御に対し反証する場合である[75]。すべて，Dの防御や主張，説明に対して反証する場合の類型としてとらえている。

　ところで，類型アプローチによると，Dの防御によって極端な違いが生じることが指摘されている[76]。二つ例を挙げる。(i)*Harrison-Owen* 判決[77]不法目的侵入罪による起訴で，任意の行為でなく，無意識状態の行動であるとの防御をした場合に，多数の窃盗，住居侵入の前科を許容した裁判官の判断は誤りであるとされた。事故（偶然）の防御の類型ではないとの理由による[78]。(ii)*Lewis* 判決[79]Dは，パートナーの10歳の双子の娘に対する強制わいせつ事件その他で起訴された。一つの事件では，風呂上がりの1人の娘の体をタオルで拭いたことは認めたが，わいせつなことをしたことは否認した。一方，2人の娘の前でマスターベイションをしたとの事件では，行為自体を否認した。Dの小児性愛への関心を示す証拠は，タオル事件では，潔白な関係の防御をした類型に当たるから，許容されるとされたが，マスターベイション事件では，完全否認であり，かつ，事故（偶然）の防御又は潔白な関係の防御に当たる可能性は全くないから，許容されないと判断された。

---

(74)　Stone, *supra* note 39 at 975.

(75)　R. Cross, *Evidence* 382–393（5ᵗʰ ed., Butterworths, London, 1979）.

(76)　Redmayne, *supra* note 71 at 96, 97.

(77)　*R v Harrison-Owen* (1951) 35 Cr App R 108.

(78)　ウィリアムズは，控訴院の見解は，不当にDに対して有利である，任意の行為でないとの防御に対して，前科は，強力な証明力を持つ，この判決は，批判されており，踏襲されることはないであろうと述べる。C. R. Williams, The Problem of Similar Fact Evidence, 5 *Dalhousie L. J.* 281, 322, 323 (1979).

(79)　*R v Lewis* (1983) 76 Cr App R 33.

◇ 第2節 ◇ *Makin* 判決（1893年12月12日枢密院司法委員会判決）

　さらに，カテゴリー・アプローチについて，レドメインは，次のように論評している。すなわち，*Boardman* 判決（次節参照）により，カテゴリー・アプローチは，主役からはずされた。しかし，そのアプローチは，CJA2003の制定まで相当の影響力を持ち続けた。なぜなら，裁判官は，難しい証明力の判断をする必要がなく，単に，事件が，既に確立されたカテゴリーに当てはまるか否かを決定すれば足りたからである。実際にも，このアプローチは，証明力のある悪性格証拠を許容し，かなり良く機能したから，長生きしたのであると[80]。

(d) *Makin* 判決において，類似事実証拠が許容された具体的理由は何か

　Makin 判決は，一般原則を述べたが，当該事件への適用にあたっては，当該類似事実が，争点に関連性がないとは言えないと述べるのみであり，その争点を具体的に摘示していない。起訴された当該乳児の死が，殺人の故意に基づくものか，偶然な事故死によるものかについて関連性があるとされたものであろう（Dらの主張は，1人しか乳児を預かっておらず，その乳児も返還したというものであったが）。本件被害乳児のほかに12人の乳児の遺体が庭に埋められていた事実及び本件被害乳児を預かったほかにも5名の母親に対し同様の口上を述べてそれぞれ乳児を預かり，返していない事実などは，本件被害乳児の死亡が偶然の事故というよりは，計画的に殺害された可能性を高めるとされたものであろう。なお，*Makin* 判決について，偶然の一致排除理論から説明する見解については，後に述べる（第6章第5節(1)）。

(e) 小　括

　結局，*Makin* 判決は，類似事実証拠から，Dの性向を認定し，その性向から起訴された犯罪事実を行った蓋然性を高めるという性向推認（propensity inference）を行うことを禁止し，一方，争点との関連性があれば，すなわち，一定の類型に該当すれば，類似事実証拠は，許容されるとした。要するに，「禁じられた推論」の禁止の宣言と，カテゴリー・アプローチの是認であった。

---

(80)　Redmayne, *supra* note 71 at 128.

◆ 第 2 章 ◆　　イギリスのコモン・ローにおける類似事実証拠の許容性

◆ 第 3 節 ◆　　*Boardman* 判決（1974年11月13日貴族院判決）[81]

(1) 事　実

　ケンブリッジにある，少年相手の語学寄宿学校の校長（45歳，男）は，同性愛犯罪で起訴された。訴因は 3 個である。訴因 1 は，1972年11月半ば，当時16歳の少年 A との間で，学校の D の居室で，同性愛行為をしたというものである（ただし，公判審理の結果，挿入の証明不十分として，同性愛行為の未遂により有罪となった）。訴因 2 は，1973年 1 月，当時17歳の少年 B を同性愛行為に誘ったというものである。訴因 3 は，1972年 9 月又は10月，D の事務室で，当時18歳の少年 C を同性愛行為に誘ったというものである。訴因 2，3 についても有罪となった。

　D は，いずれの訴因についても，それらの事実及びそれ以前の類似事実は行っていないと主張し，各少年に関し，少年 A から脅迫されたこと，少年 B をディスコクラブへ連れて行ったこと，少年 C とは，校内売店からお金がなくなったことで言い争いがあったことなどの理由から，各少年は嘘をついている，と主張した。

　D の防御は，完全な否認である。そのため，潔白な関係(innocent association) の反証の類型に該当するとの構成は，最初から取られていない。

　裁判官は，訴因 1 に関する少年 A の証言は，訴因 2 の少年 B の証言の補強証拠として許容され，逆もまた同様であると決定し，かつ，その旨を陪審に説示した（いずれも，成人である D が思春期の少年を同性愛行為に誘ったもので，かつ，いずれも，少年が能動役，D が受動役を務めるものである。なお，訴因 3 では，少年 C の証言は，少年が能動役を務めることにつき明確でなかったので，訴因 3 と他の訴因との関係では，各証言を相互に補強証拠にできるとは説示されなかった）。D は，この裁判官の説示は誤りであるとの理由により控訴したが，控訴院は，訴因 1，訴因 2 につき控訴を棄却し，訴因 3 につき，補強証拠がないとの理由

---

　(81)　*Director of Public Prosecutions*（*DPP*）*v Boardman*［1975］AC 421. Director of Public Prosecutions（公訴局長官）については，田中・前掲注(12)417頁参照。

26

◇ 第3節 ◇　*Boardman* 判決（1974年11月13日貴族院判決）

により，その有罪を破棄した。D は，さらに上告した。

（2）　判　決　要　旨

結論は，上告棄却である。5 人の裁判官全員が，それぞれ個別意見を付した。それ故，便宜のため，判例集の編集者が付けた判決要旨を引用する。

（a）起訴された事実以外の D の犯罪事実（筆者注：ここでは，同時起訴された他の訴因の事実を含む趣旨である）の証拠は，一般的に許容されないが，他の犯罪事実と起訴された事実との間の「顕著な類似性（striking similarity）」[82]の故に，そして，その結果としての証明力の強さの故に許容される。

（b）当該証拠の証明力が，D に対する偏見の害を上回るかどうかを決定するのは，裁判官の仕事である。

（c）本件において裁判官が行った陪審に対する説示は適切である。

（3）　各裁判官の意見

（a）4 名の裁判官（モリス裁判官，ヘイルシャム裁判官，クロス裁判官，サーモン裁判官）は，公判審理担当裁判官が，同性愛行為において少年が能動役，D が受動役を務めることを，顕著な類似性の理由とした点につき，それのみでは不十分であり，より広く状況を考慮し，他の特徴，すなわち，少年へのアプローチ方法（寄宿舎において，深夜又は早朝，他の少年を起こさないようにとの注意を払いつつなされたことなど）をも顕著な類似性の理由として指摘する。ウィルバーフォース裁判官とクロス裁判官は，顕著な類似性が認められるかどうかにつき，本件は，ボーダーライン・ケースであると指摘する。

（b）モリス裁判官　同様の同性愛事件についての *Sims* 判決及び *Kilbourne* 判決[83]を先例とする。その上で，二つの事実の間に，密接又は顕著な類似性

---

(82) すでに，高等法院王座部は，同性愛の事件で，顕著な類似性　（striking similarity）という用語を用いていた。*R v Sims* ［1946］KB 531, 539.

(83) *R v Kilbourne* ［1973］AC 729.

◆第2章◆　イギリスのコモン・ローにおける類似事実証拠の許容性

があり，又は，それらに共通する統一性があるため，証明力が相当ある場合，裁判官は，正義ないし公正の見地から適切であると判断すれば，陪審に対し，一つの事実の証拠を検討するに当たり，他の事実の証拠を検討することを許すことができる。本件において，裁判官は，第1訴因のAの証言を第2訴因のBの証言の補強に使ってよいか（及びその逆の場合）について，両事実は，特殊で異常な種類のものであること，校長が生徒に優越的に振る舞い，生徒に強制わいせつを行なったにとどまらず，同性愛行為において，成人男性である自分が受け身役となり，思春期の少年に男性役をさせようとしたという，異常な特徴があることを述べた上で，2人の生徒が同じ嘘を言うことがありそうにないことについて検討すべきであり，その場合，2人の生徒が嘘を言う共謀をしたかどうかについても検討すべきである，と説示した。本件における裁判官の説示は正当である。しかし，行為の類似性に関しては，犯罪行為自体に限定することなく，より広く事実関係を見てよい。本件では，夜間や早朝に生徒を起こしたこと及びその後の出来事を含めて，顕著な類似性を認めてよい。

　(c) ウィルバーフォース裁判官　(i)他の事実に関する証言が，今，問題の事実に関する証言を支持するか，すなわちその証言の信用性を高めるか否か，そして，どの程度強くそうするか，(ii)そのような証拠が，許容された場合，Dに対し偏見の害を与える恐れはないか，以上の要素の評価は，程度の問題である。以上二つの要素を組み合わせた結果，正義が明らかに要求するとき，その証拠は許容される。*Sims* 判決の「すべての行為を一緒にすると，一つの行為だけより証明力は非常に大きい。1人なら嘘を言っているかもしれないが，3，4人なら，彼らが共謀していない限り，同じ嘘を言うとは考えにくい」という部分は，貴族院の *Kilbourne* 判決で是認された。類似事実の証拠が許容されるのは，例外であるから，強度の証明力を要求する。その証明力は，複数の証人が証言する事実が顕著な類似性を有するため，経験と常識により，すべてが真実であるに違いないと判断されることに由来する。さもなければ，それは，証人に共通する原因（証人間の共謀やでっち上げ）によるか，純粋な偶然の一致であろう。陪審は，これを適切に判断することを求められている。本件では，証人が2人だけであり，顕著な類似性は，少年が積極的役割を取ることだけである

◇ 第3節 ◇ *Boardman* 判決（1974年11月13日貴族院判決）

から，ボーダー・ラインにあると考える。しかし，それらは，裁判官の裁量の範囲内である。本件で，貴族院が裁判官の裁量権の行使に介入すべきであるとは考えない。しかし，本件が先例となれば，本件によって「顕著な類似性」の基準を低く設定したと見られることを心配する。

(d) ヘイルシャム裁判官　*Makin* 判決の一般原則の第1文の基礎を説明する理論は二つある。一つは，そのような証拠は，単に関連性がない。類似犯罪がいくら沢山あっても，特定の個人を特定の犯罪に結び付けることはできない。証明力が全くないから，排除される。二つ目は，そのような証拠を許容することにより生じる弊害が，その証拠が持つ証明力を上回る。そして，公正な審理を危うくする。*Makin* 判決の第2文は，第1文の例外ではなく，独立した命題である。第1文の命題と第2文の命題が一緒になり，全体の領域をカバーする。類型は，有用なクラス分けであるが，類型は，限定されていないし，限定することは不可能である。禁じられたタイプの推論でない，すなわち関連性があり，証明力がある目的で使用する場合，裁判官は，陪審に対し，禁じられた推論を避けるよう注意すべきである。裁判官は，証明力よりも，弊害を与える効果が大きく，有罪の評決が破棄される可能性があると判断した場合，当該証拠を排除する裁量権を有する。

顕著な類似性は，裁判官が指摘した点にあるのではなく，早朝にDが2人の少年のベッドに行き，他の少年を起こさないように注意して誘ったところにある。

(e) クロス裁判官　本件では，Dが犯行を行ったという直接証拠があり，一方，Dは，それが嘘であると言う。そこで，類似事実証拠が，Dの否認が嘘であることを示し，本件の証明を強めるために提出された。このような状況においては，Dの告訴人らが，嘘の証言をするために共謀していないかが，第一の問題となる。それがなされたということになれば，類似事実証拠は，排除されるべきである。しかし，共謀の可能性が排除されたとしても，告訴人の告訴が嘘であり，Dに対して類似の告訴がなされたことが，単なる偶然の一致という可能性もある。偶然の一致の可能性は，類似事実の告訴人が多ければ多いほど，

29

◆第2章◆　イギリスのコモン・ローにおける類似事実証拠の許容性

そして，その内容がより顕著な類似性を有するほど，減少する。

　本件に関しては，事件の数は2件であるから，慎重な注意が必要である。裁判官が指摘する，Dが受動的役割，少年らが能動的役割を果たすことだけでは，非常に顕著な特徴には当たらない。モリス裁判官，ヘイルシャム裁判官及びサーモン裁判官が指摘するとおりの他の特徴が存在する。本件は，ボーダー・ラインのケースであるが，上告は棄却されるべきである。

　(f) サーモン裁判官　Dが犯罪，中でも起訴された犯罪を犯す性向を持つ悪い性格の人間であることのみを証明するための証拠は，許容されず，関連性がないとみなされるというのが，イギリス法である。これは，論理ではなく，政策に基礎を置く。そのような証拠を許容することは，不正であり，公正な審理の概念に反する。*Makin*判決でハーシェル大法官が述べた原則は，一般的に適用され，同性愛犯罪を除外するものではない。Dが過去に犯罪を犯した故に，今回，起訴された犯罪を犯したであろうことを証明することは，明らかに許されない。しかし，起訴された犯罪が，他の犯罪が実行された場合と同様，格別に，あるいは，顕著に類似の方法で実行された場合，それを有罪認定の証拠としてよいことは，疑われたことはなかった。類似性が，非常に格別で，又は顕著であるため，常識的に考えて，偶然の一致では説明がつかない。裁判官が，証拠は関連性があり，許容されると正当に判断しても，裁判官は，証明力が少なく，弊害を与える効果の方が上回るとの理由で，裁量権を行使して，その証拠を排除することができる。本件においては，裁判官が指摘した点ではなく，Dが2人の少年に接触した方法が，寄宿舎で深夜又は早朝に，他の少年を起こさないように注意しながら接触したところに，顕著な類似性がある。

(4) 解　説

　(a) 本件では，貴族院の段階で，Dに対する2件の訴因の有罪が残されており（陪審は，3個の訴因で有罪としたが，控訴院で1個の訴因について無罪となった），それぞれ，相手方となった少年の証言（直接証拠）がある。訴因1のA少年の証言を補強するために，訴因2のB少年の証言を使用してよいか（又は

30

◇ 第 3 節 ◇　*Boardman* 判決（1974年11月13日貴族院判決）

その逆）が問題となった。この問題は，CJA2003の下では，複数訴因間の証拠の許容性の標題で議論される。この点は，後に詳述するが（第 8 章第 2 節），本判決でも，すでに，各裁判官の意見中で，複数の告訴人が類似の被害事実を証言した場合，その間にでっち上げの共謀等あるいは偶然の一致の可能性がない限り，各証言は真実であると見ることができるとの理由付けによることが示されている。

　(b)　本件は，従来の類型アプローチによっては，証拠として許容できなかった事案である。潔白な関係の防御に対する反証が考え得る場合であるが，本件では，そのような構成は，最初から取られていない。

　(c)　類似証言の許容性につき，「格別あるいは顕著な類似性」を要件とした。しかし，証明力と弊害との比較衡量についても言及し，D に対する弊害が証拠の証明力を上回る場合，裁判官は，裁量権を行使して，その証拠を排除することができることも判示した。

　(d)　顕著な類似性をどこでとらえるかについて，公判審理担当裁判官と貴族院の 3 名の裁判官とで，意見の違いがある。さらに，顕著な類似性が本件で認められるかについては，貴族院の 2 名の裁判官は，本件は，ボーダー・ラインのケースであるとする。

　(e)　小　括
　本判決は，類似事実証拠の許容性のテストとして，顕著な類似性テストを採用したものと理解された。本件のような事案は，新法下では，複数訴因間の証拠の許容性の問題として把握されている。さらに，本判決は，証拠の証明力とそれを証拠として許容した場合の弊害とを比較衡量し，弊害が証明力を上回る場合には，裁判官の裁量でその証拠を排除できることを明確にした。

◆第 2 章◆　イギリスのコモン・ローにおける類似事実証拠の許容性

◆第 4 節◆　*P* 判決（1991年 6 月27日貴族院判決）[84]

(1)　事　案

　父親による 2 人の娘に対する性的虐待事件である。D は，姉妹それぞれに対する 4 件の強姦及び 4 件の近親相姦の訴因で起訴された（ 1 個の行為が，強姦及び近親相姦に該当するとして起訴されたものである）。裁判官は，弁護人からの，姉妹のそれぞれの訴因を分離して審理することを求めた申し立てを却下した。審理の結果，姉妹それぞれ 1 件の強姦（最初の事実のみが有罪となり，その後の事実は強姦では無罪となった）及び 4 件の近親相姦の事実で有罪とされた。

　控訴院判決は，*Boardman* 判決及びそれに従った控訴院判例に従い，娘らの証言の間に顕著な類似性はないから， 1 人の娘の証言は，他の娘に対する事件の証拠として許容されないとした。すなわち，他方の証言は，一方の証言の引き写しであるから，両者間に，普通でない特徴があるとは言えないとした。有罪を破棄した上，分離審理を命ずべきであったと判示した。

　公訴局長官が上告した。貴族院は，上告を認容し，有罪を復活した。

(2)　マカイ大法官の意見

　Makin 判決の事案を紹介し，ハーシェル大法官の意見を引用した。ついで，*Boardman* 判決の事案を紹介し，同判決に付された各裁判官の意見を詳細に引用した上で，以下のとおり述べた。

　Boardman 判決から，すべての事件において，「顕著な類似性(striking similarity)」を， 1 人の V の証言を他の V の事件の証拠として許容するための必須の要素として選び出すことは適切ではない。類似事実証拠は，D が他の犯罪について有罪であることを示すため，D に偏見を与えるにもかかわらず，その証拠を許容することを正当化する程度に，D が起訴された罪を犯したことを補強する力が十分に大きい場合，それは証拠として許容される。これが *Boardman*

---

(84)　*DPP v P* ［1991］ 2 AC 447.

32

◇ 第 4 節 ◇　　*P* 判決（1991年 6 月27日貴族院判決）

判決から導かれる許容される証拠の重要な特徴である。そのような証明力は，犯罪が遂行される方法における顕著な類似性に由来する場合もある[85]。しかし，D に対する偏見を凌駕する十分な証明力がある状況を，それのみに限定することは，原則の適用を制限するものであり，正当化され得ない。類似事実証拠が，D に対する偏見を凌駕する十分な証明力があるか否かは，個々の事件において，程度の問題である。*Boardman* 判決以降の控訴院判決が，近親相姦を行う父親が用いる「常套手段」を越える特徴の類似を要求したが，これらの判決は変更されるべきである。

　本件では，いずれの少女も，それぞれに関して長い期間の D の行状の経過を証言する。それぞれに対し強制力が使用された。D は，脅しにより，少女らを全般的に支配した。妻を支配し，その介入を阻止した。D は，少女らを自己のために確保する執念を有していた。妹は，姉が家にいないときに，姉の役をさせられた。両方の少女の堕胎手術の支払いを D が行なった。このような状況は，総合されて，1 人の少女の証言に対し，他の少女の事件に対する強力な証明力を与え，その証言が D に偏見を与えるにもかかわらず，証拠として許容されることを正当化する。

　1 人の V の証言が，他の V に起こったことと非常に関連していて，第 1 の V の証言が第 2 の V の証言を強力に支持するため，それが D に偏見を与える効果をもたらすにもかかわらず，それを許容することを正当と認めるべき事情があるか否かについて，裁判官が，最初に判断すべきである。上記の支持がもたらされるという関係は，多くの形を取るから，犯罪が遂行された方法の「顕著な類似性」を含むが，決して，この状況に限定されない。犯人の同一性が争点で，この種の証拠がこの関係で重要な場合，「署名」と呼ばれるもの，あるいは，他の特別な特徴が必要となるだろう。しかし，その他の状況において，そのような制限を課すことは，不必要であり，不適切である。

　2 人が証言する状況には，相互に他の証言を支持するに十分な関連（連結）がある。上告は認容され，有罪は回復される。

---

(85)　*R v Straffen* ［1952］2 QB 911；*R v Smith*（1915）11 Cr App R 229を著名な例として引用する。

◆第2章◆　イギリスのコモン・ローにおける類似事実証拠の許容性

　控訴院が本件上告を許可したときに設定した貴族院に対する問いの「第一」
に対しては，次のように答える。家族の中の他の少女の証言中の出来事と起訴
された事実との間の類似性 (similarity) が十分強力であるか (sufficiently strong)，
又は，その間に，その他の十分な関係 (sufficient relationship) があり，その証
言が許容された場合，起訴された告訴事実の真実性を強力に支持するため，そ
の弊害を与える効果にもかかわらず，それを許容することが公正 (fair) であ
る場合には，他の少女の証言は許容される。問いの「第二」に対しては，両者
の犯罪間に上記のような関係があれば，両者を分離して審理する必要はない，
と答える。

　これらの事柄は，法律問題である。しかし，程度についての判断が入ってく
る。裁判官が，適切な原則に照らして適切な判断を行えば，宝くじのようだと
表現されるような結果は生じないと考える。

(3)　解　説

　(a) マカイ大法官一人が，意見を述べ，他の4名の裁判官は，全員，これに
賛成した。Makin 判決のハーシェル大法官の一般原則を引用し，次いで，Board-
man 判決の各裁判官の意見を詳細に引用した上で，意見を示していることは，
枢密院，貴族院の判例は，一貫していることを示したものと解される。その上
で，Boardman 判決の解釈として，控訴院が採用してきた支配的解釈を誤りで
あるとして，それを変更した。Boardman 判決から，類似事実と証明対象事実
との間に顕著な類似性があることを常に要求することは，適切ではないとした
ものである。

　(b) 証拠が「Dに対し弊害を与える効果を凌駕する十分な証明力を持つ」場
合，という基準は，それ自体，異論のない基準と言える。なお，この基準，テ
ストは，PV (probative value) ＞PE (prejudicial effect) という形で公式化し
て示されることがある。Boardman 判決においても，同じ比較衡量を取り入れ，
弊害が証明力を上回る場合には，裁判官が裁量権を行使して排除することがで
きることを判示していた。しかし，このような基準を具体的事件へ適用するこ

◇第4節◇　*P* 判決（1991年6月27日貴族院判決）

とが容易であるか。マカイ大法官は，上記引用のとおり，適切な原則に従って，判断が適切になされれば，結果が宝くじのようになることはないと言う。しかし，レドメインは，*P* 判決は，類似事実証拠の許容性に関する法的問題を解決する役には立たず，許容性の判断が宝くじのようになることを終わらせなかったと批判する[86]。このようなアプローチは，鍵となる概念が漠然としており，実務上のガイダンスを提供しないとの批判があった[87]。両者の概念は比較不能とする意見もあった[88]。

　(c)　ここで，*P* 判決前後に出されたオーストラリアとカナダの判例を，参考として，簡単に紹介したい。

　オーストラリア最高裁の判例は，*Pfennig* 判決（1995年）[89]である。当該類似事実証拠に，Ｄが無実であることを示す合理的な見方が全くないことを許容性の要件とする。この結論のみを紹介しても，理解しにくいと思われるが，証明力と偏見の害との比較衡量の立場を残しつつ，当該証拠について，高度の証明力を要求して高い基準を設定したものと解されている[90]。

　カナダ最高裁の判例[91]は，類似事実証拠は，(1)性向以外の争点に関連性があること，(2)証明力が偏見の害を上回ることの二つの要件を満たせば許容され

---

(86)　Redmayne, *supra* note 71 at 104.

(87)　M. Bagaric & K. Amarasekara, The prejudice agaist similar fact evidence, 5 *Int'l J. Evidence & Proof* 71, 75（2001）.

(88)　A. Zuckerman, Similar fact evidence - the unobservable rule, 103 *L. Q. R.* 187, 196（1987）. しかし，レドメインは，両者が比較不能であるとする批判は，理論的には正しくない，「事実認定の正確性」という共通の価値を設定することにより，比較のための枠組みを提供すると主張する。Redmayne, *supra* note 71 at 134.

(89)　*Pfennig v R*（1995）182 CLR 461.

(90)　*Pfennig* 判決が採用したテストは，基準を高く設定し過ぎているとの議論がある。Bagaric & Amarasekara, *supra* note 87 at 76；D. Hamer, Similar Fact Reasoning in Phillips：Artificial, Disjointed and Pernicious, 30 *U. N. S. W. L. J.* 609, 613（2007）. さらに，A. Ligertwood & G Edmond, *Australian Evidence A Principled Approach to the Common Law and Uniform Acts* 206-214（6th ed., LexisNexis Butterworth, Australia, 2017）参照。

(91)　*R v Morris*［1983］2 SCR 190；*R v B（FF）*［1993］1 SCR 697.

◆第2章◆　イギリスのコモン・ローにおける類似事実証拠の許容性

ると判示する。

　(d) 以上の枢密院，貴族院の3判決を概観した場合，P判決では，マカイ大法官が，先例を尊重し，判例の一貫性を強調した構成で意見を述べたから，*Makin* 判決も *Boardman* 判決も生きていることになった。したがって，*Makin* 判決の，類似事実から性向を認定し，その性向から D が起訴された犯罪を行ったことを推認する，性向推認は禁止されるが，争点との関連性がある場合，つまり，一定の類型に該当する場合は，許容されるという基本も維持され，加えて，証明力と偏見の害との比較衡量の基準が明確に前面に提示された。また，*Boardman* 判決の「顕著な類似性」基準も，一定の場合には意味を持つものとして容認された。そういう意味では，コモン・ローとして，類似事実証拠の許容性のテストは，重層的になり，基準が分かりにくくなったと言うことができる。

◆　補　論　◆　1898年刑事証拠法(Criminal Evidence Act 1898) 1条

　前節までは，コモン・ローのルールについて述べた。ここで，悪性格証拠に関する重要な制定法について説明しておきたい。1898年刑事証拠法（Criminal Evidence Act 1898. 以下，CEA1898と略する）は，(i) D の証人適格を認めた上で，(ii) D が証言台に立ったとき，反対尋問において，D の悪性格証拠について質問できる場合を制限する規定を定めた。

　まず，CEA1898の1条(1)項は，一般的に，D の証人適格を認め，D が自ら請求したときに証人となると規定した。D は，それまでは，制定法が規定する限定された事件においてのみ証人となることができたに過ぎない。

　次に，D の証人適格を認める場合，宣誓の上，証言台に立つ D に対し，反対尋問において与える保護が問題となる。D の悪性格について尋問することを原則として禁止し，例外的に許容するという，折衷的方法を採用した。D に盾 (shield) が与えられると表現されるが，D がこの盾を投げ捨て，あるいは，これが除去されるとき，反対尋問を甘受すべきことになる[92]。1条(3)項[93]により，D は，反対尋問において，原則として，他の罪を犯したこと，他の罪で有

36

◇補 論◇ 1898年刑事証拠法（Criminal Evidence Act 1898） 1 条

罪となったこと，他の罪で起訴されたこと，又は，悪性格につき，尋問される
ことはないし，尋問されたときも答える義務はないと定め，但し書きを以下の
ように規定する。(i)D が他の罪を犯し，又は他の罪で有罪となった事実が，D
の有罪を証明するために許容されるとき，(ii)D が，検察証人に対し自己の善性
格を立証する質問をしたとき，若しくは，自己の善性格を証言したとき，又は，
D の防御方法が検察証人らの性格を非難する要素があるとき，(iii)共同 D を責
める証言をしたときである。以上の例外の場合は，上記の各事項について尋問
され，かつ，これに答える義務があることになる。なお，但し書き(ii)の場合，
反対尋問により現れた前科等の悪性格証拠は，D の供述が信用できないことの
みに使われるべきで，起訴された罪を犯す性向を証明するものとして考慮され
るべきでないとするのが判例であった[94]。

　CEA1898の 1 条(3)項は，CJA2003別表37第 5 部により廃止された。廃止さ
れた規定は，CJA2003の101条(1)項(d)，(e)，(f)，(g)号の規定に引き継がれてい
る。

---

(92)　*R v Maxwell* ［1935］AC 309, 316-318.

(93)　制定時は，(f)項。

(94)　*R v McLeod* ［1995］ 1 Cr App R 591.

第**3**章　アメリカにおける類似事実証拠の利用

◆ 第1節 ◆　連邦証拠規則の規定

(1) アメリカの場合，性向推認の禁止を，証拠規則において，明確に規定しているところが，特徴である。イギリスでは，コモン・ローで，性向推認を禁止していたが，その後，後述するように，CJA2003により，悪性格証拠の許容性に関するコモン・ローのルールを廃止して，性向推認を許容した。アメリカは，これとは異なる。そこで，アメリカの連邦証拠規則の規定及びその運用を簡潔に紹介し，さらに，アメリカでは，許容される推認過程を，どのように考えているのかを見ておくことにしたい。

アメリカ連邦証拠規則[95]は，民事事件にも，刑事事件にも適用されるが，以下においては，刑事事件に関するＤの悪性格証拠のうち，類似事実証拠に関する実体的規定部分のみを抽出して説明する。同証拠規則は，初めに，禁じられた推論が許されないことを規定し，次いで，一定の目的のために，Ｄの犯罪やその他の悪行の証拠は許容されると規定する。すなわち，

「第404条　性格証拠；犯罪又はその他の行為

(a)性格証拠

(1)禁止される使用

---

(95)　この規則は，連邦議会によって制定された法律である。当初，1972年11月20日連邦最高裁判所の命令として規定されたが，1973年3月30日の連邦法により，同規則は，連邦議会により承認されるまでは効力を有しないものとされ，その後，連邦議会の修正が加えられ，1975年1月2日，制定法となった。*Federal Criminal Code and Rules* 281, 282（2010 ed. West）参照。

　なお，各州，準州でも，連邦証拠規則にならって，証拠規則が法典化されている。連邦証拠規則404条(b)項に対応するそれらの規定は，D. P. Leonard, *The New Wigmore : Evidence of Other Misconduct and Similar Events* 795-808（Aspen Publishers, 2009）に掲げられている。

◇ 第 1 節 ◇　連邦証拠規則の規定

人の性格又は性格の特徴の証拠は，特定の機会に，その者がその性格
又は特徴に従って行動したことを証明するためには，許容されない。

(中略)

(b)犯罪，悪行又はその他の行為

(1)禁止される使用

犯罪，悪行又はその他の行為の証拠は，特定の機会に，その者がその
性格に従って行動したことを立証する目的で，その者の性格を証明する
ためには許容されない。

(2)許容される使用

この証拠は，他の目的，たとえば，動機 (motive)，機会 (opportunity)，
意図 (intent)，準備 (preparation)，計画 (plan)，知識 (knowledge)，同
一性 (identity)，錯誤の不存在 (absence of mistake) 又は偶然でないこ
と (lack of accident) の証明のためには許容される（後略）

(2011年12月 1 日施行の最終改正後のもの)」である[96]。

同規則は，文面上は，禁じられた推論禁止の原則を宣言し，例外として，許
容される場合をリスト・アップするリスト・アプローチを採用したと見られる。
もっとも，許容されるリストは，例示的列挙であって，限定的とは解されてい
ない。後に述べるが，類似事実証拠の許容性のルールについては，原則として
許容，例外的に，性向推認のために使用する場合は禁止されると解すべきとす
る見解が，支配的である（第 3 節(2)参照）[97]。

(2) ただし，404条(b)項の例外が，1994年法改正により追加された。413条，
414条である。それぞれ，性的暴行事件，子どもへの性的いたずら事件におい
て，D が各同種の行為を行った証拠を許容する。404条(b)項の例外を創出した
ものである。したがって，過去の性的暴行等の証拠から性向推認をすることを
許容する[98]。「性的暴行」及び「子どもへの性的いたずら」は，413条(d)項，

---

(96)　田邉・前掲注(24)44-52頁。なお，本書の同規則の日本語訳は同書のそれを参考と
した。

(97)　Leonard, *supra* note 95 at 206-232.

(98)　田邉・前掲注(24)70頁参照。

39

◆ 第3章 ◆　アメリカにおける類似事実証拠の利用

414条(d)項でそれぞれ定義されているが,「他人（子ども）を死亡させ,又は他人（子ども）に傷害もしくは身体的苦痛を与えることから性的悦楽又は満足感を得ること」なども含まれているなど,相当広範囲である。

◆ 第2節 ◆　*Huddleston* 判決が示した運用指針

　規則の関係部分の規定は,以上のとおりであるが,連邦最高裁判所は,類似事実証拠の使用に当たり,不公正な偏見の危険性を認識の上,事実審裁判所が,証拠規則の下,類似事実証拠の許容性を決定するに当たり,採用すべきステップを示した。1988年の *Huddleston* 判決[99]において示されたハドルストン・ルールの二つのうちの一つである[100]。最高裁は,四つの要件を挙げる。すなわち,(1)「適切な目的」のために請求されたもの（証拠規則404条(b)項(2)号）(2)関連性（証拠規則402条,104条(b)項）(3)類似事実証拠の証明力が不公正な偏見の可能性を十分上回ること（証拠規則403条）(4)当事者の請求があれば,当該証拠は,許容された適切な目的にのみ考慮されるべきことを陪審に説示すべきこと（証拠規則105条）,である。

　以上の各ステップの理解のため,レナードの解説を要約する[101]。

　(1)「適切な目的」とは,禁止された目的以外の何らかの目的である。証拠規則404条(b)項(2)号の目的のリストは限定的ではない。

　(2) 関連性があるということは,「適切な目的」に関連性があるということで

---

(99)　*Huddleston v United States*, 485 U. S. 681 (1988). この事件では,Dが,大量の盗品であるビデオカセット・テープを,それが盗まれたものであることを知りながら所持した事実により,有罪となった。Dが盗品であることを認識していたことを立証する目的で,2件の類似事実が請求された。それは,Dが,有罪となった所持事実の前後ころ,他人に,多数のテレビ,家電製品を販売し,又は,販売の申し込みをした事実であり,Dは,上記テープ,テレビ,家電製品は同一人物から入手したものであると証言した。

(100)　二つのルールが示されたが,他の一つは,Dが類似事実を行ったことの立証の程度に関するルールである。最高裁は,この問題は,規則104条(b)項によって規律され,その事実を認定する十分な証拠（sufficient evidence）があれば,当該類似事実は,許容されると判断した。

(101)　Leonard, *supra* note 95 at 245-267.

40

◇ 第 2 節 ◇ *Huddleston* 判決が示した運用指針

ある。関連性が認められた場合，証拠規則402条が適用される。同条は，関連性のある証拠は，法令上，別段の定めをしていない限り許容され，関連性のない証拠は，許容されないことを規定する。

(3) 証拠規則403条は，偏見，混乱，時間の浪費その他の理由により関連性のある証拠を排除することを定める。最高裁判決は，不公正な偏見にのみ言及するが，証拠規則403条が規定するように，「争点の混乱」「陪審を誤導する」「不当な遅延」「時間の浪費」「重畳的証拠を不必要に提出すること」のいずれの危険との衡量でもよい。

比較衡量に当たり，裁判官は，まず，類似事実証拠の正当な証明力を査定すべきである。それは，孤立した評価ではなく，他の証拠の存在をも加えた評価である。証明力に影響を与える要素は，起訴された事実と類似事実との間の類似性と時間的近接性などである。

他方，不公正な偏見の危険とは，「不適切な根拠に基づいて判断するように促す不当な傾向を意味し，通常は，情緒的なもの」を意味する[102]。基本的には，不公正な偏見をもたらす証拠は，正確さと公正さを実現する証拠法の目標を脅かす。連邦最高裁判決は，「不公正な偏見とは，当該事件の証拠に基づくことなく，事実認定者をして有罪とするように誘う，関連性がある証拠が持つ力である」という[103]。基本的に，2つのタイプの不公正な偏見がある。一つは，「推認を誤らせる偏見 (inferential error prejudice)」と呼ばれるもので，事実認定者が，特定の証拠の価値を誤って判断するときに起こる。余罪証拠に価値を置き過ぎる場合である。他は，「法を無視する偏見 (nullification prejudice)」である。その証拠が提出を許容された正当な目的を無視し，別の許容されない根拠により，結論を出すことである。陪審は，類似事実証拠を聞くことにより，(a)禁止されている性向推認により，D を有罪とするか，(b)真に D を有罪と考えるかどうかと関係なく，悪い人間を処罰したいために，又は，その者から社会を防衛するために，法を完全に無視し，D を有罪とする場合に，この「法を

---

(102) Fed. R. Evid. 403 advisory committee's note. In S. A. Saltzburg et al., *Federal Rules of Evidence Manual* vol. 1，§403.04［1］(11th ed., Matthew Bender, 2015).

(103) *Old Chief v United States*, 519 U. S. 172, 180 (1997).

◆ 第3章 ◆ アメリカにおける類似事実証拠の利用

無視する偏見」が起きている。不公正な偏見の危険を判断する要素として，最重要なのは，両事実の類似性である。類似性は，証明力を高めるが，偏見の危険も高める。他の要素は，余罪の不道徳性，悪質さである。余罪がそのようなものであれば，陪審は，Dを社会から除く欲望を持つ。

なお，イギリスでは，「推論における偏見（reasoning prejudice）」と「倫理的偏見（moral prejudice）」に分けて説明するのが一般である。「推認を誤らせる偏見」と「法を無視する偏見」にほぼ対応している[104]。

(4) 当事者の請求により，裁判所は，制限する説示（limiting instruction）を発すべきである。制限する説示とは，許容された適切な目的のためにのみ使用すべきであるという説示である。請求がなくても，裁判所は，裁量により，制限する説示を発することができる。説示は，陪審員が理解できる言葉で説明されなくてはならない。その中で，性向に従って行動したことを証明することは許されない理由を説明すべきである。説示の型（pattern instruction）を作成する努力がなされている。

◆ 第3節 ◆ 性向推認と性向推認ではない推認との峻別

(1) レナードの解説により，アメリカにおいて，禁止される推論と許容される推論（性向推認ではない推認）の区別がどのように理解されているかを見てみよう[105]。

母が既に死亡し，父が財産は，生存するきょうだい間で平等に分配すべしという遺言を作成し，不治の病にかかっている設例で，Dは，V（きょうだいの残された一人）を殺害したとして起訴された。

> 「1年前，Dは，きょうだいの一人を殺害した」

---

(104) The Law Conimission, *Evidence in Criminal Proceedings : Previous Misconduct of a Defendant* paras 7.7-7.15 (LCCP No. 144, July 1996); P. Roberts & A. Zuckerman, *Criminal Evidence* 591 (2 nd ed., Oxford University Press, Oxford, 2010); Redmayne, *supra* note 71 at 33.

(105) Leonard, *supra* note 95 at 10-16.

◇ 第3節 ◇　性向推認と性向推認ではない推認との峻別

> → 「Dは，暴力的性格を有する」
> → 「Dは，V（きょうだいの残された一人）を殺害した」

これが，禁止される推論の典型である。

一方，許される推論は，性向推認ではない推認によるものであり，

> 「1年前，Dは，きょうだいの一人を殺害した」
> → 「Dは，父からの遺産の分け前を渡さないために，同人を殺す動機があった（一般原理：人は，その富を増やすよう動機付けられている）」
> → 「Dの動機は，少なくとも，本件Vを殺害するときまで続いていた（一般原理：人の富を増やそうという動機は，継続する）」
> → 「Dは，遺産を独り占めするために，V（きょうだいの残された一人）を殺害した（一般原理：人は，富を増やす機会を持つ場合，そのような機会を持たない人よりも，その機会を利用する）」

　推認の過程を，上記のように二分し，一方を禁じられた推論とし，他方は，そうではない，許容される推論とするのである。レナードは，その上で，各論として，証拠規則が許容する使用目的のそれぞれについて，控訴審判例の事案を分析して，妥当な判断と不当な判断とを指摘する。許容された類似事実証拠が，許される推認過程のみで使用されるのか，許されない推認過程にまで入り込んでいるのかを検証している。基本的には，上記の設例で示した推認の2類型のどちらに当たるかを検証するものである。

　各論のうち，「知識（Knowledge）」から，一つだけ，許容される場合と許容されない場合の例を挙げる[106]。Dがコカインの譲渡目的所持で起訴された。裁判官は，Dが規制薬物であることの認識を有していたことを立証するために，本件逮捕の6か月前に，クラック・コカイン所持で逮捕され，有罪答弁した事実を許容した。高裁は，前科の罪を犯したことにより，Dは，クラック・コカインがどういうものかを知ったもので，その知識は，本件で所持していた物が規制薬物であることを認識していたこと及びそれにつき譲渡目的を有していた

---

(106)　Leonard, *supra* note 95 at 388-391.

◆ 第 3 章 ◆　アメリカにおける類似事実証拠の利用

ことに証明力があると判断し，裁判官の判断を支持した[107]。しかし，認識が
ないとの防御でない場合には，以上の議論は適用されない。D は，クラック・
コカインの譲渡目的所持罪で起訴された。D の防御は，自動車のトランク内の
クラック・コカインは，同乗者の物であり，その存在自体を知らなかったとい
うものであった。6 年前の譲渡目的によるコカイン所持の前科は関連性がない
から，その前科を許容した裁判官の判断は誤りであるとされた。これを許容し
た場合，性向推認による使用しかあり得ないからである[108]。

　(2) 類似事実証拠に関するルールが，証拠能力を原則認めるものなのか，す
なわち，一つの許容されない目的のため（性向推認のため）に提出されたもの
でない限り，許容されるのか（原則許容説。inclusionary rule），あるいは，原則
として証拠能力を認めないようにするものなのか，すなわち，許容される例外
に該当しない限り排除されるのか（原則排除説。exclusionary rule）の対立が議
論されてきた。レナードは，次のように説く。ウィグモアは，原則許容説であっ
たが，初期の学説判例は，原則排除説であった。しかし，現在では，類似事実
証拠に関するルールは，原則許容説で理解される。連邦証拠規則に関して，連
邦高裁のすべては，原則許容説であり，ほぼすべての州でも同様に解されてい
る。余罪証拠が許容されることを，原則の例外ととらえるかどうかは，単なる
文字的な論争のように見えるがそうではない。許容される場合を例外と呼ぶこ
とは，不正確な推論をもたらし，実際の危険から目を背けることになる。裁判
所が，陪審に説示するとき，例外という用語を用いると，陪審員たちは，例外
として許される場合は，禁止された推論を用いて良いと誤解するかもしれない。
以上のように説く[109]。

---

(107)　*United States v Perkins*, 94 F. 3 d 429, 434, 435（8th Cir. 1996).

(108)　*United States v Eggleston*, 165 F. 3 d 624-626（8th Cir. 1999).

(109)　Leonard, *supra* note 95 at 206-232.

第4章　2003年刑事司法法 (Criminal Justice Act 2003) が定めた悪性格証拠の許容性に関するルール

◆第1節◆　同法（第11編第1章「悪性格証拠」）成立の動因

（1）ロバーツらは，*Makin* 判決から *P* 判決まで1世紀にわたる判例の発展があったが，類似事実証拠のルールは，かつて裁判官らがその良さを熱く語ったほどには，実際，確固としたものではないというのが，一般的な受け止めであった，そして，性格証拠に関する法は，明らかに改革に熟していたと言う[110]。

1994年4月，内務大臣が，法律委員会に対し，刑事手続きにおける伝聞証拠及び過去の非行についての証拠につき，検討の上，法改正の適切な勧告をするよう付託した。これに対して，過去の非行についての証拠部分に関して，法律委員会は，諮問文書（1996年）[111]の提出を経て，報告書（法案の草案付き。2001年）[112]を提出した。報告書は，例えば，類似事実証拠に関しては，ルールは明確さを欠くこと，*P* 判決の基準は，余りにも漠然としているとし，そのスタンスは，類似事実証拠の許容性は，争点との関連性であり，禁じられた推論の連鎖の概念は採用せず，したがって，性向推認が許される場合があり得る趣旨を述べていた[113]。

以上のようにして，もはや裁判所の判例に任せておくことは適当でなく，制定法による改革が必要と判断されるに至った。

（2）法律委員会の報告書と相前後して，オールド裁判官による「イングランドとウェールズの刑事裁判所の見直し」（2001年）と題する諮問文書[114]，及び

---

(110)　Roberts & Zuckerman, *supra* note 104 at 584.

(111)　The Law Commission, *supra* note 104.

(112)　The Law Commission, *Evidence of Bad Character in Criminal Proceedings* (Law Com No. 273, October 2001).

(113)　*Id.* paras 4.2, 4.3, 4.7, 4.10.

45

◆第4章◆　2003年刑事司法法（Criminal Justice Act 2003）が定めた悪性格証拠の許容性に関するルール

　ハリデイを長とするチームによる「処罰の有効化：イングランドとウェールズのための量刑体制の見直しについての報告」（2001年）と題する諮問文書[115]が公にされ，これらを元にして，政府は，「すべての国民に正義を」（2002年）と題する白書[116]を議会に提出した。この白書の基本的態度は，我々は，強くて安全なコミュニティを目標とする，そのために，反社会的行動に対して断固とした対応をし，犯罪の被害者のために刑事司法システムのバランスを変更し，警察及び検察に対し，より多くの犯罪者に裁きを与えるための道具を与えるというものであった[117]。これから明らかなように，白書は，犯罪被害者の側に立ち，犯罪者の処罰を確実に行うことを目標とした。そのため，陪審らの事実認定者が，Ｄの有罪，無罪と正当に関係があるすべての関連性のある証拠を知ることができるようにすべきであるとした。その上で，Ｄの前科又は他の非行は，事件の争点に関連性がある場合には，裁判所が不適切と判断しない限り，陪審は，それを知ることが許される。ただし，裁判官は，証明力が偏見の害を上回るかどうかの判断をすべきである。このようなセーフガードは，立法で定められるべきである。これは，行き当たりばったりの排除ルールの集積である現行の法を改善することになると，主張した[118]。

　白書は，Ｄの悪性格証拠排除が自明であるとのアプローチから，まずは許容されるという前提（不均衡な弊害を理由とする排除を条件として）へ発想を基本的に変えるべきことを宣言したもので，それが，CJA2003の立法のスキームに取り入れられたと，ロバーツらは評する[119]。

---

(114)　R. Auld, *Review of the Criminal Courts of England and Wales*（The Stationary Office, London, 2001）. オールド裁判官は，大法官らから，刑事裁判所の実務，手続きなどに関する調査，検討を委託された。実務家としての立場から，陪審は，Ｄの善性格が主張されなければ，Ｄは前科を有すると考えること，陪審にもっと信頼を置いてよいことなどを主張する（para. 120）。

(115)　J. Halliday et al., *Making Punishments Work : Report of a review of the sentencing framework for England and Wales*（2001）.

(116)　*Justice for All*（Cm. 5563, 2002）.

(117)　*Id.* 11.

(118)　*Id.* 79-82. さらに, Home Office, *Criminal Justice : The Way Ahead*（Cm. 5074, 2001）及び Labour Party, *Ambitions for Britain : Labour's Manifesto 2001* 参照。

◇ 第 1 節 ◇　同法（第11編第 1 章「悪性格証拠」）成立の動因

　法律委員会の法案の草案に基づく部分もあるが，特に，Dの悪性格証拠に関する部分は，白書の方針をも取り入れ，政府の法案が作成された。貴族院における一部修正を経て，CJA2003（第11編第 1 章「悪性格証拠」）が成立した。「悪性格証拠」の章は，2004年12月15日から施行された[120]。

　(3) 新法に対する学界の評価であるが，ロバーツらは，新法は，被害者の権利を主張するイデオロギー的政治的意見によって駆り立てられた，出来の悪い改革であるというのが学界の定説である，と述べる[121]。

　タッパーは，新法の悪性格条項は，旧法の誤解に基づいており，その問題に対する反自由主義的対応である，新法が簡潔さを求めたとしても，それはほとんど達成されていない，なぜなら，変則やあいまいさがなくなるというより，むしろ悪化していると批判する。特に，類似事実に関する部分が，法律委員会の草案を採用せずに，すなわち，裁判所の事前の許可を不要とし，高度の証明力を要件としなかったなど，許容の要件を単純化したことが，セーフガードを失わせるものであると批判する[122]。

　サンダースらは，多くの学者は，CJA2003の悪性格証拠の規定に反対し，それは，無実の者を誤って有罪とすることから守るセーフガードを失わせるものだと主張したと，述べる[123]。

　結局，学界の批判は，主に，類似事実証拠に関する新法の規定が，許容される要件を単純化したことを対象とするものと解される。その批判が正しいかどうかは，結局，裁判所が新法の規定をどのように解釈，運用するかにかかっていた。現在，施行後14年以上を経過し，新法の運用は，成功したのか。これは，

---

(119)　Roberts & Zuckerman, *supra* note 104 at 585.

(120)　ただし，113条及び別表 6 を除く。なお，CJA2003の悪性格証拠の章の制定の経緯は，高平・前掲注(25), (26)に詳しく述べられている。

(121)　Roberts & Zuckerman, *supra* note 104 at 658.

(122)　C. Tapper, The Criminal Justice Act 2003：(3) Evidence of Bad Character, *Crim LR*, 533, 541-549, 554（2004）.

(123)　A. Sanders et al., *Criminal Justice* 587（ 4 th ed., Oxford University Press, Oxford, 2010）.

第7章から第9章の控訴院判例の分析の中で，自ずと現れてくると考える。ここで，先回りして結論を言えば，新法の運用に当たり，控訴院は，相当程度成功していると言ってよいのではなかろうか。なぜなら，特に，陪審に対する適切な説示の在り方を検討する中で，類似事実からの適切な推認過程はどうあるべきかを，控訴院自身が次第に検討を深めてきたと解されるからである。

◆ 第2節 ◆ 同法における悪性格証拠規定の全体像

類似事実証拠ルールの置かれた位置を理解するため，新法の悪性格証拠規定の全体像を簡潔に説明する。

(1) コモン・ローのルールの廃止（99条）

99条(1)項により，刑事手続における悪性格証拠の許容性を規律するコモン・ローのルールは廃止された。悪性格証拠すべてであるから，Dの悪性格証拠のみならず，Dでない者の悪性格証拠も含まれる。反面，刑事手続における善性格証拠を規律するコモン・ローのルールは廃止されない。つまり，善性格証拠に関するコモン・ローは，依然として生きていることになる。

Dの善性格証拠は，Dの悪性格証拠と関係を持つので，若干の説明をする。Dの善性格は，有罪・無罪の争点及びDの証言の信用性の争点の両者に関連性を持ち得る。前者においては，前科などの犯罪歴がないことから，Dは，法を遵守する市民であることを証明し，したがって，Dは，起訴された罪を犯していないと推認するものである。後者においては，Dが犯罪歴を有しないことから，Dが信頼に値する人間であることを証明し，したがって，Dの本件に関する証言は真実であろうと推認するものである。

なお，善性格証拠に対する反証としての悪性格証拠の利用がある。これは，CJA2003においては，101条(1)項(f)号が規定する[124]。

48

◇ 第2節 ◇　同法における悪性格証拠規定の全体像

⑵　「悪性格」証拠の定義（98条，112条⑴項）

　人の「悪性格」証拠とは，その人の不品行（misconduct）の証拠，又は不品行を行う性向（disposition）の証拠を指す（98条）。

　「不品行」とは，「犯罪行為又はその他の非難に値する行動（reprehensible behaviour）」を意味する（112条⑴項）。

　「非難に値する行動」とは何かが，解釈上の問題となる。これに該当しないとされた事例の判例として，*Manister*［2005］EWCA Crim 2866（第7章第2節⑵(a)(iii)参照）及び *Osbourne*［2007］EWCA Crim 481がある(125)。

　ただし，悪性格証拠から，次のものは除外される。(a) D が起訴されている犯罪事実と関係がある証拠，又は，(b) D が起訴されている罪の捜査又は訴追に関連する不品行の証拠（98条(a)，(b)号）。

　(a)号の D が起訴されている犯罪事実と関係する証拠とは，起訴された犯罪事実と直接に関連がある証拠という意味であり，当該事件の争点となる事項を証明する直接証拠，及びそれがないと裁判所や陪審が事件を完全に理解することが困難となるような背景証拠を含む。これらの証拠は，起訴された犯罪に直接関連する証拠として，コモン・ローでも許容されていたものであり，新法では，悪性格証拠の定義外とすることにより，同様となった。

　(b)号の D が起訴されている罪の捜査又は訴追に関連する不品行の証拠に関しては，これを悪性格証拠から除外することにより，結局，コモン・ローのルールと同様である。すなわち，一般的には許容されないが，特定の争点と関連性があれば許容される。例えば，①逮捕に抵抗して逃亡した事実は，逃走の試みが有罪の意識を推認し得るというのが法であるから，許容されるし，②被疑者が取調官を殴り，その後，制止された事実は，D が取調べに圧迫があったと主張した場合，それに対する反証として使用し得る(126)。

---

(124)　I. Dennis, *The Law of Evidence* 792, 793, 807（6 th ed., Sweet & Maxwell, 2017）参照。

(125)　最近の控訴院刑事部の判決等は，おおむね，Neutral Ciation Number を表記して特定する。また，判例索引及び脚注においては，正式表記をするが，本文においては，原則として，関係する D の姓を表記して特定する。

49

◆第4章◆ 2003年刑事司法法（Criminal Justice Act 2003）が定めた悪性格証拠の許容性に関するルール

(a)号の例外に該当しないとされた事例の判例として，*Tirnaveanu*［2007］EWCA Crim 1239がある。

(3) Dでない者（non-defendant）の悪性格証拠（100条）

悪性格証拠は，Dのそれと「Dでない者」のそれとに二分される。「Dでない者」と規定されているが，そのうちの主なものは，証人（以下Wと略することがある）の悪性格証拠である。すなわち，Wの証言の信用性を争うために，Wの反対尋問において，その悪性格を質問する場合やWの悪性格証拠を提出する場合である。(1)項で，(a)号から(c)号まで，三つの入り口（gateway）が規定されているが，主要なものは，(b)号である。手続きにおける争点となる事項，又は，事件全体の観点から相当に重要な事項に関して，相当の証明力を持つときに許容される。この場合，裁判所の許可が必要である。Wの場合，その立法目的は，不必要に攻撃的な反対尋問からWを守るためである。そのため，そのような反対尋問を抑制するような規定となっている[127]。

付言すると，強姦罪等の性犯罪の告訴人の過去の「性的行動」に関しては，告訴人に対する行き過ぎた反対尋問を抑制する目的で，1999年少年司法及び刑事証拠法（The Youth Justice and Criminal Evidence Act 1999）41条が規定された。同条は，性犯罪の公判で，告訴人の性的行動に関しては，裁判所の許可がない限り，Dが（Dのために），証拠を提出したり，反対尋問で告訴人を尋問することは許されないこと，及び，裁判所がその許可を与えてよい条件について規定する[128]。

---

(126) R. Taylor et al., *Blackstone' Guide to the Criminal Justice Act 2003* 125 (Oxford University Press, Oxford, 2004). さらに，JR Spencer, *Evidence of Bad Character*, paras 2. 27-2. 29（3ʳᵈ ed. Hart Publishing, Oxford, 2016）参照。

(127) Dennis, *supra* note 124 at 602, 603.

(128) C. Tapper, *Cross and Tapper on Evidence* 331-338 (12ᵗʰ ed., Oxford University Press, Oxford, 2010) 参照。

◇ 第2節 ◇ 同法における悪性格証拠規定の全体像

⑷ Dの悪性格証拠が許容される入り口全般（101条⑴項）

(a)から(g)までの各号において，許容される7個の入り口（gateway）を規定する。入り口は以下のとおりである。

(a)号 手続きの全当事者が，当該証拠が許容されることに同意したとき。

(b)号 当該証拠が，D自身により提出されたとき，又は，反対尋問においてDが質問した問いに対する答えとしてなされた証言であり，かつ，それを引き出す意図があったとき。

(c)号 それが重要な説明証拠であるとき。

(d)号 それがDと検察との間で争点となっている重要な事項と関連性があるとき。

(e)号 それがDと共同Dとの間で争点となっている重要な事項につき相当程度の証明力を有するとき。

(f)号 それがDにより与えられた間違った印象を正す証拠であるとき。

(g)号 Dが他人の性格を攻撃したとき。

入り口(d)が，類似事実をカバーする規定である。これについては，次節で詳しく述べることとし，その余につき，若干の説明をする。

入り口(a)については，明示の同意だけでなく，黙示の同意も含まれる。したがって，検察が請求してDが異議を述べなければ，この入り口で許容される[129]。

入り口(b)については，Dが，証言において，自ら，自己の悪性格を証言する場合，及び，Wの証人尋問において，弁護人の尋問によって，Wから，それが意図的に引き出された場合である。

悪性格証拠の排除は，Dの手続的利益として取り扱われるので，Dは，希望すれば，それを放棄することができる。そのため，入り口(a)，(b)が規定されている[130]。

入り口(c)については，証拠は，(i)それがなければ，裁判所又は陪審が，事件の他の証拠を適切に理解することが不可能又は困難であり，かつ，(ii)事件の全

---

(129)　*R v Marsh* [2009] EWCA Crim 2696；*R v D'Ambrosia* [2015] EWCA Crim 182.

(130)　Taylor, *supra* note 126 at 131.

体像を理解するために，その証拠の価値が相当程度であるとき，それは，重要な説明証拠であると規定されている（102条(a)，(b)号）。新法以前は，コモン・ローで背景証拠（background evidence）として，許容されていた。*Pettmann*判決［1985］は，背景証拠について「起訴された罪と関連する連続した背景の一部であり，以上を全体として見ないと，陪審に対する事件の説明が，不完全であるか，理解不能である場合，他罪の実行を証明する証拠も許容される」と説明する[131]。コモン・ロー時代の例を上げると，妻を殺害した罪で起訴された事件で，最近の険悪な夫婦間の関係の証拠が許容された[132]。

入り口(e)については，104条に解釈規定がある。この入り口については，(i)第一の適用場面は，共犯事件で，Dと共同Dの防御が矛盾するとき，共同DがDの供述の信用性を争うために，その悪性格証拠を提出する場合である（104条(1)項）。(ii)　この入り口では，共同Dのみが証拠を提出し，又は，証人に対する反対尋問において尋問することができる。検察官がこの入り口により証拠を提出することはできない（104条(2)項）。(iii)　CEA1898の1条(3)項但し書き(iii)の趣旨が入り口(e)に引き継がれている[133]。

入り口(f)については，105条に詳細な解釈規定がある。要するに，入り口(f)は，旧法において，Dが善性格を主張したときに，それに対する反証として，Dの悪性格を証明することを許したことと同趣旨の規定であり，従来のコモン・ローのルール及びCEA1898の1条(3)項但し書き(ii)の規定に取って代わるものである[134]。

入り口(g)については，106条に詳細な解釈規定がある。入り口(g)は，CEA1898の1条(3)項但し書き(ii)の規定と同じ原則に基づく。Dが他人の性格を攻撃した場合，検察にDの悪性格を提出することを許すことが公正であるとの報復的原則に基づく[135]。他人とは，常にそうではないが，起訴された犯罪の被害者（その生死を問わず）であることが多い[136]。

---

(131)　判例集不登載のため，引用は，Munday, *supra* note 1 at 275. による。

(132)　*R v Phillips*［2003］2 Cr App R 35.

(133)　Dennis, *supra* note 124 at 853, 854, 858.

(134)　*Id.* 862.

(135)　*Id.* 868, 869.

◆第3節◆　同法における類似事実証拠の許容性に関するルール

⑴　101条⑴項⒟号，112条⑴項，103条の規定

（ⅰ）これが，類似事実証拠と呼ばれてきた類型をカバーする規定である。

・101条⑴項⒟号　Ｄと検察との間で争点となっている重要な事項と関連性があるときに，Ｄの悪性格証拠は許容される。

・112条⑴項「重要な事項（important matter）」とは，事件全体の観点から見て相当の重要性がある事項を意味する。

・103条⑴項　101条⑴項⒟号における，Ｄと検察との間の争点事項には，以下が含まれる。

⒜号　Ｄが，起訴された罪と同種の犯罪を犯す性向を有するかどうかの問題。ただし，Ｄがそのような性向を有することが，Ｄが起訴された罪で有罪である蓋然性を決して高めないときを除く。

⒝号　Ｄが不真実の性向（嘘をつく性向）を有するかどうかの問題。ただし，Ｄの主張が，いかなる点からも不真実であることを示唆していないときを除く。

・同条⑵項　⑴項⒜号が適用されるとき，Ｄの起訴された罪と同種の罪を犯す性向は，Ｄが以下の罪で有罪となった証拠によって立証することができる。ただし，他のいかなる方法によっても立証することを妨げない。

⒜号　Ｄが起訴された罪と同じ記述の罪。

⒝号　Ｄが起訴された罪と同じカテゴリーの罪。

・同条⑶項　裁判所が，有罪からの時の経過の長さ又はその他の理由で，当該事件で，前項を適用することが不当（unjust）であると認めたときは，前項は，当該Ｄの事件には適用されない。

・同条⑷項　⑵項との関係で，

⒜号　もし，書面による起訴において，犯罪事実の記載が同じ用語でなされているときは，二つの罪は，同じ記述によるものである[137]。

⒝号　本条の関係で，国務大臣の命令によって，同じカテゴリーの犯罪に属

---

(136)　*R v Hanson*, Gilmore and P［2005］EWCA Crim 824 at para. 5.

◆第4章◆　2003年刑事司法法(Criminal Justice Act 2003)が定めた悪性格証拠の許容性に関するルール

すると規定された場合，二つの犯罪は，同じカテゴリーの犯罪である。

・同条(5)項　(4)項(b)号に基づく政令により規定されるカテゴリーは，同じタイプの犯罪で構成されるべきである[138]。

・同条(6)項　検察証拠のみが，101条(1)項(d)号によって許容される[139]。

(ⅱ) 以上の規定により，類似事実は，Dと検察との間の重要な争点に関連性があるときに，許容される。そして，その争点には，Dが起訴された罪と同種の犯罪を犯す性向を有するか否かが含まれることが規定された。加えて，「ただし，Dがそのような性向を有することが，Dが起訴された罪で有罪である蓋然性を決して高めないときを除く」と規定されたことからすると，同種犯罪を犯した前科から，同種犯罪を犯す性向を証明し，その性向から，Dが起訴された犯罪を犯した蓋然性を高めるという推認（性向推認）が許容されたことになる[140]。

そして，103条(1)項(a)号の同種の犯罪を犯す性向は，103条(2)項(a)，(b)号が規定する前科から証明され得ることが規定された。しかし，そのような前科により証明される場合に限られるわけではない。同種犯罪を犯したことにより，警察の注意処分，検察による不起訴処分を受けたことなどから，そのような性向

---

(137) 同じ記述とは，制定法，コモン・ロー上，同一犯罪という意味である。R. Glover & P. Murphy, *Murphy on Evidence* 178（13th ed., Oxford University Press, Oxford, 2013）参照。

(138) 2004年の内務大臣の命令により，窃盗のカテゴリーと性犯罪（16歳未満の人に対する）のカテゴリーが規定された。The Criminal Justice Act 2003（Categories of Offences）Order 2004, SI 2004 No. 3346. これ以上の命令制定の見込みはないようである。Spencer, *supra* note 126 at para. 4. 67 参照。

(139) 政府提出の法案では，現行の入り口(d)は，入り口(e)であって，入り口(d)は，起訴された罪と同じ記述の罪又は同じカテゴリーの罪による前科の証拠を，独立した入り口として許容するものであったが，これが貴族院で現行の法律に修正された。そういう経過があるから，複雑な条文の構造になったものである。

(140) Spencer, *supra* note 126 at para. 4. 36 参照。なお，1984年警察・刑事証拠法（The Police and Criminal Evidence Act 1984）74条(3)項中の「起訴されている罪と同種の罪を犯す性向があることを示すため以外の理由で当該手続における争点と関連性を有すると認めれられるときに限る」との部分は，CJA2003別表37第5部により削除された。

◇第3節◇　同法における類似事実証拠の許容性に関するルール

を証明することも可能である。すでに，無罪とされた事実はどうか[141]。旧法下の貴族院判例である *Z*［2000］2　AC 483は，無罪とされた事実であっても類似事実として主張できるとした。新法下で，*Smith*［2005］EWCA Crim 3244（*Edwards* との併合判決）は，起訴されたが，訴訟停止中の犯罪事実につき，同旨を判示した。第6節で述べる *DM*［2008］EWCA Crim 1544は，証明なしの評決を受けた事実につき，同旨である。

103条(1)項(b)号の不真実の性向については，本研究の主たるテーマではない。しかし，同種の犯罪を犯す性向の問題と関連するところがあるので，後記第5節 *Hanson* 判決が示したガイドライン(2)(g)の箇所，第7章第3節(1)(a) *Campbell* 判決の脚注で，説明をしたい。

なお，注意的に述べておきたいが，入り口(d)のDと検察との間の重要な争点に関連がある場合とは，103条(1)項(a)，(b)号の性向があるかどうかの問題に限られないことは，当然である。103条(1)項(a)，(b)号は，そこに規定する各性向が存在するかどうかの問題が，Dと検察との間の争点の一つとなり得ることを示しているに過ぎないのである。

(2)　裁判官の裁量による排除（101条(3)，(4)項）

・Dの排除請求があった場合は，当該証拠を許容することが手続きの公正を害するため，それを許容すべきでないと裁判所が判断したときは，裁判所は，その証拠を許容してはならない（(3)項）。

・(3)項の排除請求があったときは，裁判所は，特に，当該証拠が関係する事項と起訴された罪を構成する事項との間の時の経過の長さを考慮すべきである（(4)項）。

・この規定は，入り口(d)の場合だけでなく，入り口(g)の場合にも適用される（(3)項）。

・先に説明した103条(3)項の規定とこの101条(3)，(4)項の規定は，裁判官が，同種犯罪を犯す性向を立証する前科等の証拠の許否を決定するに当たって，密

（141）　*Id.* at paras 5.36-5.39；Redmayne, *supra* note 71 at 186を参照。

◆第4章◆ 2003年刑事司法法(Criminal Justice Act 2003)が定めた悪性格証拠の許容性に関するルール

接に関係する規定である。

・101条(3)項が規定する「手続きの公正に害を与える（an adverse effect on the fairness of the proceedings)」という要件は，1984年警察・刑事証拠法（The Police and Criminal Evidence Act 1984. 以下，PACE1984と略する）78条(1)項における文言と同じである。しかし，PACE1984の78条(1)項が，「許容することを拒絶することができる」と規定するのに対し，101条(3)項は，「許容してはならない」と，より強い文言を使用している。

なお，PACE1984の78条(1)項は，当該証拠が獲得された状況を含むすべての事情を考慮した上で，手続きの公正に有害な影響を及ぼすと認められた場合に，当該証拠を許容することを拒否してよいことを規定する，一般的に適用される規定である。したがって，101条(3)項の適用のない場合，すなわち，当該類似事実証拠がそもそも悪性格証拠に該当しない場合や，(d)，(g)の入り口以外の入り口に該当する場合では，PACE1984の78条(1)項の一般的な排除規定が適用され得る。

・裁判官は，Dからの排除請求がなくても，職権により排除することができる[142]。

(3)　決定の理由を述べるべき裁判所の義務（110条）

悪性格証拠に該当するかどうかの決定，及び，100条又は101条により悪性格証拠が許容されるかどうかの決定（101条(3)項により，請求に基づき決定する場合を含む）は，公開の法廷で（しかし，陪審不在で）決定の理由を述べなければならない（ただし，治安判事裁判所の手続きでは，それを裁判記録に記載する）。

(4)　ま　と　め

以上により，裁判官による類似事実証拠の許容性の審査は，第1段階は，争

---

[142]　ただし，Dから排除請求をしなかったときは，控訴において，裁判官が職権で排除しなかったことを批判することは許されない（*R v Highton*［2005］EWCA Crim1985）。

56

点との関連性の審査であり，第２段階として，それを許容することが手続きの公正を害しないかという審査がなされる。手続きの公正を害するか否かの判断基準は，後述のとおり，控訴院判例により，当該証拠の持つ証明力とその証拠が潜在的に持つＤに与える偏見の害との比較衡量とされている（第７章第２節(3)参照）。加えて，証拠決定に関して，公開の法廷で理由を述べるべき義務が規定されており，手続き的にその内容の適正を担保する道が講じられている。

◆ 第４節 ◆ 悪性格証拠ないし類似事実証拠の許容性に対する基本的考え方

(1) 原則的許容アプローチの採用

内務省作成のCJA2003の注釈は，次のように解説する。すなわち，旧法は，Ｄの悪性格証拠を一般的に不許容とし，コモン・ロー及び制定法が定める限られた例外に該当する場合に許容するものであった。CJA2003の101条から108条は，要約すれば，Ｄの前科及びその他の不品行又はその性向を，原則的に許容するアプローチを採用し，関連性があれば許容される，しかし，一定の状況では排除される，すなわち，裁判所が，その証拠の採用が，手続きの公正を害すると判断したときは，排除されると規定する[143]。内務省の注釈は，このように，新法の原則的許容アプローチの趣旨を明確にする。

(2) 控訴院判例による基本的考え方の宣言

新法施行後間もなく出された控訴院判例は，公判審理裁判官を指導する目的から，新法の基本的考え方について次のように述べる。

(a) *Hanson* ［2005］EWCA Crim 824（第７章第２節(1)(a)(ⅰ)参照）　まず最初に，裁判官，検察官，弁護人は，議会がこの法律を立法した目的に留意すべ

---

(143) Criminal Justice Act 2003−Explanatory Notes, para. 365, *available at* http : //www.legislation.gov.uk./ukpga/2003/44/notes/division/4/11/1/3. 最終閲覧日2019年１月11日。

きである。この法律の文言から分かることは，その目的は，無実の者を偏見によって有罪にする危険に遭わせることなく，罪を犯した者を有罪とするように証拠上の手助けをすることである。

(b) *Somanathan*［2005］EWCA Crim 2866（*Weir*との併合判決）　もし，Ｄの悪性格証拠が，検察とＤとの間の重要な争点と関連性があれば，排除の請求がない限り，それは許容される。裁判所の事前の許可は不要である。旧法時代の証明力と偏見の害との比較衡量をするテストは，時代遅れのものとなった。

ただし，以上は，議会の立法者意思の尊重及び立法の趣旨を確認するものであって，内務省の注釈と同趣旨であり，特に新しい点はない。

◆ 第5節 ◆ *Hanson* 判決が示したガイドライン

新法施行後間も無い2005年の*Hanson*判決は，新法の適用に当たって留意すべき点を，裁判官や当事者に対し，指導するものである。そのため，その後の控訴院判決中で根拠としてしばしば引用される。さらに，その後の事件の控訴理由で，裁判官が*Hanson*判決のガイドラインに従っていないことが指摘されることもあった。同判決が示したガイドラインを，以下に要約する。

ただし，そこで示されているのは，新法が許容した狭義の性向推認に依拠する場合の注意事項が中心であり，まだ，その後の控訴院判例において現れてくる，狭義の性向推認でない推認過程や理由付けに関しては，当然のことながら，まだ，言及されていない。

(1) 起訴された犯罪を犯す性向に依拠する場合

以下の三つの問いを検討すべきである。

(a) 前科が，起訴された罪と同種の罪を犯す性向を立証するか？

(b) その性向が，Ｄが起訴された罪を犯した蓋然性を増大するか？

(c) 同じ犯罪や同じカテゴリーの犯罪の前科に依拠することが不当ではないか？　そして，それが許容されると，手続きを不公正にしないか？

◇ 第5節 ◇　*Hanson* 判決が示したガイドライン

(2)　その他の注意事項

(a) 103条(2)項は，起訴された罪と同種の犯罪を犯す性向を証明するための前科のタイプを網羅するものではない。他方，そのような性向を証明するために，起訴された罪と同じ記述や同じカテゴリーの罪の前科があることで必然的に十分であるとは言えない。

(b) 性向を立証するために最低限必要な事件の数はない。前科の数が少なければ，性向を立証する証拠として弱いであろう。同種前科1件では，性向を立証しないかもしれない。しかし，1件でも性向を立証する場合はある。異常な行動の性向を示す場合，又は，状況からして，起訴された罪に対する証明力が高い場合である。前者の例として，子どもへの性的虐待，放火がある。後者については，単純な万引きより，顕著な特徴を有する手口の場合，1回の前科でも性向を証明するであろう[144]。

(c) 103条(3)項に規定する不当，101条(3)項に規定する手続きの公正については，裁判官は，他にも要素はあるが，前科と起訴された罪の類似性の程度，両者の罪のそれぞれの重大性を考慮すべきである。さらに，検察の主張の強さ，すなわち，Dに対する他の証拠の強さを考慮すべきである。他の証拠がないか，非常に少ない場合，前科を許容することは，正当とは言いにくい。

(d) もし，前科の犯罪行為の日時と有罪となった日時に相当な差がある場合，許容性判断において，犯罪行為の日時の方が，原則として重要である。

(e) 許容性を決定する前に，単に前科の罪名やDの前科一覧を全体として見るのではなく，個々の前科の内容を調査することが必要である。

(f) 過去の出来事が争われた場合，裁判官は，公判審理が，不合理に，起訴されていない事実の調査に転換することを許さないように，注意すべきである（第6節参照）。

(g) (103条(1)項(b)号の解釈に関して) 不真実な性向は，不誠実な性向とは別な意味である。不真実とは，Dが自己の行為の説明で嘘を言う，又は，犯罪を犯

---

(144)　その後の判例を見ると，1件の前科でも性向を証明するとして許容された例は相当数ある。第7，8章参照。

◆第4章◆　2003年刑事司法法（Criminal Justice Act 2003）が定めた悪性格証拠の許容性に関するルール

すときに嘘を言う場合を表現する。不誠実な犯罪の前科であろうとなかろうと，起訴された事件で，Ｄが真実を述べているかが争点となったとき，前科の事件で，Ｄが，無罪の答弁をするか，逮捕時，警察官の取調べ時，証人として，陪審が信用しなかった説明をしたこと（筆者注，結局，いずれも嘘を言ったことになる）は，Ｄの不真実な性向を示す。又は，前科の犯罪方法（例えば，その罪を遂行する上で，嘘を述べたとき）が，Ｄの不真実な性向を示す。

　(h) 控訴審の審査基準　裁判官が，説示を正しく行った場合，許容性に関する決定や悪性格証拠を使用する意図の事前告知を行わなかった手続違反に関する決定に対し，控訴院が，直ちに介入することはしない。前科等が性向を証明する能力についての裁判官の判断が明白に誤りであるか，又は，ウェンズベリ事件の基準[145]に照らし，裁量権が不合理に行使された場合でない限り，控訴院が介入することはない（第5章第1節(2)(b)参照）。

◆ 第6節 ◆　副次的訴訟（satellite litigation）の弊害

　Hanson 判決が，上記ガイドライン(2)(f)で指摘する点である。推認過程の分析のため，控訴院判例は第7章以下でまとめて紹介するが，副次的訴訟の弊害に関連するものは，この場所で，先行して紹介することとしたい。

　類似事実に争いがあると（主として，前科となっていない類似事実），その審理に多大の時間を要することが起きる。副次的争点について，ミニ訴訟を行うことになると言われる。訴訟の中心的争点から陪審の注意をそらす弊害があり，審理の公正と効率性を損なう。裁判官は，類似事実証拠の請求に対し採否を判断する際，副次的訴訟の弊害が予測されないか留意すべきである。以下に，副次的訴訟の弊害が問題となった判決を掲げる。

---

(145)　*Associated Provincial Picture Houses LTD v Wednesbury Corporation*〔1948〕1 KB 223. ウェンズベリ事件の不合理性基準と呼ばれる。地方の行政機関の裁量行為が司法審査の対象となる要件につき判示するもので，「決定が余りにも不合理であり，いかなる合理的な行政機関も決してそのような決定をしない場合であって初めて，裁判所は介入する」と述べる。

◇ 第 6 節 ◇　副次的訴訟（satellite litigation）の弊害

(a) *McKenzie*［2008］EWCA Crim 758（第 7 章第 3 節(1)(b)参照）

　控訴院は，まず，以前の不品行については，それが有罪となっていなければ，その認定のために，起訴された事実の審理に加えて，副次的争点の審理が必要となる，そうすることは，審理に時間と費用がプラスされるだけではなく，陪審が決定すべき争点が複雑となり，最重要な争点から焦点をそらす危険がある，と一般的な注意をしている。その上で，裁判官が採用した 2 人の証人のうちの 1 人につき，許容すべきでなく，他の 1 人については，許容が相当であるとした。この判決は，後出の *O'Dowd* 判決で引用されている。

(b) *Cox*［2014］EWCA Crim 804（第 7 章第 4 節(1)(e)参照）

　裁判官は，副次的訴訟の弊害も検討したが，本件の状況では，弊害は大きくはないとした。

(c) *DM*［2008］EWCA Crim 1544

　この事件は，控訴院が，悪性格証拠（他の事件）を取り調べることになれば，副次的訴訟の弊害が生じることが，必至であるとして，101条(3)項を適用して，その請求を却下すべきであると判断した事例である。他事件の証拠の取り調べを許容した裁判官の決定に対する中間判決において，控訴院は，裁判官の許容決定を取り消して，許容すべきでないとした。(i)他事件を性向証拠（性向推認のために用いる証拠）として用いるのか，(ii)他事件を本件で証拠として用いる前提として，その事件で有罪であると陪審が判断する必要があるのか，(iii)副次的訴訟の弊害がある場合か，以上 3 点につき，判断した興味深い判例である。

　D は，すでに，スコットランドのバンフで起きた強盗事件で，スコットランドで審理を受け，陪審から証明なしの評決を受けていた。バンフ事件の 3 日前にイングランドのリーズ（両者は，400マイル以上離れている）で強盗があり，D は，その事件で起訴された。D は，各強盗事件発生時，各現場の地域にいた。いずれの強盗犯も，目出し帽を被り，ショットガンを携帯していたことから，同一の犯人である蓋然性が高かった。検察は，バンフ事件の証拠を，本件のリーズ事件で請求したところ，裁判官は，1 度は，却下したが，2 度目の決定で，性向証拠としては，許容しなかったが，両事件の証拠を全体として見れば，リー

ズ事件でＤが有罪である証拠を強化するという理由で許容した。

これに対し，控訴院は，バンフ事件の証拠が悪性格証拠であるとした上で，(d)の入り口の該当性につき，検察がバンフ事件でＤの有罪を立証したら，Ｄがリーズ事件でも有罪である可能性を高めるとした。検察とＤとの間の重要な争点は，Ｄがリーズ事件の犯人であるかどうかであるとする。その理由付けは，Ｄが，二つの類似した事件当時，各地域にいたことは，単なる偶然の一致ではありそうにもないことを証明し，そして，バンフ事件で有罪であることからリーズ事件の有罪を証明しようとするものである。しかし，控訴院は，結局，101条(3)項により，手続きの公正に害を及ぼす恐れがあるとして，それを許容すべきでないとした。その中で，控訴院は，バンフ事件の証拠の関連性は，陪審がその事件を有罪と判断することが前提となるとし（そのためには，スコットランドの陪審が間違っていたと判断する必要がある），もし，そうでないなら，関連性は失われるとする。そして，バンフ事件においては，非常に多数の証人がいて，様々な証言をしていることを挙げ，本件であるリーズ事件を審理するのと同等の審理の負担があることを指摘する。結局，（ⅰ）バンフ事件において，スコットランドで証明なしという評決がすでになされていること，（ⅱ）バンフ事件のすべての証拠を詳細に検討する必要があること，以上２点を指摘し，これは，まさに，審理すべき裁判官が避けるべき「副次的訴訟」の適例となると，理由を述べた。バンフ事件では，Ｄが犯人でないとする証拠があったことにも言及しているから，バンフ事件での有罪獲得の困難性を予測した判断と解される。本件のリーズ事件でも，Ｄが犯人であることと矛盾する証拠もあったから，検察の証拠は，全体的にそう強くなかったと言えそうである。

(d) *O'Dowd*［2009］EWCA Crim　905

訴因は，１人の女性に対する監禁，脅迫，２件の強姦，性的暴行及び薬物の強制投与であった。Ｄが１人だけで，Ｖが１人だけであるのに，審理は６か月半かかった。類似事実は，いずれも(d)の入り口により許容された３件の強姦事件である。その１件は22年前の事件で，起訴されたが，無罪となった事件であり[146]，１件は17年前の事件で，有罪となった事件である。残りの１件は，起訴されたが，訴訟停止中という事件である。Ｄは，起訴された事実を全面的に

◇ 第 6 節 ◇　副次的訴訟（satellite litigation）の弊害

争い，類似事実のすべてについて争った。審理が長くなった原因には，Ｄ側の要因もあったが，控訴院は，結論として，長くかかり過ぎているとした。審理は３か月，最長でも６か月程度で終了することが望ましいが，本件の類似事実を許容した段階で，審理に４か月を要することが予測されていたから，３件のうちの最良の１件を選ぶべきであったとする。刑事手続規則の下，裁判官は，事件をマネージメントする広範な権限を与えられていることを強調する。３件の類似事実の許容により，副次的争点のための証人調べに長い時間がかかり，そのために，陪審が本件に集中することが困難になった。３件の類似事実を全部許容したことは，本件訴訟を複雑にしたが，これは不必要で望ましくないことであった。結局，控訴院は，裁判官が，101条⑶項の適用において誤りを犯したと判断した。そして，陪審の有罪の評決は破棄されるべきものとした。

　陪審の審理に３か月，最長でも６か月程度で終了することが望ましいと，基準を示したことが興味を引く。その上で，複数ある類似事実から最良の事件を選ぶべきであったと判断したものである。

⒠ *Mitchell*［2016］UKSC 55（第５章第１節⑵⒢，第７章第４節⑴⒝⒤参照）
　この判決は，最高裁が，控訴院の質問に対して意見を述べる判決である。その中で，当該質問とは別に，副次的訴訟の問題にも触れて，以下のように述べる。性向証拠の採否を決定する裁判官が留意すべき事項は，次のとおりである。陪審は，性向を立証する基礎となる別の事件について評決をすることは求められていない。そして，Ｄは，それらの事件のためにＤであるのではない。陪審に対し，起訴された罪に焦点を当てるよう告知すべきである。性向を立証するために，過去の事件を立証することは，起訴されている事件の真相に光を当て得るものであるが，そのような過去の出来事に過度に訴えることは，中心となる争点から注意をそらすという方法で，審理を歪める恐れがある。裁判官は，北アイルランドの命令６条⑶項（CJA2003の101条⑶項に対応する規定である）による排除を検討するに当たり，上記のようなことを考慮すべきである。副次的

---

(146)　前述した，無罪とされた類似事実証拠も原則として許容され得ると判断した *R v Z*［2000］2 AC 483の原則は，CJA2003下でも生きていると解されている。

◆ 第4章 ◆　2003年刑事司法法(Criminal Justice Act 2003)が定めた悪性格証拠の許容性に関するルール

訴訟がしばしば効率的な審理に害があることは自明の理である。

第5章　許容された悪性格証拠の使用

　CJA2003は，悪性格証拠の許容性の要件を定める。それでは，それが許容されて，その証拠調べがなされた後，当該悪性格証拠は，どのように使用されるべきか。その使用の段階で，二つの問題がある。

　第一は，陪審に対する説示の問題である。CJA2003は，争点との関連性があれば，前科等の類似事実を原則的に許容した。そうすると，陪審が，前科等の類似事実からDに対して偏見を持つことのないように，それに対処するときの一般的な警告，注意を，十分に行う必要がある。主として，性向推認をする場合に関して，控訴院判決が示したガイダンスを，第1節(2)で示す。

　ところで，ロバーツらは，悪性格証拠のイギリス法が，新法施行後，許容性（admissibility）の問題から裁判官による説示（judicial directions）の問題へとはっきりと焦点が移動したことは，もっとも重要な判例の発展であり，裁判官による説示を，潜在的な偏見の害を無効化する主要な組織的制度であると述べている[147]。なお，ここで主張されている説示の問題は，前科等の類似事実を使用するに当たっての一般的な注意，警告の問題も含まれていようが，さらに進んで，類似事実証拠から有罪を推認する過程について許される使用方法を指示する説示を意識しているものと思われる。この推認過程についての説示の問題については，第7章以下で事件毎に，検証することになる。

　第二の問題は，101条(1)項(d)号の入り口以外で許容された悪性格証拠を，Dの供述の信用性の問題のみならず，性向を認定する証拠として用い，有罪・無罪の認定に使用してよいかの問題である。新法施行後，控訴院判例で相当議論されたところである。現在，ほぼ結論が出ている事項なので，第2節で，簡潔に説明する。

（147）　Roberts & Zuckerman, *supra* note 104 at 660.

◆第5章◆　許容された悪性格証拠の使用

◆ 第1節 ◆　裁判官による陪審に対する説示

(1)　陪審に対する説示

　説示とは，証拠調べ終了後，陪審が評議に入る前に，裁判官が陪審に与える指示（direction）を指す。イギリスの場合，陪審が聞いた証言の関連する部分を要約し，法律上の論点についても説明をする（サミング・アップ）。どう証言を評価するかは，陪審の責務であり，本質的には常識の問題である[148]。

　次に，主として，性向推認（propensity inference）を経る場合について，控訴院が示した，説示のためのガイダンスを紹介する[149]。なお，性向証拠（propensity evidence）という用語も控訴院判決で使用されている。性向証拠は，それ自体は，性向を認定するために用いられる前科等の類似事実を指す用語であろうが，性向証拠から性向を認定した後，その性向からDの有罪の蓋然性を高めるとする，性向推認を行う意味が込められた用語として使用されることが多いように思われる。

(2)　判例が示したガイダンス

(a) *Hanson*［2005］EWCA Crim 824（第7章第2節(1)(a)(i)参照）

　実務家に新法の運用を指導する判例である。次のように注意する。説示において，陪審に対し，明確に，前科に不当に頼りすぎないように警告すべきである。悪性格証拠は，単に，検察の弱い主張を強化するために，又は，陪審員の心にDに対する偏見を与えるために用いられてはならない。特に，陪審に対して，次のように指示すべきである。(i)前科を有することのみで，Dが起訴された罪を犯した（103条(1)項(a)号），又は，不真実である（103条(1)項(b)号）と結論付けてはならない。(ii)前科が性向を証明するとしても，それは，直ちに，Dが，この事件の犯罪を行った，又は，この事件で不真実であったことを意味し

---

(148)　*R v Campbell*［2007］EWCA Crim 1472 para. 32 参照。

(149)　Richardson, P. J., edit., *Archbold : Criminal Pleading, Evidence and Practice 2018*（Sweet & Maxwell, 2017）§13–68 参照。

◇ 第 1 節 ◇　裁判官による陪審に対する説示

ない。(iii)前科が，実際，性向を証明するかどうかは陪審が決定すべきである。(iv)前科についてＤが述べたことを考慮に入れるべきである。(v)性向が認められて，これを考慮することが，陪審に許されても，性向は，ほんの一つの要素であるに過ぎない。陪審は，その事件の他のすべての証拠に照らして，性向の重要性を評価すべきである。以上を警告すべきである。控訴院は，見本となる説示を提示することはしない。裁判官研修所（Judicial Studies Board）作成の説示のサンプル（悪性格証拠に関する No. 24）[150]は，助けになるが，今後，裁判官研修所は，以上に述べた意見を考慮してくれるだろうと，その改訂を勧めている。

　(b) ところで，*Hanson* 判決は，説示の効果について，重要な意味を持つ判示をしている。つまり，裁判官が，説示を正確に行なった場合，控訴院は，許容性についての裁判官の決定に対してなるべく介入しないと述べる。そして，控訴院は，裁判官の決定が，明らかに間違っているか，裁判官の裁量がウェンズベリ事件の基準に照らし，不合理に行使されたときでない限り，介入しないであろう，と続けている。第一文の意味は，要するに，悪性格証拠の許容決定に，仮に問題があったとしても，その使用段階である裁判官の説示で，陪審に対し，適切な指示を与えていれば，それがＤに現実に害を与えることにはならないから，あえて許容決定をとがめるまでもない，という趣旨と解される。言い換えれば，悪性格証拠使用段階の説示が正確になされていれば，許容決定の問題点を救済する役割を果たし得るということである。同様の趣旨を，*Eastlake*［2007］EWCA Crim 603（第 7 章第 6 節(1)(c)参照）も述べている。

　(c) *Edwards*［2005］EWCA Crim 1813

　Hanson 判決の上記の一般的なガイダンスが，裁判官の説示がそれに従っていないから違法であると主張する控訴を招いたため，次のように補足した。*Hanson* 判決が述べるガイダンスは，その違反が直ちに有罪の破棄につながるという厳密な図面を提示したものではない。説示は，前科はそれ自体では有罪を立証できないから，それに不当に依拠してはならないという，明白な警告を

---

(150)　JR Spencer, Evidence of Bad Character 179-181（2 nd ed., Hart Publishing, Oxford, 2009).

◆第 5 章◆　　許容された悪性格証拠の使用

含むべきである。なぜ，悪性格証拠が調べられたのか，それがどのようにして
事件に関連性があり，陪審の判断を助けるのかが説明されるべきである。裁判
官が，以上のような明白な警告，説明，ガイダンスをすれば，用語は，多少異
なってもよい。守らなければならない厳格な形式があるわけではない。

(d) *Campbell*［2007］EWCA Crim 1472（第 7 章第 3 節(1)(a)参照）

陪審が，個々の事件の状況に応じた，悪性格証拠の関連性を理解できるよう
にすべきである。関連性は，普通は，常識から推論され，かつ，許容される入
り口を特定することから理解することができる。陪審は，平易な言葉で，事件
の事実との関係で，悪性格証拠が関連性のあること（入り口も含まれる）を告
げられるべきである。

(e) *Lafayette*［2008］EWCA Crim 3238（第 7 章第 4 節(1)(c)参照）

裁判官は，悪性格証拠の利用は，D の説明が信用できるかどうかのための利
用なのか，性向証拠としての利用なのかを区別すべきである。主張された性向
が立証されたか，そしてそれがどの程度まで有罪立証に役立つかは，陪審が決
定すべきである。それに加えて，一般の警告として，過大にそれに寄り掛かる
ことはいけないことを注意すべきである。また，性向の認定には，前科の古さ，
前科の事実の時の D の年齢，その後の前科の有無などを考慮すべきである。
もし，その悪性格証拠が性向を立証できないと裁判官が判断したときは，それ
を無視するよう，陪審に特別の指示をすべきである。

(f) *Dossett*［2013］EWCA Crim 710（第 7 章第 6 節(1)(h)参照）

比較的新しい判決に現れた，その事件で，裁判官が実際に行った説示の一般
的な注意の部分を引用する。「非常に重要なことは，以前の行動についての証
拠は，この事件の証拠の中で，ほんの一部分であるということです。その重要
性は，誇張されるべきではない。あなた方は，悪性格証拠だけで，又は主に悪
性格証拠によって，D を有罪としてはなりません。D が過去にある方法で行動
したというだけで，D は，今回もそのように行動したと言うことはできません。
過去の悪い行動はそれのみで有罪を立証することはできません」

(g) *Mitchell*［2016］UKSC 55（第 4 章第 6 節(e)，第 7 章第 4 節(1)(b)(ii)参照）

最高裁判決である。北アイルランド控訴院の判決に対して，同控訴院は，検
察が請求した最高裁への上告を許可しなかった。しかし，最高裁に対し質問を

◇ 第1節 ◇ 裁判官による陪審に対する説示

発し，その意見を求めた。最高裁は，その質問に答える判決中で，質問とは直接関係しないが，性向の問題を説示の中で，どのように取り扱うべきかについて意見を述べた（カー裁判官執筆）。内容として特に目新しいものではないが，最高裁が特に意見を述べ，現に，その事件では，控訴院が，裁判官の説示が不適切であるとの理由で，有罪を破棄しているから紹介に値する。すなわち，「性向は，付随的，二次的な論点である。陪審に対して，最も重要な証拠は，Ｄの有罪・無罪に直接関係する証拠であることを明白に説明すべきである。性向は，それだけで有罪を証明することは不可能であり，それが，直接証拠の代わりを果たすと考えるべきではない」と述べ，その上で，本件では，陪審が性向の問題にどのように取り組むべきかについて，裁判官は，適切な説示をすることに失敗した，そのため，本件における有罪は控訴院において正当に破棄されたと述べる。

(3) 裁判官の説示が適切に行われ，そしてそれが陪審に理解されるための方策

(a) 説示に関する裁判官の手引き

1987年以来，裁判官研修所（Judicial Studies Board）は，刑事法院におけるサミング・アップのためのガイダンスを提供してきた。新法施行直後の裁判官研修所の説示見本集（*Judicial Studies Board Specimen Directions*）[151]の悪性格証拠部分は，簡潔なものであり，改訂の必要が *Hanson* 判決で示唆された。

その後，刑事法院裁判官の手引き —— 陪審に対する説示（Judicial Studies Board, *Crown Court Bench Book–Directing the Jury*, March 2010），続いて，刑事法院裁判官の手引き案内（S. Tonking & J. Wait, *Crown Court Bench Book Companion*, October 2011）が発行された[152]。そこでは，説示の見本ではなく，説示の例（illustration）を提案するというスタイルである。見本にすると，裁判官がそれに拘束されると誤解されたり，それを機械的に使用するという弊害が

---

(151)　*Id.* 175-181.
(152)　高平・前掲注(27)214頁参照。

69

◆第5章◆　許容された悪性格証拠の使用

あったとし，個々の事件の事実関係に合わせて裁判官の責任で，適切な説示を
してもらおうという目的であった。

　さらに，2016年5月，司法大学（2011年4月，裁判官研修所から改称された）
が，これまでの手引き等に代わるものとして，刑事法院裁判官の手引き概説(Ju-
dicial College, *The Crown Court Bench Book Compendium*）を発行した[153]。その
第1部：陪審，公判審理の運営及びサミング・アップ(Part 1：Jury and Trial
Management and Summing Up. 以下，これを裁判官の手引き又は Bench Book と
略する）中の第12章　悪性格証拠（Bad Character），第13章　訴因間相互許容
性（Cross Admissibility）が，本書に関係する部分である。関係する法律の要点，
説示に当たっての注意事項及び説示の例（example）が，刑事法院裁判官など
のために説明されている（ちなみに，この第2部は，量刑に関するものである）。

（b）説示に関する協議及びその書面化

　説示において，一般的な性向証拠使用の注意，警告がなされるにとどまらず，
類似事実証拠からの有罪推認過程に関する指示もなされることになれば，以下
の事項が問題となる。

　裁判官が，検察官，弁護人と，説示内容に関して，事前に協議することの必
要性を，控訴院判決が指摘してきた。裁判官の手引きは，協議をしないと，必
要な説示が見逃されたり，十分に説明されないことがある。協議はルーティン
として行われるべきであると指導する。さらに，書面に基づいた説示案によっ
て検察官，弁護人と協議すべきであり，できればそれに同意されることが望ま
しいと言う[154]。

　次に，説示を書面で陪審に交付することも勧められている。90％以上の裁判
官が，少なくとも時々，そうしていることを認めている。陪審員に対する調査
では，説示を書面で交付された陪審員の100％が，評決を出すために役立った

（153）　裁判官の手引きの関係部分が，Spencer, *supra* note 126 at 212–237に引用されて
　　いる。裁判官の手引きは，改訂があれば年2回新しくされる。現在，2018年12月版が最
　　新である。https://www.judiciary.uk/wp-content/uploads/2016/06/crown-court-comp
　　endium-part1-jury-and-trial-management-and-summing-up-december-2018a.pdf. 最終閲
　　覧日2019年1月11日。

（154）　*Bench Book*, ch. 1 –14.

とする。書面が利用されなかった事件の陪審員の85％が，評議のときの参考に，書面があったらよかったと述べた[155]。類似事実証拠からの有罪推認過程について詳細な（時には複雑な）説示がなされることになれば，陪審がこれを正確に理解し，かつ，評議の際に，明確に，説示内容を全員が認識している必要がある。書面の必要性が高い理由である。

◆ 第2節 ◆ 許容された悪性格証拠の使用目的に限定はあるか

使用段階では，許容された入り口による制限を受けず，関連性がある事項に使用できるか。

初期の *Highton*［2005］EWCA Crim 1985は，Dが他の人の性格を攻撃したとき，入り口(g)により，Dの悪性格証拠が許容されるが，いったん，許容されれば，Dの供述の信用性に関してのみならず，起訴された罪と同種の罪を犯す性向にも関連性があると判示した。*Campbell* 判決（第7章第3節(1)(a)参照）は，*Highton* 判決の判旨を確認した。

しかし，*D, P and U*［2011］EWCA Crim 1474（第7章第2節(2)(a)(vi)参照）は，結論として，*Highton* 判決の判旨を実質的に変更した。すなわち，一般論として，次のように注意を与える[156]。入り口(f)（Dが与えた間違った印象を正す目的）だけで許容され，入り口(d)では許容されていない悪性格証拠については注意が必要である。説示において，その証拠は，性向証拠としては使用できないことを，陪審に警告すべきである。さらに，入り口(c)（重要な説明証拠）の場合も，誤用される危険がある。入り口(c)は，入り口(d)の代用品ではない。入り口(d)で許容されそうにもないものを，入り口(c)で許容し，これを性向証拠として使うことは，許されない。以上，入り口(d)では許容されていない証拠で，入り口(f)又は(c)で許容された証拠は，性向証拠としては，使用できないから，そのことを，説示において，明確に説明すべきであるというものである[157]。入り口(f)については，旧法からあったルールであるが，Dの供述の信用性に対

---

(155) *Id.* 1-12.

(156) 当該各事件では，いずれも，入り口(d)による許容が控訴院でも是認されているから，上記は，あくまでも一般論としての，裁判官らに向けての注意である。

◆ 第5章 ◆　許容された悪性格証拠の使用

してしか，用いられなかったこと，入り口(c)についても，コモン・ローのルールを引き継いだものであるが，文字どおり，説明のための証拠であり，性向証拠としての使用は許されていなかった。そのような入り口で許容されたに過ぎないのに，使用段階で性向証拠として使えるというルーズな運用を退けたものである。

　ところで，旧法下で，入り口(f)と同様，Dの供述の信用性判断のためだけに使用されてきた，入り口(g)の場合につき，*Lafayette* [2008] EWCA Crim 3238（第7章第4節(1)(c)参照)が，*D, P and U* 判決と同旨をいう。その後の，*Williams* [2011] EWCA Crim 2198では，入り口(g)で許容された前科につき，偏見の害を排除するため，性向証拠として使えないという明白かつ強力な説示を要求し，そうしなかった手続きが違法とされ，有罪が破棄された。

　その後，さらに，入り口(c)につき，性向証拠として使用してよいとした説示が誤りであるとした判例がある。*L* [2012] EWCA Crim 316は，子どもに対する強制わいせつ事件で，真実は，性向に関する証拠であったのに，入り口(c)の重要な説明証拠として許容されたケースである。説示で，裁判官は，性向証拠と使用してよいとしただけでなく，性向証拠に関する正しいアプローチについての説明を行わなかった。有罪は破棄された。入り口(c)に関して，上記の *D, P and U* 判決が注意を促したことが，実際の事件で起きた事例である。

　以上により，入り口(c)，(f)，(g)に関しては，旧法時代から許容されてきた悪性格証拠であり，しかも，入り口(c)は，単に説明のためだけのもので，入り口(f)，(g)は，Dの供述の信用性弾劾のためのもので，すべて性向証拠としての利用は認められてこなかったことから，新法下においても，性向証拠としての利用は，許されないことが確定したと言ってよい。性向証拠としての使用を求めるのであれば，請求，決定の段階から，入り口(d)を表に出すべきこととなった。

---

(157) Glover & Murphy, *supra* note 137 at 151, 165, 166は，いったん，悪性格証拠が許容された場合，その入り口に関わらず，いかなる関連性のある目的でも使用することができるとしていた，*Highton* 判決の立場は，*D, P and U* 判決により，変更されたものとしている。すなわち，証拠が許容された入り口によって，使用できる目的は，決定される。それ故，入り口(g)で許容された証拠は，Dの供述の信用性の関係で許容されるが，性向の関係では許容されないと述べる。

72

◇ 第 2 節 ◇　許容された悪性格証拠の使用目的に限定はあるか

　なお，入り口(a)で許容された場合，*Cundell*［2009］EWCA Crim 2072（第
7 章第 3 節(1)(c)参照）は，性向証拠としての使用を許容し，入り口(b)で許容さ
れた場合，*Enright*［2005］EWCA Crim 3244が性向証拠としての使用を許容
している。入り口(a)，(b)は，悪性格証拠を提出されないという利益を放棄して
いる場合であり，先に述べた入り口(c)，(f)，(g)の場合とは，別に考えられてい
る[158]。

---

(158)　Spencer, *supra* note 126 at para. 4.6参照。

第6章　類似事実証拠はなぜ有罪認定に役立つか

◆ 第1節 ◆　性向推認とこれが禁止された理由

(1)　性向推認とは何か

「性向推認（propensity inference）」とは，Dの前科等の類似事実からDの犯罪性向を推認し，次いで，その犯罪性向からDが起訴された犯罪を犯した蓋然性を高めると推認するものである。後段の推認においては，Dが当該機会において，自らの犯罪性向に従って行動したであろうことが根拠となる。

*Cole*判決が，類似事実及び性向に関する証拠は，許容されないとした後，*Oddy*判決が，盗品の所持から，Dが悪い人間（a bad man）であり，よって，起訴された罪を犯す蓋然性が高いと推認することは許容されないとした。しかし，この*Oddy*判決は，事案の解決には不必要な誇張された表現を用いたものと解される。これらの判決を経て，*Makin*判決は，より整理された形で，性向推認は禁止されるとし，争点との関連性があれば，類似事実が証拠として許容される場合があることを宣言し，以降，イギリスにおいては，これが，コモン・ローの原則として支配した。*Boardman*判決中でヘイルシャム裁判官は，性向推認を「禁じられた推論（forbidden reasoning）」などと呼んだ[159]。

本書では，「性向推認」を上記のようなものとして，すなわち，類似事実から性向を認定し，次いで，その性向からDが起訴された犯罪を行った蓋然性を高めるとする推認をする場合に限定する立場に立って論述を進める（先にも述べたが，これを，以下，「狭義の性向推認」などと言うことがある）。したがって，類似事実証拠から性向を認定するが，その性向から狭義の性向推認をしないで，別の理由付けにより，性向をDの有罪認定に役立てる場合は，広義の性向推

---

(159)　*DPP v Boardman* [1975] AC 421, 453.

◇ 第 1 節 ◇　性向推認とこれが禁止された理由

認と言えるかもしれないが，狭義の性向推認と区別している[160]。この場合でも，類似事実証拠から性向を認定する過程が存在し，あるいは類似事実証拠それ自体から，Ｄに対して偏見の害をもたらす危険があることは否定できないが，その危険の程度は，性向推認をする場合と比べ，少ない（次に述べる「二重の推認」の後半部分が存在しない）。

　とは言え，狭義の性向推認に当たらないにしても，前科等の類似事実から性向を認定することは，やはり，性向を経由しているから，これを避けようとする動きも現れている。本章で後に述べるが，コモン・ローの時代から現れていた「偶然の一致排除理論」があり，さらに，バガリック説の試みがそうである。加えて，第 7 章以下で分析するように，*Jackson* 判決（第 7 章第 6 節(1)(f)参照）のように，前科から性向ではなく「絞殺による殺人を行う能力」を認定し，あるいは，*Manister* 判決（第 7 章第 2 節(2)(a)(iii)参照）等のように，少女と合法的な性的関係にあった事実等から性向ではなく「少女に対する性的関心」などを認定し，いずれも，これを状況証拠の一種として利用する場合などが，それである。そのほかにも，控訴院判例の中には，前科から性向を認定することに言及せず，前科それ自体を，有罪推認に使用している場合も現れている。いずれも，性向を認定する過程をも回避しようとする方向性を示すものと思われる。

(2)　性向推認はなぜ禁止されたか

　日本では，英米法の悪性格証拠排除法則の根拠として，そこでなされる推認が，二重の推認（あるいは，悪性格・犯罪性向を介した推認）であることを指摘した上，それは，証明力が低く，不確実なものであると指摘することが，一般的である[161]。平成24年判例が，「前科，特に同種前科については，被告人の犯罪性向といった実証的根拠の乏しい人格評価につながりやすく，そのために

---

(160)　*R v Thompson* (1918) AC 221；*R v Straffen* (1952) 2 QB 911参照。この二つの判例は，コモン・ロー時代の判例である。そこでは，Ｄの同性愛の異常な性向や明確な動機もなしに少女を絞殺するなどの異常な性向が認定されているが，その性向は，いずれも，性向推認には使用されず，Ｄが起訴された事件の犯人であることの同一性認定のために使用された。

75

◆ 第6章 ◆ 類似事実証拠はなぜ有罪認定に役立つか

事実認定を誤らせるおそれがあ」ると述べているのも，二重の推認過程を前提
に，その推認過程が実証的根拠の乏しい不正確なものであることを主張する趣
旨と解される。

Makin 判決は，類似事実からの有罪の推認が，二重の推認となることを認
める趣旨と思われるが，それが禁止される理由を明示していない。*Cole* 判決，
Oddy 判決も二重の推認であることを認める趣旨であろうが，それが禁止され
る具体的な理由を述べていない。

二重の推認に明確に言及しているのは，ウィグモアである。彼によれば，過
去の行動から起訴されている罪を直接推認することは，決してできない。そこ
には，中間的な別の推認があるため，常に，二段階の推認となる。この中間の
段階は，隠されているから，明らかにされるべきである。過去の行為→性向→
証明対象行為という二重の推認を行う場合，誤った推認の可能性が二段階ある。
そして，いずれの推認も確かであることを検証することはできないから，二重
の疑いが常に残る。以上が，彼の主張の要約である[162]。一方で，彼は，別の
著書で，類似事実は，証明力がないから排除されるのではなく，むしろ，証明
力があり過ぎるからであるとも述べ，英米法の排除の理由として，以下のよう
な政策的理由すなわち，(1)不当な偏見（類似事実に重きを置き過ぎる，又は，D
が有罪であると信じたからではなく，類似事実を行うような人間であるから，有罪
とするような弊害である）(2)不公正な不意打ち（Dが類似事実の主張に反論する準
備不足による不公正）(3)新しい争点による混乱などを指摘している[163]。つまり，
ウィグモアは，悪性格証拠排除の理由を，ここでは，その排除を相当とする政
策的理由に求めている。ウィグモアの後者の著書によれば，排除すべき政策的

---

(161)　例えば，秋吉淳一郎「判批」井上正仁編『刑事訴訟法判例百選（第8版）』（有斐
閣，2005年）134頁，村瀨均「同種前科・類似事実による立証」法学教室435号（2016年）
10頁，大澤裕「いわゆる類似事実による立証」論究ジュリスト17号（2016年）227頁，
門野博『白熱・刑事事実認定 —— 冤罪防止のハンドブック』（青林書院，2017年）120頁
など。

(162)　J. H. Wigmore, *The Science of Judicial Proof* 102, 103, 108, 164（3rd ed., 1937).

(163)　J. H. Wigmore, *A Treatise on the Anglo-American System of Evidence in Trials
at Common Law Volume 1*, 646, 650（3rd ed., 1940).

76

理由が強調され，二重の推認が不確かであるという理由は特に示されていない。

　仮に，二重の推認の二重の不確かさについて反論するとすれば，過去の行為から性向を認定する第一段階では，類似事実そのもの及び犯罪の性質によっては，類似事実からＤの性向の存在が相当に確実なものとして認定できる場合があり，特に性犯罪などでは，性向の存在が強固と認められる場合があることを指摘することができる。次に，性向から証明対象行為を認定する第二段階では，性向証拠以外の「他の証拠」は，完全に捨象されているが，他の証拠の証明力が相当に強力である場合，性向の利用が許されてよい場合があるのではないかといった指摘ができる。

　さて，性向推認については，新法制定の動きの中で，法律委員会は，諮問文書の段階からそれを禁止するスタンスは取らず，報告書の法案の草案は，その趣旨で作成された。最終的に出来上がった法律は，性向推認を許容することを明確に示す文言となった。第７章以下において，公判審理において，性向推認が実際，活用されているかの分析を行うが，その前に，類似事実証拠による推認に関係する理論的問題をいくつか取り上げたい。犯罪性向が証明力を持つ実証的基礎（第２節），性向推認に存する倫理的問題（第３節），類似事実証拠から有罪を推認する場合における「他の証拠」の重要性（第４節），性向推認を経由しない類似事実証拠の使用方法（偶然の一致排除理論その他）（第５節）である。その上で，控訴院判例の分析の座標軸を設定する（第６節）。

◆ 第２節 ◆　　犯罪性向が証明力を持つ実証的基礎

　それでは，CJA2003が，同種犯罪を犯す性向からの性向推認が許容される場合があることを規定し，その性向立証のための補充規定として，内務大臣の命令が，盗みのカテゴリーと性犯罪（16歳未満の人に対する）のカテゴリーを規定していること（第４章第３節(1)），及び，アメリカ連邦証拠規則413条，414条が性犯罪に関して性向推認を許容したこと（第３章第１節(2)）に，何らかの合理的根拠はあるのであろうか。

　なぜ，同種犯罪を犯す性向が，Ｄが起訴された犯罪で有罪であることに，一定の証明力を持つのか，そして，その結果，訴訟の争点に対して関連性を持ち

◆ 第 6 章 ◆　類似事実証拠はなぜ有罪認定に役立つか

得るのか。犯罪学統計を根拠として，「比較的性向（comparative propensity)」
を主張する学説を見てみたい。これは，性向推認に実証的根拠を与えようとす
るものである。

(1)　パクの主張

　パクは，アメリカにおいて，1994年に，連邦証拠規則413条，414条が追加さ
れたこと（性的暴行，子どもへの性的いたずら事件において，類似事実による性向
推認が許容された）を踏まえ，悪性格証拠禁止を緩和するための，犯罪毎のア
プローチについて検討している[164]。許容性を認める 3 条件として，「犯罪の
重要性」，「証拠の必要性」及び「比較的性向（comparative propensity)」を挙
げる。ここでは，「比較的性向」について見てみよう。パクは，「同じタイプの
犯罪を犯す比較的性向」と名付けて，再犯率を検討し，(a)同一前科を有する者
の再犯率と他の前科を有する者の再犯率の比較，(b)同一前科を有する者の再犯
率と一般人口の再犯率の比較を行っている。例えば，強姦の場合，(a)は，10.1
倍，(b)は，163倍で，窃盗や麻薬犯罪のそれより，相当に高いとする統計を示
す。そして，この比較的性向の統計は，起訴されていない犯罪事実の証拠禁止
の例外として，強姦は，他の犯罪類型よりも，ふさわしい候補であることを示
すとしている。

(2)　レドメインの主張

　イギリスのレドメインは，性向推認の構造を分析するに当たり，後述するヘ
イマーの説（第 4 節(3)）に修正を加え，比較的性向（comparative propensity)，
他の証拠（other evidence）及び関連（linkage）という 3 要件を，証明力の主要
な源とする[165]。パクと同様，比較的性向という用語を用いている。レドメイ
ンによれば，「比較的性向（comparative propensity)」とは，もし，D がある罪

---

　(164)　R. C. Park, 'Character at the Crossroads', 49 *Hastings LJ* 717, 758, 762 (1998).
　(165)　Redmayne, *supra* note 71 at 35, 120–124.

78

◇ 第2節 ◇　犯罪性向が証明力を持つ実証的基礎

を犯した前科がある場合，類似の犯罪を犯す可能性は，そのような前科を持た
ない人と比較して高い，という意味である。類似性は，顕著な類似性が前提と
なるわけではない。強い推認ではないにしても，窃盗の前科が住居侵入窃盗へ
の性向推認を許す場合もある。比較的性向は，特定の共犯者と犯罪を犯す性向
とか，特定の地域で犯罪を犯す性向といった形でも現れる。そして，レドメイ
ンは，前科の証拠としての関連性を，再犯に関する犯罪統計に求めている。そ
の理由を要約すれば，以下のようになる。

　社会心理学は，悪性格証拠，典型的には前科が，有罪を認定する証拠として
利用できるかに関しては，余り手掛かりを与えない。過去の犯罪行動が未来の
犯罪行動を示すかどうかについては，犯罪統計及び犯罪学がより一般的な証拠
を与える。以前の犯罪は，未来の犯行の最も重要な予言者の一つであることに
疑いはない。もちろん，いかなる犯罪者もいつも犯罪を犯すわけではないから，
個別の犯罪がなぜ起きたかを説明するには，状況的要因も重要である。犯罪学
でも，心理学同様，犯罪を犯すのは，個人的要因によるのか又は環境的要因に
よるのかの論争はある。若者に対する大規模な調査結果は，犯罪性向は，自己
申告による犯罪の約50％を説明したが，犯罪的環境に身を置いたことは，前同
犯罪の約20％を説明した。犯罪的環境は，すべての者に犯罪的環境であるので
はなく，犯罪を犯す傾向のある人間に対してのみ意味を持つ。以前の犯罪は，
将来の犯罪の最良の予言者の一つであるが，多くの犯罪者は1回しか有罪とな
らない。それほど重大でない罪による1回限りの前科は，将来の危険を示さな
い。10代後半を過ぎると，年とともに，犯罪を犯すことは急に減少する。19歳
までに数回，有罪になっても，その後，再犯なしに24歳になった者については，
以前の有罪を重視すべきではない。ある研究は，10年間再犯がなければ，軽罪
の前科を持つ者は，再犯の危険に関しては，前科のない者として取り扱われる
べきであるという経験則を提示する[166]。

　さらに，彼の犯罪統計及び犯罪学に基づく議論を詳細に紹介する。

　以前犯罪を犯した証拠（典型的には前科）が，Ｄが起訴された犯罪を行った
ことを証明するとした場合，どのように働くのであろうか。それは，比較的に

───────────

(166)　*Id.* 31, 32.

◆第6章◆　類似事実証拠はなぜ有罪認定に役立つか

働く。性向証拠以外の証拠を考えてみよう。殺人事件を例にとると，Ｄをその犯罪に結び付ける何らかの証拠，例えば，Ｄが犯行現場付近で目撃された，Ｄのセーターの繊維と類似した繊維が，Ｖの体から発見されたという事実は，Ｄが有罪である可能性をある程度まで証明する。さらに，ＤがＶを殺す動機を有していたことは（例えば，ＶがＤの妻と情事を持っていた），Ｄが有罪である可能性を増大する。これは，殺人の動機があっても，圧倒的多数の人々は，あえて殺人を犯すまでには至らないという事実にもかかわらずそうである。動機があるという証拠は，殺人の動機を持つ者は，それを持たない者より殺人を犯す可能性が高いという理由により，有罪に役立つ。証明力を生み出すのは，この比較的な要素である。有罪立証のために，前科は，動機と同じような方法で働く。前科がある者は，前科がない者より犯罪を犯す可能性が高い故に，前科は，証明力を持つ。先の例で，Ｄが動機を有していたのではなく，重罪の前科を有していたとしても，Ｄの有罪の可能性は増大する。しかし，前科がある者が，より犯罪を犯しやすいと信ずるに足りる統計的基礎はあるだろうか。1953年生まれの男性の33％が53歳までに有罪となった。そして，そのうちの52％は，1回だけ有罪となった。女性の場合，有罪となったのは7％であり，そのうちの75％が1回だけ有罪となった[167]。以上は，相当数の人が前科持ちであるが，再犯は通例というより例外的であることを示す。だからといって，前科が，有罪のために証明力がないことを意味するものではない。2009年から2010年に有罪となったすべての者の26.5％が1年以内に再び有罪となった[168]。この再犯率は，前科の数にリンクする。1年以内の再犯率は，前の犯罪数が0の場合[169]，11.4％，1ないし2の場合，21.2％，3ないし9の場合，28.4％，10ないし24の場合，33.6％，25以上の場合，47.9％である。しかし，以上は，犯罪一般についての統計である。前科と起訴された犯罪事実との類似性が，前科の許容性

（167）　*Conviction histories of Offenders between the ages of 10 and 52 England and Wales* 7（London：Ministry of Justice, 2010）.

（168）　*Proven Re-Offending Statistics Quarterly Bulletin October 2009 to September 2010, England and Wales* 9-11（London：Ministry of Justice, 2012）.

（169）　前の犯罪数又は前科数が0の場合は，再犯とは言えないが，レドメインの記載どおりに引用する。

◇ 第2節 ◇　犯罪性向が証明力を持つ実証的基礎

の重要な要素となるから，同じ犯罪を再犯する割合がどうかである。2009年に拘禁から解かれるなどした成人についての１年間のフォローアップ調査[170]は，同じ犯罪の再犯率が，他種の罪（窃盗を除く）を再犯する率より高いことを示す。男女差についてであるが，2010年の１年間の再犯率は，男の方が高いが，ある分析では，年齢と犯罪歴を考慮に入れると，同様の割合の男女が再犯すると結論付けているので，男女同様に考えてよい。重大な罪の再犯率は，一般的に低い（例えば，強盗の前科を持つ者の強盗の再犯率は，27：１（27人で１件），窃盗の前科を持つ者の窃盗の再犯率は，0.6：１（0.6人で１件。１人で複数の犯罪を犯す）ことに照らすと，重大犯罪の前科は，同じ犯罪の実行立証のために証明力は少ないと主張する学者がいる。この議論は，比較的の意味を理解していない。つまり，殺人の前科を有する者は，そうでない者より，殺人を犯す可能性が高いかという問題である。人が，犯罪を犯す比較的性向を有するかどうかである。この点の根拠を，統計上示すことには困難が伴う。10歳以上の全人口の暴力犯の犯罪率は，433人に１件であり[171]，前示の１年以内の暴力犯の前科のある者が暴力犯を犯した再犯率は，4.4人に１件であり，これを比較すると，98倍となる。これらの統計は，特定の犯罪の最近の前科を持つ者は，前科を持たない者よりそのような犯罪を犯す蓋然性が相当に高いことを示す。それ故，前科は有罪認定のために相当の証明力を持つ。もちろん，このような犯罪統計には問題があることは，有名である。それらは，何らかの理解を与えるが，正確なものとは言えない。しかし，仮に，その10分の１としても，顕著な違いがある。もし，前科がある者が，そうでない者より２倍の犯罪を犯す確率であったとしても，証明力の上では，依然重要である[172]。

　以上のようなレドメインの論述から，レドメインが主張する「比較的性向」が，同種犯罪の場合，特に前科が新しい場合，相応の証明力を有することが，犯罪統計上，根拠を持つことが理解されたのではないだろうか。要するに，レ

（170）　*Adult re-conviction : results from the 2009 cohort England and Wales* 40（London : Ministry of Justice, 2011）.

（171）　*Criminal Statics : England and Wales 2009 Statics Bulletin* 62（London : Ministry of Justice, 2010）.

（172）　Redmayne, *supra* note 71 at 16–25.

◆第6章◆　類似事実証拠はなぜ有罪認定に役立つか

ドメインは，比較的性向が証明力を有する理由を，犯罪統計に求めている。

◆　第3節　◆　　性向推認に存する倫理的問題

　性向推認を行うことに倫理的見地からブレーキを掛けるのが，2008年のホーの著書である[173]。ホーは，その見解をCJA2003の解釈論としても主張している。

　類似事実をDの有罪認定の証拠とすることは，人間の自律性を尊重すべきであるとの倫理的見地から問題であり，CJA2003の規定を前提としても，類似事実は，Dが動機付けられた理由として，間接的に有罪認定を支持するという利用にとどめるべきであるとする主張である。ホーの主張を要約すれば，以下のようになる。

　類似事実証拠法則とは，裁判所が真実追求において，Dに対して正義を行うべきであるとの要求に基礎を置く。それは，有罪を支持するために用いられる理由付けに倫理的制約を課すものである。それは，コモン・ローに特有のものであるが，そのような制約は，大陸法や国際裁判所においても認められる。倫理的見地というのは，証拠として用いる場合，Dの倫理的自律性に敬意を払う理由付けをするべきであるということである。すなわち，過去の非行から，今回の起訴に係る事件も，そのような性向から出たものと推認することは，Dの改善可能性を無視するものであり，そのように倫理的に問題のある理由付けにより，Dを有罪にするという道徳的非難を含む判断はすべきでない。

　過去の非行を直接にDに不利に用いてはならない。これは，Dの倫理的自律性に反する。いわゆる禁じられた理由付けの連鎖は許されないが，他に有力な証拠がある場合には，類似事実証拠は，当該状況の中での当該行為の説明として，そして，その主体が動機付けられた理由として，間接的に，有罪の推認を支持する。これが，P判決の許容性基準と主体の倫理的自律性の

---

(173)　H. L. Ho, *A Philosophy of Evidence Law : Justice in the Pursuit of Truth* 285–337 (Oxford University Press, Oxford, 2008).

◇ 第3節 ◇　性向推認に存する倫理的問題

尊重とを調和させる考えである。

　過去の悪行は，Dに対して，間接的にのみ用いることができる。Dの動機となる傾向を示す証拠として。他の証拠によって認められるDの行為の説明の補助として。十分に強い証拠があるときに限られ，事件の状況から，Dの性格が発現し，その犯罪を行う理由と欲望を生じた場合である。さらに，そのような理由と欲望が，これに対抗する性格に勝るくらいに強力なものであることを信ずるに足りる根拠がある場合に限られる。

　刑事事件においては，CJA2003により，類似事実の許容性については，単純化された制度が施行されている。それによれば，Dの悪性格証拠は，Dと検察との間の争点となる重要な事項に関連性があれば，許容される。ただし，裁判所は，そうすることが，手続きの公正を損なうのであれば，その証拠を許容してはならない。このようにして，許容性は，関連性に依存し，公正に対する配慮により規制される。民事事件の *O'Brien* 判決[174]は，民事事件につきおおよそ同じ枠組みを採用した。すなわち，類似事実証拠は，論理的に証明力があれば，許容される，しかし，裁判官は，正義が要求するのであれば，それを排除する裁量を有する。

　ここで問題となる正義又は公正とは何か。論理だけでは，コモン・ローの類似事実証拠法則を説明ないし正当化できない。それは，倫理的根元を持つ。それは，彼の恥ずべき過去の人生によって裁判されそうなDに対する正当な敬意と関心を表明する。つまり，それは，人の自律に対して敬意を表明すべきであるという倫理的義務に基礎を置く。

　類似事実証拠法則は，民事刑事両方の事件で役割を果たす。なぜなら，この法則は，証拠による理由付けが倫理的に正しいことを保証し，そして，過去の非行の証拠に頼ることは，民事刑事両方の手続きにおける正当性を損ない得るからである。他方で，民事事件では，刑事事件ほど倫理的問題は，頻繁には起こらない。*O'Brien* 判決は，刑事手続きと民事手続きの重要な相違について意識すべきであるという。しかし，その違いは，陪審があるかないかによるものではない。決定的な違いは，制度上のものというより，規範的

---

(174)　*O'Brien v Constable of South Wales Police*［2005］2　AC 534.

◆ 第 6 章 ◆ 類似事実証拠はなぜ有罪認定に役立つか

なものである。

以上のように，ホーは，特に刑事事件において，Ｄの倫理的自律性に敬意を払う意味から，Ｄの過去の非行を証拠として使うことに対して謙抑であるべきとする。類似事実証拠を直接Ｄに使うことは，その倫理的自律性に対する拒絶であるという。しかし，禁じられた推論の連鎖は許されないとしつつ，類似事実証拠の使用を全く否定するものではなく，謙抑的な利用を認める。要するに，Ｄが起訴された事実を犯したとの有罪立証に直接は使用できない。当該状況に基礎を置く，起訴された行為の説明として，そして，犯人が動機付けられた理由として，間接的に推認が働くとする。類似事実証拠は，補強的機能を果たすことのみに限定されるべきであるとする[175]。

ホーの見解は，有罪認定のために，類似事実を使用する場合に，人間の自律性という倫理的見地から，謙抑的に考え，許容される推認方法を間接的なものに限るとしたところに意味がある。レドメインは，このようなホーの見解などを，「倫理的見地からの排除法則」と呼び，説得力がないとする。しかし，レドメインも，倫理的問題に対する配慮の必要性を否定しない[176]。

ホーの見解は，CJA2003の解釈として，他に有力な証拠がある場合を要件としている点では，次節で述べる諸見解と接近する。直接に有罪の推認はできず，間接的に推認が働くとする視点も，控訴院判例の分析に当たり，留意していくことになろう。

◆ 第 4 節 ◆ 類似事実証拠使用における「他の証拠（other evidence）」の重要性

(1) *Boardman* 判決（1974年）以降，CJA2003制定ころまで，及びCJA2003制定を受けて，英米法系の国々の学者が，すでに引用した論文も含め，類似事実証拠の許容性，類似事実証拠から有罪を推認する過程の論理的構造について，いくつかの論文を発表した。

---

(175) Ho, *supra* note 173 at 305, 316, 336, 337.

(176) Redmayne, *supra* note 71 at 90.

84

◇ 第 4 節 ◇　類似事実証拠使用における「他の証拠（other evidence）」の重要性

⑵ 1979年に，オーストラリアのウィリアムズは，イギリスの *Boardman* 判決を踏まえ，類似事実証拠の許容性を考えるに当たって，その証明力と偏見の危険との比較がキーとなること，そして，困難ではあるが，当該証拠の証明力と偏見の危険を評価する努力が必要であることを主張する。その上で，類似事実証拠の証明力評価のためにキーとなる要素として，「類似事実証拠それ自体の性質」，「当該事件の争点」，「当該事件で提出された他の証拠」の三つを指摘した[177]。

⑶ オーストラリアのヘイマーは，2003年発表の論文において，類似事実証拠による性向推認の論理的構造を分析し，「その推認が機能するためには，Ｄが，起訴された罪と十分な特異性を共有する他の非行に関連していなければならない。推認の評価に当たっては，他の証拠を考慮に入れるべきである」として，「特異性（singularity）」，「連結（linkage）」及び「他の証拠（other evidence）」の 3 要素を指摘した。「他の証拠」に関しては，「他の証拠は，訴訟における争点を絞り込み，そして，性向推認が働く必要性を減少させるという意味で，寄与的役割を果たす。あるいは，性向推認を不要ならしめる効果をもたらす。性向推認が，他の独立した有罪を示す証拠により支持される場合，連結及び特異性の要素は，それ自体で，刑事上の証明基準を満たす必要はない」と述べ，以上の結論を詳細に論証する[178]。

⑷ レドメインは，ヘイマーの説を若干，修正した上で，類似事実証拠による性向推認の構造として，「比較的性向（comparative propensity）」，「他の証拠（other evidence）」及び「連結（linkage）」を挙げる。ヘイマーが言う「特異性」は，「比較的性向」でカバーされるとし，「連結」に関しては，性向推認の基礎を形成する悪性格証拠とＤとの連結の強さであると定義し，前科の場合であれば，連結は強いのに対し，犯罪に使用する物件を所持する場合は，それほど連結は強くないと例示する。「他の証拠」とは，Ｄの有罪を立証する，性向証拠以外の証拠である。他の証拠がたくさんあれば，検察の主張は強い。その場合，性向証拠は，強いものである必要はない。比較的性向，連結及び他の証拠

---

(177)　Williams, *supra* note 78 at 290, 347.

(178)　D. Hamer, The Structure and Strength of the Propensity Inference : Singurarity, Linkage and the Other Evidence, 29 *Monash U. L. Rev.* 137, 196 (2003).

◆第6章◆　類似事実証拠はなぜ有罪認定に役立つか

という3要素が相互作用することは明らかである。性向推認の強さは，比較的性向及び連結次第であり，性向推認が強ければ，Dが起訴事実を行ったことを立証する他の証拠は少なくてもよい，と主張する[(179)]。

　(5) いずれの学説も，類似事実証拠による有罪認定の場面で，必須の要素として，「他の証拠」を取り上げている。それは，まず，類似事実証拠のみによって，有罪認定をすることはできず，ある程度の「他の証拠」がなければ，有罪認定できないことを意味している。それでは，類似事実証拠は，「他の証拠」とどういう関係を持つのであろうか。この点も，控訴院判例の分析に当たり，視点の一つとなる。

◆ 第5節 ◆　性向推認を経由しない類似事実証拠の使用方法

(1)　偶然の一致排除理論

　コモン・ローの時代から，類似事実証拠を，性向推認を回避して有罪認定に使用する場合が議論されてきた。その一つが，「客観的不可能性原理（doctrine of chances）[(180)]」ないしは「偶然の一致排除理論（coincidence reasoning）」と呼ばれるものである。これを，本書では，「偶然の一致排除理論」と呼ぶことにする。そう呼ぶならば，理由付けのイメージがつかみやすいと思われる。

　(a) *Makin* 判決

　Makin 判決の事案を，偶然の一致排除理論によって説明する学説がある。偶然の一致排除理論によれば，一定の状況下で，複数の事件がすべて事故（偶然）として発生するという偶然の一致が生じることは不可能であると考える。*Makin* 判決の事案では，合計13人もの乳児の遺体が，D夫婦が過去に居住していた家々の庭に埋められていたという疑わしい事実の集積から，それらが，全部，事故死であるという偶然の一致はあり得ないから，全部が殺人であり，よって，起訴された事件は殺人であるとする理由付けを経る。偶然の一致排除

---

(179)　Redmayne, *supra* note 71 at 120-124.

(180)　従来，機会の理論（高田），偶然の理論（楠本，辻脇），偶然累積の理論（松代）と訳されてきた。

◇ 第 5 節 ◇　　性向推認を経由しない類似事実証拠の使用方法

理論を純粋に適用すると，このようになると思われる。

(b) *Smith* 判決[181]

そこで，従来，*Makin* 判決以上に，偶然の一致排除理論による理由付けが適切と言われてきた *Smith* 判決を取り上げて説明していきたい。*Makin* 判決と同様，謀殺罪の事案である。この事件は，「浴槽の花嫁事件」として有名である[182]。形式上結婚した妻 V₁（D には，別に正式な妻がいる）を浴槽で溺死させたという事件である。被告人が V₁ を謀殺したことを示す状況証拠が数多く存在した（生命保険を掛けたこと，わざわざ浴槽を購入する不自然さ，医師に対する事前の根回しなど）。これら一応の証拠を補強するものとして，本事件の後にも，相次いで，2 人の形式上結婚した妻 V₂ 及び V₃ が浴槽で溺死した事実及びその 2 人の死に関連する事実が証拠として許容された。つまり，2 人とそれぞれ形式上の結婚をし，いずれも，V₁ のときと類似した状況下で，2 人が浴槽で溺死したことである。この事件で，裁判官は，他の 2 件の溺死事件を，D の行為が計画されたことを示す目的のために許容した。控訴院判決は，D が起訴された行為を行った一応の証拠があり，その証明は，他の 2 件の事件により D の計画性が立証されることにより，強められるとした。加えて，裁判官の陪審に対する説示は，注意深いものであり，他の 2 件の事件の証拠の使用につき適切に説明したと評価する。*Makin* 判決と同様，偶然の一致排除理論によるとの説明はなされていない[183]。

(c) 学説による説明

偶然の一致排除理論からの説明を，まず，レドメインによって行ってもらおう。

---

(181)　*R v Smith*（1916）11 Cr App R 229.

(182)　*Smith* 事件のドキュメンタリーとして，最近のものでは，J. Robins, *The Magnificent Spilsbury and the case of the Brides in the Bath*（John Murray, London, 2010）がある。

(183)　*R v Harris*［1952］AC 694, 708, 709 のビスカウント・サイモン裁判官の意見において，*Smith* 判決は是認された。問題の証拠は，V₁ に起こったことは事故ではないこと，及び，D の行為の意図を証明するためのものであるから許容されるとする。*Boardman* 判決のヘイルシャム裁判官の意見が，*Smith* 事件について，偶然の一致を排除するために類似事実が許容されたと言及している（DPP v Boardman［1975］AC 421, 452）。

87

◆ 第 6 章 ◆　類似事実証拠はなぜ有罪認定に役立つか

　「アメリカでは，客観的不可能性原理（doctrine of chances）と呼ばれ，オーストラリアでは，偶然の一致排除理論（coincidence reasoning）と呼ばれる。*Smith* 事件の場合，溺死につき，二つの説明が存在する。一つは，偶然すなわち事故であり，他は，計画すなわち殺人である。しかしながら，Smith は，3 人の妻を次々と事故により浴槽で溺死により失った，不運極まりない人間であるとの仮説は，到底成り立ち得ないから，その仮説は，排除される。その結果，Smith は殺人者であるとの結論に至る。このような理由付けとは，仮説検証のプロセスと似ている。……科学的慣習（scientific convention）では，結果発生が偶然による可能性が 5 ％未満であれば，その結果は偶然によるものとはされない。*Smith* 事件では，我々は，この科学的プロセスを，（実験によってではなく）直感的に採用する。そして，3 件とも殺人であることは，合理的な疑いを超えて立証されたと結論付ける。この理由付けの利点は，二つある。一つは，人の心理の問題として，*Smith* 事件のような場合，犯罪性向推認によって，各事実が他の事実を補強するという理由付けより，偶然の一致排除理論による理由付けの方が，優れており，その直感的理由付けは，単純であり，3 件とも殺人という結論に直結する。他の一つは，偶然の一致排除理論は，性向推認を回避し，禁じられた理由付けを回避するから，問題は少ないということである。偶然の一致排除理論が適用される場面は，広い。*Smith* 事件の場合を *Smith* 型とすると，複数告訴型がある。1 人の人間が複数の被害者から性犯罪により告訴され，それが同時に起訴され，審理される場合である。学者は，（複数人による）類似の告訴がすべて嘘であることの不可能性と呼び，判例は，偶然の一致排除理論で説明する。すなわち，2 人又はそれ以上の数の人々が，独立して（共謀等がなく），同じ人間に対して類似した告訴をでっち上げたり，間違って告訴することはないだろうと説明する」[184]

　アメリカのイムウィンケルリートは，「英米とも，偶然の一致排除理論を許容してきた。イギリスの *Makin* 判決，*Smith* 判決後に現れた偶然の一致排除理論は，D の主観的性格の問題ではなく，そんなにも多くの事故が起きること

---

(184)　Redmayne, *supra* note 71 at 116, 117.

◇ 第 5 節 ◇　性向推認を経由しない類似事実証拠の使用方法

が客観的に可能かという問題に向けられる。偶然の一致排除理論では，陪審が
偏見を持つ危険がより少ない」とし，Ｄが，そんなにも多数の事故に遭うこと
の不可能性を基礎にする偶然の一致排除理論と，「多数の嘘の告訴の不可能性」
を基礎にする偶然の一致排除理論に言及している。次いで，彼は，アメリカの
Woods 判決（1973年）[185]を紹介している。*Makin* 事件と同様の嬰児殺人事件
であり，控訴審判決は，非常に多くの類似した事件があることは，すべての出
来事が，事故であり得ないことを証明するとした。さらに，連邦証拠規則404
条(b)項(2)号が，リストの中に，「錯誤又は事故（偶然）の不存在（筆者注，当時
の規定のまま）」を挙げていることを述べた上で，規則が施行された後も，裁判
所は，偶然の一致排除理論を，論理的関連性がある合法的な理論であることを
認めていると説明している[186]。

　アメリカのレナードは，例えば，知識（Knowledge）を証明する箇所で，偶
然の一致排除理論に言及している[187]。第 7 章第 5 節(1)を参照されたい。

(d)　偶然の一致排除理論に対する若干の分析

　偶然の一致排除理論は，Ｄが持つ犯罪性向からＤの有罪を推認するもので
はない。*Smith* 事件で，同様に浴槽で起きた他の 2 件の溺死にしろ，*Makin* 事
件で，同様に他にも12人の乳児の遺体が庭に埋められていたことにしろ，それ
ぞれ各Ｄと関連（linkage）があるが，各溺死が先に殺人と証明されているわけ
ではないし，庭に埋められていた各遺体の乳児が殺害されたと立証されてい

---

(185)　*United States v Woods*, 484 F 2 d 127（4ᵗʰ Cir, 1973).

(186)　E. J. Imwinkelried, The Evolution of the Use of the Doctrine of Chances as
　　Theory of Admissibility for Similar Fact Evidence, 22 *Anglo-Am. L. Rev.* 73, 74, 79,
　　87, 88(1993). さらに，E. J. Imwinkelried, Use of Evidence of an Accused's Uncharged
　　Misconduct to Prove Mens Rea：The Doctrines Which Threaten to Engulf the
　　Character Evidence Prohibition, 51 *Ohio St. L. J.* 575（1990）；E. J. Imwinkelried,
　　An Evidentiary Paradox：Defending the Character Evidence Prohibition by Up-
　　holding a Non-Character Theory of Logical Relevance, the Doctrine of Chances, 40
　　U. Rich. L. Rev. 419（2006）を参照。イムウィンケルリートは，上記2006年の論文で，
　　偶然の一致排除理論に対する反対説に言及するが，それらは誤りであると言う。ただし，
　　その反対説による攻撃のお陰で，上記理論の理解をより良くすることができると述べる。

(187)　Leonard, *supra* note 95 at 391-398.

◆ 第6章 ◆　類似事実証拠はなぜ有罪認定に役立つか

るわけでもない。したがって，犯罪性向からＤの有罪を認定するものではない。

　ただし，性向推認を経るものではないが，陪審がＤに対して偏見を持つ危険がないわけではない。

　さらに，偶然の一致排除理論を，レドメインが主張するように，仮説の検証類似ととらえることについては，伝統的な刑事上の立証と余りにも違いすぎ，違和感を持つ者がいるかもしれない。レドメインの考えを当てはめると，*Makin*事件の場合は，乳児の遺体が庭に埋められていたことは，事故死か殺人のいずれかである。13人もの乳児が，事故により死亡し，しかも，庭に埋められていたという仮説は，到底ありえないから，それは排除され，Makin夫婦は，殺人者（13人の乳児の）である，ということになる。

　しかし，このように，*Makin*事件の有罪の結論を偶然の一致排除理論から説明することに対して，嬰児が死ぬ例が多ければ多いほど，そのうちの1人が事故で死んだ可能性が高くなるとか，死んだ嬰児の数が多く累積しても，特定の死んだ嬰児について見た場合，その嬰児が事故で死ぬ可能性は，影響を受けない，などの批判があり得る[188]。したがって，イコンは，*Makin*事件において，殺人の故意の推認は，偶然の一致排除理論だけからではなく，他の要因，すなわち，事故で死んだ嬰児を，監護者は，庭に埋めないし，その死を隠匿したいときに埋める，そして，それは，その死に有責であるときであること，ビジネスで嬰児の世話を引き受けるとき，掛かる費用よりはるかに低い，わずかな金銭を受け取って引き取ることはしないという，人間の性質の経験則が加わってなされると分析している。妥当な考えである。*Smith*判決でも，有力な状況証拠が多数存在していたことが指摘されている。

　それでも，なお，*Makin*事件について，起訴された乳児の死因は不明であり，他の12人の乳児についても同様である，殺害方法についても特定されていない，当時の乳児の死亡率が現在より高かったことなどを指摘し，病死や栄養不良による死亡，さらには事故死の可能性を指摘し，殺人につき合理的な疑い

---

(188)　A. E. Acorn, Similar Fact Evidence and the Principle of Inductive Reasoning: Makin Sense, 11 *Oxford J. Legal Stud.* 63, 81 (1991).

◇ 第5節 ◇　性向推認を経由しない類似事実証拠の使用方法

を超える立証はなされていないという論者がいる[189]。しかし，*Makin* 事件の他の証拠については，オーストラリア・ニューサウスウエールズ州最高裁判決のウィンダイヤー裁判官の意見中に詳細に示されており[190]，これによれば，他の証拠が相当に強い事件であったことがうかがえる。

　偶然の一致排除理論の適用に関して，CJA2003の下，控訴院判例がどのように判断しているかも第7章以下で検証することになる。

　さて，以下において，偶然の一致排除理論のほかに，性向推認に基づかない類似事実証拠の使用が考え得るか，さらに検討する。

(2)　バガリック説[191]

　オーストラリアのバガリック及びアマレイスカラは，2001年に，類似事実証拠を有罪認定に使用する理由付けを，蓋然性（probability）をもとにしたクラス（集合）の観点から説明し，これは，性向推認ではないと主張した（これを「バガリック説」と呼ぶ）。

　類似事実証拠の働きは，Dが，関連する行為を行う行動能力を持つ限定されたクラス（〔数学にいう〕集合）に属すること，それ故，Dが起訴された事実を犯した蓋然性（probability）を増大することにある。類似事実証拠は，Dが社会の中で，起訴された犯罪と同じタイプの行動をする意思がある人々の小さなクラス（部分集合）に属することを示す。そのため，犯罪が異常で極端なほど，類似事実証拠は，Dの痛手となる。性向による理由付けは，直感的であり深く考えられていない。これに対し，蓋然性による理由付けは，思慮深く，批判的，論理的，評価的である。殺人，強姦，武器を持った強盗のような重罪の場合，そのような行為に出る可能性のある人は，非常に小さいクラス（集合）であるから，そのようなクラスのメンバーであることを示す証拠の力は，極端にパワフルである。そのような場合，類似事実証拠は，Dの身長，髪の色といった客

（189）　A. Cossins, The Legacy of the Makin Case 120 Years on : Legal Fictions, Circular Reasoning and Some Solutions, 35 *Sydney Law Rev.* 731 (2013).

（190）　*R v Makin* (1893) 14 LR (NSW) 1.

（191）　Bagaric & Amarasekara, *supra* note 87 at 71.

◆ 第 6 章 ◆　類似事実証拠はなぜ有罪認定に役立つか

観的特徴と同じ関連性を持つ。類似事実証拠は，D をそのような行為を行う能
力を有する非常に小さな人口集団に位置付ける。この理由付けは，単なる価値
的判断ではなく，数学的真理である。なお，類似事実証拠は，罪体が争われて
おらず，故意又は同一性が争点となっているときに，最も証明力がある。陪審
に対しては，性向による理由付けをしてはならないこと，類似事実証拠は，D
がコミュニティの中でそのような制限されたクラス（集合）に入る人間である
ことを示すから，証拠として許容されたことを説示すべきである。加えて，こ
れは性向推認ではないから，陪審に対しては，類似事実を性向推認に使用しな
いよう，かつ，類似事実から D に対して抱くかもしれない否定的な感情は脇
に置いて証拠だけで判断するように説示すべきであり，それは効果がある，と
バガリックらは主張する[192]。

　このバガリック説のような理論が，控訴院判例で現れてきているか。第 7 章
以下で検証する。

(3)　状況証拠（間接事実）としての利用

　コモン・ローの判例が，類似事実を許容している場合で，それが状況証拠で
あることを明言する例は余りないが，状況証拠として考えてよい例がある。代
表例が，偽造通貨行使罪の偽造通貨であることの認識を証明する場合である。
類似前科により，偽造通貨であることの知識を獲得したと認められる場合であ
る。性向推認を経るものではない。アメリカ連邦証拠規則が挙示するリストの
中の動機，意図，計画等の許容される場合も，性向推認を経由しない状況証拠
（間接事実）として使われる場合と見てよい。

　このように，性向推認を経由しない，状況証拠（間接事実）としての使用と
見てよい場合についても，控訴院判例を調査することになる。

---

　(192)　*Id.* 84–90, 96–98.

◆ 第6節 ◆ 控訴院判例の分析の座標軸の設定

以上の学説等の分析を踏まえ，次章以下で，控訴院判例を分析し，CJA2003施行後，実際に類似事実がどのような推認過程，理由付けによって利用されているのかを探求する。そのための視点ないし座標軸を設定しておきたい。

第一は，類似事実証拠から有罪推認をする場合，「他の証拠」は，どのように関係するか。

第二は，類似事実証拠から有罪推認をする場合であっても，狭義の性向推認を経ない，性向推認とは別個の推認過程，理由付けは，どの程度利用されているか。

第三は，新法が許容した狭義の性向推認は，果たして活用されているか。

推認過程，理由付けの分析が主なテーマであるが，ケース分析をしていく上で，(1)裁判官の裁量による排除規定である101条(3)項は，どのような場合に適用されているか。(2)類似事実証拠が許容された場合，陪審が，Dに対して偏見を抱くことを最小限にするため，どのような配慮がなされているかを，随伴して，見ていくことにしたい。

以上のような座標軸の下，第7章及び第8章において控訴院判例を分析していきたい。訴因間の許容性の問題が現れる事例は，特別な問題が生じるため，第8章で独立して扱う。そのような問題が生じない，入り口(d)による一般的な場合を第7章で取り扱う[193]。分析結果は第9章において総括する。

---

[193] *Bench Book* においても，訴因間許容性（cross admissibility）の問題は，独立した章立てで説明されている。

第7章　控訴院判決の分析その一
（複数訴因間の利用を除く）

◆ 第1節 ◆　推認過程の分析[194]

(1)　推認過程の分析に有用な判例の選択

　これから，控訴院判例を素材に，新法の適用状況を分析する。主たる目的は，類似事実証拠がどのような推認過程により有罪認定に使われるかを探求することである。したがって，判例の選択は，類似事実からの推認過程の分析に有用であることという観点から選択した。そのため，原則として，101条(1)項(d)号の入り口で許容された場合に限定される（同時に他の入り口で許容されたときは，必要のない限り，それには言及しない）。(d)の入り口の中で，103条(1)項(a)号が規定する起訴された罪と同種の罪を犯す性向が争点となる場合をまず取り上げる。なお，103条(1)項(b)号の不真実である性向（嘘を言う性向）が争点となる場合は，原則として，対象から外すが，第3節(1)(a)*Campbell*判決の脚注で，参考として，若干の説明を加える。

(2)　推認過程はどこから読み取れるか

　推認過程に関しては，第一に，裁判官が悪性格証拠許容決定の中で，(d)の入

---

(194)　施行後約1年を経過した2006年2月から同年10月までの期間における事実審理裁判所における法の実施状況の統計的観点からの調査は，司法省によってなされ，公表された。例えば，Dの悪性格証拠が請求された場合，主な入り口が(d)の入り口である場合が77％であり，そのうちの93％が前科に関係する悪性格証拠であったことが紹介されている。Morgan Harris Burrows LLP, *Resarch into the impact of bad character provisions on the courts* 19, 20（Ministry of Justice, London, 2009）。この調査の紹介として，高平・前掲注(26)583頁参照。

◇ 第1節 ◇　推認過程の分析

り口で許容するとした場合，争点との関連性の判断を示すときに，類似事実証拠使用の目的が示され，推認過程がその限度で示される(195)。第二に，陪審に対する説示の中で，陪審が適切な類似事実証拠の使用をするように，推認過程が具体的に示される。許容決定時は，検察とＤとの間の重要な争点との関連性が判断される。説示のときは，陪審員に対し，証拠の使い方について注意，指示を与えるものであるから，詳細に，陪審が使用してよい推認過程が示される。したがって，説示において，初めて，詳細な推認過程が示されることが多い。類似事実証拠に関する控訴理由においては，証拠許容決定の誤りを主張し，又は，裁判官の陪審に対する説示の誤りを主張するもの，あるいは，その両方を主張することが通例である。したがって，控訴院判決の理由を読み解くことによって，推認過程の研究が，相当程度可能となる。

(3)　他の証拠との関係の分析

他の証拠が果たす役割については，前述した各学説が，他の証拠を類似事実証拠による推認の一要素とするところである。ただし，他の証拠については，控訴院判例から，必ずしも常に十分に，資料が得られる訳ではない。*Hanson*判決が述べたように，検察の弱い主張（証拠）を悪性格証拠により強化することは許されない。控訴理由で，検察の弱い主張（証拠）を強化するために使われたという主張がなされた場合には，検察の他の証拠関係（証拠構造の全体像）が示されることが多い。

他の証拠との関係では，検察の主張（証拠）が強いか否かという論点のほか，類似事実証拠が，他の証拠に対して，どのような働きをするのかという視点を，取り上げる。我が国における類似事実証拠の利用を考える場合，重要な視点となると考えるからである。

---

(195)　110条は，悪性格証拠の許否決定に理由を述べるべき裁判所の義務があることを規定する。

◆第 7 章◆　控訴院判決の分析その一（複数訴因間の利用を除く）

⑷　手続きの公正さの確保

　許容された事例に加えて，手続きの公正さを害するとして，101条⑶項を適用して，類似事実証拠を許容すべきでないとされた事例を分析する。この裁判官による裁量的排除を定めた規定により，弊害のある類似事実証拠が手続きから排除され，誤った有罪認定に導かれることを防止する。

⑸　類　型　化

　第 2 節から第 6 節までにおいては，控訴院判例の分析をするうちに，自ずとグループ分けができた類型を 5 個提示し，説明していきたい[196]。

◆第 2 節◆　窃盗・強盗，子どもに対する性的暴行罪における利用

　窃盗・強盗，子どもに対する性的暴行罪は，CJA2003の103条⑷項(b)号，⑸項に基づいて内務大臣の命令が発せられた犯罪類型である[197]。これらの犯罪類型は，性向推認が働く典型的な場合と考えられたものと思われる。実際，どうであるか，以下で検証したい。

---

(196)　以下において，順次，分析する控訴院判例のケースは，ほとんどが陪審による審理がなされた事件である。例外は，*Hanson* 判決（有罪答弁で終了した事件），*Chand* 判決（素人裁判官による略式審理がなされた事件。そのため，控訴院ではなく，高等法院女王座部の判決である）の 2 件である。

(197)　The Criminal Justice Act 2003（Categories of Offences）Order 2004, SI 2004 No. 3346は，盗み（theft）のカテゴリーと16歳未満の人に対する性的犯罪のカテゴリーを規定し，別表でそれぞれに属する犯罪を規定する。前者には，窃盗のほか，強盗，住居侵入窃盗，自動車窃盗，盗品取引，無銭飲食等が含まれる。後者では，36項目にわたる多数の性的犯罪が掲げられている。

96

◇ 第2節 ◇ 窃盗・強盗，子どもに対する性的暴行罪における利用

(1) 窃盗・強盗罪

(a) 判例の分析

(i) *Hanson*［2005］EWCA Crim 824

パブの建物の個人居住部分である2階のVの寝室に侵入して現金約600ポンド入り買い物袋を盗んだ住居侵入窃盗罪で起訴された事件である。Dが無罪の答弁をした。公判が行われる日，陪審が宣誓する前に，検察は，101条(1)項(d)号によりDの住居侵入窃盗，住居からの窃盗その他の多数の前科を請求した。検察は，請求に係る前科が，Dと検察との間の重要な争点，すなわち，Dが起訴された罪と同種の罪を犯す性向を有することに関連性があると主張した。裁判官は，この請求を許容した（103条(1)項(a)号による。しかし，103条(1)項(b)号による請求は許容しなかった）。

これに対し，控訴院は，裁判官が許容した多数の前科の一部について，許容は誤りであるとした。すなわち，裁判官は，前科を全体として見て，個別的に関連性の検討をしなかった点で誤りである。例えば，盗品譲受，自動車窃盗は，命令の盗みのカテゴリーに入るが，それは，起訴された住居侵入窃盗を犯す性向を直ちには証明しない。強盗もカテゴリーに入るが，むしろ偏見を与え，手続きの公平さに悪影響を与える可能性があったと判断した（101条(3)項）。しかし，これを除外しても，Dには，住居侵入窃盗及び住居からの窃盗による，相当多くの前科があり，これらは，明らかに，起訴された罪と同種の罪を犯す性向を立証するために許容されると判断した。他の証拠は，特に，パブ経営者の供述があり，強力である。なお，その供述等によれば，窃盗被害があった1時間半くらいの時間帯に，Dは，パブで飲酒しており，自分の赤ん坊の哺乳瓶を用意するために，奥のキッチン（2階のVの寝室に上がる階段がキッチンにある）に入ることを許されたことなどが認められること及びその他の事情に基づいて，検察の主張は，Dが，その時間帯に寝室に入り，金を盗む機会があった唯一の人間であるというものであった。加えて，同パブ経営者は，Dが母親に金を貸してくれと頼んで断られたこと，その約1時間後に，パブにやって来て，自分の酒を注文したほか，4，5人のグループに酒をおごってやり，10ポンド紙幣で支払い，その約1時間後に，もう1回同じように注文し，今度は20ポンド紙

幣で支払ったことをも，供述している。

　本判決は，命令が定める同じカテゴリーに該当するからといって，自動的に，その前科を許容すべきではないとしたものである。個々の前科ごとに関連性を検討すべきであるとする。ところで，本件では，陪審審理開始前の決定で，前科が許容された後，Ｄは，住居侵入窃盗の訴因に代わる窃盗に対し有罪の答弁をしたことにより，Ｄは有罪となり手続きが終了した。したがって，説示段階の推認過程は，示されていないが，起訴された罪と同種の罪を犯す性向を認定した後，その性向から，起訴された罪をＤが犯した蓋然性を高めるとの推認過程，すなわち，狭義の性向推認を当然の前提とするものと解される。強力であるとされた他の証拠は，直接証拠ではなく，Ｄが窃盗の犯人であることを証明する状況証拠である。

　(ⅱ) *Gilmore*［2005］EWCA Crim 824（*Hanson* との併合判決）

　検察の主張は，Ｄが，物置又は通路からファックス機等を，他人の所有物と認識して盗んだというものである。Ｄの防御は，物置に通じる通路に落ちていたから，ゴミと思って取得したというものである。裁判官は，３件の万引きによる前科を許容した。

　控訴院は，３件の万引きは，６週間の間に相次いで行われ，最後の万引きは，起訴された事件の日の３か月前であった事実を指摘した上，それらの前科は，Ｄの最近の執拗な盗みの性向を証明するとした裁判官の判断を是認した。そして，前科のほかに，有罪を認定する相当の証拠があるとして，以下の事情を指摘する。すなわち，Ｄが，深夜零時過ぎに，盗まれた物品が入っていた物置がある庭に通じる暗い通路で，本件物品を所持していたところを警察官に発見され，かつ，そのとき，懐中電灯を所持していたこと，これに対し，Ｄの防御は，それらの物品は，ゴミのそばに，２日前から置いてあったというものである。その上で，当該物品の所持が，潔白なものか犯罪であるかの争点につき，上記前科は明らかに関連性がある。前科により盗みの性向が立証され，そして，その性向が本件における有罪の蓋然性を増大したと述べる。裁判官が行なった説示にも問題はないとする。

　本件では，窃盗の手口の類似性が認められたものではなく，Ｄの，非常に近

◇ 第 2 節 ◇　窃盗・強盗，子どもに対する性的暴行罪における利用

接した，かつ，執拗な盗みの性向が認定され，これが，Ｄの防御により生じた争点（当該物品の所持が潔白なものか，犯罪によるものか）に関連性があるとされた。控訴院判決は，前科から盗みの性向を認定し，その性向が起訴された窃盗の有罪の蓋然性を増大すること，すなわち，推認過程としては，狭義の性向推認であることを明示した。他の証拠との関係では，他に相当十分な証拠があるとされている。*Hanson* 判決同様，Ｄが窃盗を犯したことを状況証拠により認定する類型であり，本件は，いわゆる近接所持の類型である[(198)]。近接所持に加え，Ｄの防御が不合理であることが指摘されている。

Hanson 判決及びこの *Gilmore* 判決では，窃盗罪において，基本的には，状況証拠の総合によって相当十分な証明をすることに加えて，同種犯罪を犯す性向からの性向推認を行い，有罪の証明を万全のものとしていると解される。

(iii) *Chohan*［2005］EWCA Crim 1813（*Edwards* との併合判決）

Ｄは，強盗及び模造銃器所持で有罪となった。2 日前にも口実を設けて訪問した老人Ｖ（89歳）の自宅を訪れ，Ｖに対して，けん銃様の物を突き付けて脅迫し，金員，財布を強取し，逃走中，追いかけてきた 2 人の女性にけん銃様の物を向け，後退させ，逃走したという事案である。

証拠関係は，強盗の被害を受けた状況を証言するＶの証言（ただし，Ｄが犯人であると同定することはできなかったようである）がある。同定証言としては，別の女性の証言がある。その内容は，逃走中の男が知人であったので，声を掛けた，ビデオ面通しの列（VIPER parade）[(199)]で，その男をＤと特定した，以前から，Ｄからヘロインを買っていたので，Ｄを認識できたというものである（このヘロイン取引の事実は，Ｄの悪性格証拠となるが，(c)の入り口で許容された）。これに対し，Ｄの証言は，その日，Ｖの家に行っていない，けん銃も持っていないという完全否認であった。

---

(198)　盗品所持による窃盗の推定に関する英米の法則につき，田中和夫『新版証拠法（増補第 3 版）』（有斐閣，1971年）86頁以下参照。

(199)　イギリスでは，面通しの列は，現在実際には大部分ビデオで行われている。VIPER は *video identification parade electronic recording* の略である。小山貞夫編著『英米法律語辞典』（研究社，2011年）1188頁。

99

◆ 第7章 ◆ 控訴院判決の分析その一（複数訴因間の利用を除く）

　検察は，1992年の強盗，強盗目的の暴行の前科と2000年の3件の住居侵入窃盗の前科を，101条(1)項(d)号，103条(1)項(a)号により請求した。起訴された罪と同種の犯罪を犯す性向を持つか否かという争点に関連性があることを理由とする。裁判官は，強盗等の前科について，10年以上前の古いものであるが，Dの犯罪性がその後も継続していたことや，その強盗がナイフを突き付けるという重大な強盗であることに鑑み，許容することが不当ではなく（103条(3)項），さらに，それは，家屋居住者に対して武器を使用するような犯罪を犯す性向を証明することを指摘した。さらに，3件の住居侵入窃盗の前科について，いずれも嘘をついて老人の家に入るという，本件との手口の類似性を理由として許容した。そして，以上の前科を許容することが，手続きの公正さに害を与えることはないとした（101条(3)項）。

　控訴院判決の中で，裁判官がした説示が，詳細に引用されている。その説示の中で，Dと検察との間の争点は，Dが起訴された罪と同種の罪を犯す性向を持つかどうかであって，この争点を判断するために，前科が提出されたこと，そして，もし，本件当時，Dが，武器を使用して強盗し，又は，嘘を言って年寄りの家に入りこんで年寄りから金品を盗むというような犯罪を犯す性向があると，陪審員が判断したら，次に，その性向が，Dが本件犯罪を犯した蓋然性をさらに高めるかどうかを考慮することができること，を説明している。加えて，一般的注意事項として，「あなた方は，Dが有罪かどうかを考慮するとき，Dの性格がどこまで助けとなるか，その程度につき，自分で判断すべきです。単に，あるいは，主としてDの前科だけで，Dを有罪としてはなりません。性向は，Dの有罪を証明する何らかの追加的証拠（additional evidence）です。しかし，留意しなければいけないことは，たとえ，そのような性向を有していたとしても，それは，必然的に，Dがさらに犯罪を犯すであろうこと，又は，起訴された犯罪を犯したことを証明することにはなりません」と警告する。

　控訴院は，裁判官の許容性判断を是認し，かつ，説示は，申し分のないものであると評価した。

　以上によれば，性向を把握するに当たって，前科の罪名に必ずしもこだわらず，犯罪実行の方法・手口の類似性に着目していることが読み取れる。この判決も，狭義の性向推認を認めたものとなっている。他の証拠としては，Vの被

◇ 第2節 ◇ 窃盗・強盗、子どもに対する性的暴行罪における利用

害状況の証言及び逃走中の犯人を目撃した者の同定証言がある。これらは、合わさって、Dの犯行実行を示す直接証拠と同等であると言ってよいであろう。上記前科は、その真実性を支持する役割を果たしている。

(iv) *Tully* [2006] EWCA Crim 2270

2人の女、2人の男がタクシーに乗車し、目的地到着後、2人の男がタクシー運転手Vから130ポンド、カード類を奪ったという強盗の事案であり、その際、1人の男がナイフでVを脅迫した。目的地近くの、2人の男が逃げ込んだ家で、2人の男（D₁、D₂）は、駆け付けた警察官によって逮捕された。Vは、警察官が来るまで2人の男が逃げ込んだ家を見張っていた。その家から、被害現金が入っていたウエスト・バッグ、カード類が発見され、ナイフも発見された。D₁、D₂は、ベッドに隠れており、D₂は、逃走を試みた。D₁、D₂ともに逮捕に抵抗した。ただ、Vは、犯人同定手続きで、D₁、D₂を同定できなかった。D₁の元彼女が、もう1人の女、D₁及びD₂と一緒にその夜その家にタクシーで戻ったことを供述する書面を警察に提出していた（元彼女は、公判でその内容を否定したが、CJA2003の新しく規定された伝聞証拠に関する規定によって、同陳述書は証拠として許容された）。Dらの防御は、アリバイである。もっとも、D₁とD₂は、警察でも公判でも供述しなかった。

検察は、当初、D₁とD₂の強盗の各前科及びD₁及びD₂が2001年に共犯で行った住居侵入窃盗等の前科を請求した。その理由は、<u>起訴された強盗罪と同種の犯罪を犯す性向を持つかどうかの争点に関連性があり</u>、さらに、<u>共犯で犯した前科は、共犯で犯す性向を持つかどうかの争点に関連性がある</u>というものであった。強盗の前科は、D₂のものは、1995年の2件の強盗の前科、1997年の4件の強盗の前科、1998年の2件の強盗の前科であり、そのうちの数件は、脅迫のため、ナイフを使用している。D₁のものは、5件の強盗の前科である（そのうちの最も新しいものは、2000年に行った犯行である）。いずれも、101条(1)項(d)号により、請求された。しかし、裁判官は、D₁、D₂の強盗の前科が古いと弁護人が主張することを案じて、検察に対し、D₁、D₂の窃盗のカテゴリーの全部の前科を請求することを示唆し、検察もこれに応じて、それらを請求し、裁判官は、全部の前科を許容した。裁判官は、強盗の前科以外の窃盗、自動車窃盗等

◆第7章◆　控訴院判決の分析その一（複数訴因間の利用を除く）

の前科も，他の人の財産を何らかの方法で取得する性向を立証できると判断した。

　しかし，控訴院は，それは，広すぎるとした。何らかの方法で他人の財産を取得する性向が，本件Ｄらが，本件強盗罪を犯した蓋然性を高めるという裁判官の判断は誤りであるとした。ただ，有罪の評決は，維持された。本件の検察の証拠が強いこと，強盗の各前科及び共犯で行った前科は，許容されることを理由とする。

　この判決は，命令が定める盗みという同じカテゴリーに該当するからといって，直ちに，許容してはならないという趣旨であり，*Hanson* 判決と同趣旨の判決である。*Hanson* 判決では，起訴された罪が住居侵入窃盗である場合，強盗は偏見の害が大きいとしたのに対し，本判決では，起訴された罪が強盗に対し，窃盗等は，証明力は高くないし，いくら検察の証拠が強くても，偏見の害について考慮すべきであると，注意を促している。結局，101条(3)項により排除すべきであったという判断である。裁判官の説示段階の推認過程は必ずしも明らかではない。控訴院は，起訴された強盗罪と同種の犯罪を犯す性向，そのときに，ナイフを脅迫の手段として用いる性向，D₁とD₂が共犯として犯罪を犯す性向からの狭義の性向推認を認める趣旨と解される。しかし，他の証拠との関係では，Ｖの証言（被害状況及び犯人が逃げ込んだ家を見張っていたこと）及びD₁の元彼女の陳述書（その晩，他の女性とD₁，D₂とでタクシーで家に戻った）があり，控訴院判決が言うとおり，証拠は強い（なお，裁判官は，相当の状況証拠があると述べていた）。Ｖは，D₁，D₂を同定できなかったものの，D₁の元彼女の陳述書は，Ｖの証言と合わさると，実質，同定証言の役割を果たしている。そうすると，D₁，D₂の上記性向は，Ｖの証言及びD₁の元彼女の陳述書という強力な証拠（これらは合わさって，直接証拠に等しいと言えよう）の正確性の支持，補強に働いていると解することができる。

(ⅴ) *Bryon*〔2015〕EWCA Crim 997

　スーパーマーケットに侵入して特殊な手口で14,800ポンドの現金を盗んだという事件である。その手口とは，スーパーマーケットの屋根裏を通る真空の管の中を，レジから現金保管室へ移動中の現金入りのコンテナ内の現金を抜き取

り盗むというものであった。真空の筒を切り開いて移動中のコンテナを取り出した後，その穴をふさぐために貼ったダクトテープからDのDNAが検出された。Dの防御はアリバイである。Dは，全く同一の手口によるスーパーマーケットからの窃盗の前科を有しており，これが提出された。2010年に有罪となった前科である。裁判官は，(d)の入り口により許容した。前科は，性向立証及び偶然の一致であるとの防御に対する反証として許容された。

　控訴院は，許容決定を是認した。なぜなら，<u>第一に，一定の技術と器用さが求められる珍しい方法による侵入窃盗を犯す性向を立証し</u>，第二に，ダクトテープは，他人がDの家の物置から持ち出して使用したのではないかという趣旨の，Dの偶然の一致の防御に対し反証するものであると判示した。

　なお，Dに対する有罪の証拠が，現場に残された証拠物に付着するDNAがDと一致したというだけの場合，イギリスでは，検察請求証拠の取り調べ終了後，陪審に評議をさせることなく，訴訟を停止すべきであるというのが，ほぼ確立した判例である[200]。しかし，DNAの証拠のみであっても，同種前科を持っている場合には，DのDNAが付着した証拠物が現場に残されていたことに対するDの弁明が真実であるかどうかの争点に関連性があるとして，同種前科が許容され，DNAの証拠と相まって有罪とすることを是認した先例がある[201]。本件は，この先例に沿うものである。また，極めて珍しい同一手口である最近の前科による強力な性向推認が働いた事案である。

⑹ *Howe*［2017］EWCA Crim 2400

　Dは，3件の詐欺的不法侵入罪（distraction burglary）で起訴された。

　訴因1は，午後1時30分，93歳のA女の自宅に用事を装って侵入した事実である。盗まれた物はない。

　訴因2は，同日午後1時30分ころ，100ヤード離れた91歳のB女の自宅に侵入し，用事がある振りをした後，退出した。盗まれた物はない。B女は，犯人は，白いロゴ付きの黒っぽい上衣を着ており，新聞を持っていたと供述した。

---

(200)　*R v Grant*［2008］EWCA Crim 1890；*R v Ogden*［2013］EWCA Crim 1294.
(201)　*R v Darnley*［2012］EWCA Crim 1148.

◆ 第7章 ◆ 控訴院判決の分析その一（複数訴因間の利用を除く）

ビデオ同定手続きが実施され，自信はないが，9人中，6番（Dである）と9番の画像を選び，6番であることは，50％確かであると述べた（控訴院は，限定的な同定であっても，同定には変わりはなく，それのみでは有罪にできないが，一定の証明力を持つと判断した）[202]。

　訴因3は，同日午後2時45分ころ，訴因2の現場から2マイル離れた92歳のC男の自宅に侵入し，用事のある振りをした後，退出した。70ポンドの現金が盗まれていた。この時に盗まれた銀行カードを利用して約1時間後にニューキャッスルのATMから500ポンドが引き出された。C男は，ビデオ同定手続きに参加したが，Dを同定できなかった。

　検察の証拠は，他に，防犯カメラ映像があった。午後1時41分から1時50分の間，訴因1，2の現場付近から訴因3の現場方向へ歩いている男が撮影されている。男は，新聞を持っている。さらに，その男が，午後2時40分に訴因3の現場付近からバスに乗車し，午後2時56分にバスを乗り換え，ニューキャッスルへ向かうバスに乗ったところが撮影されている。男は，ロゴ付きの黒っぽい上衣を着ている。その男がDであることを，Dは，初め否定したが，後に認めた。

　検察請求の悪性格証拠は，①2001年，高齢者の自宅への詐欺的侵入罪による2個の有罪，②2006年，同じタイプの詐欺的侵入罪による有罪，③2010年，同じタイプの詐欺的侵入共謀罪21件による有罪である。裁判官は，前科が起訴された罪と同種の罪を犯す性向を立証し得るとし，その性向は，Dが起訴された罪を犯したことの蓋然性を高めるとの推認過程を取ることを明らかにしている。控訴理由は，以上を争うものではなく，前科を許容することは，手続きの公正さに害を与えるから許されないとするものである。検察の弱い主張を強化するとの主張に対して，裁判官は，多数の状況証拠が累積するとし，控訴院も，それは，状況証拠であるが，強力な状況証拠であると指摘する。

　なお，本件では，後述する訴因間証拠の許容性，全訴因の証拠の全体的観察の問題も含まれる。裁判官は，全証拠を全体的に観察して，3件の侵入罪の犯人は同じ人物であり，そして，その人物がDであるかどうかについて，陪審

---

　(202)　*R v George*［2002］EWCA Crim 1923 para. 35が同旨を述べる。

104

◇ 第2節 ◇ 窃盗・強盗，子どもに対する性的暴行罪における利用

に判断が委ねられているのであり，本件の前科は，この同一性認定を支持するとした[203]。

　以上によれば，裁判官は，狭義の性向推認を許容したほか，前科が，犯人の同一性認定を支持することにも言及したものである。その有罪は，控訴院により是認された。

(b) 分析の小括

　以上のうち，*Gilmore* 判決を除くその余の判決では，前科は，起訴された罪と同種の罪を犯す性向を有するかどうかの重要な争点に関連性があるとされた。*Gilmore* 判決では，当該物品の所持が，潔白なものか犯罪であるかの争点につき，前科は関連性があるとされた。このように(d)の入り口における争点のとらえ方に違いがあるが，すべての判決において，前科から起訴された罪と同種の犯罪を犯す性向を認定し，その性向から起訴された罪の有罪の蓋然性を高めるという狭義の性向推認を採用している。ただ，同種犯罪を犯す性向については，罪名に必ずしも限定されず，犯罪行為を具体的に考察していると見られる。例えば，*Chohan* 判決では，嘘をついて老人の家に入るという手口，家屋居住者に対して武器を使用するような犯罪を犯す性向に，*Tully* 判決では，強盗の際，ナイフで脅迫する性向，同じ共犯者と犯罪を犯す性向に，着目している。なお，*Howe* 判決では，高齢者の自宅に詐欺的に侵入する罪を犯す性向であり，顕著な類似性を持つ手口と表現されている。

　他の証拠との関係では，大別すると，状況証拠によるものと同定証言がある場合（これに等しい場合を含む）とに分かれる。前者は，*Hanson* 判決，*Gilmore* 判決，*Bryon* 判決，*Howe* 判決の場合である。状況証拠による窃盗等の証明が強力である場合，これを補完する前科による性向推認を許容するものである。後者は，*Chohan* 判決，*Tully* 判決の場合である。これら判決では，まだ，同

---

　(203)　*Howe* 判決は，本件の前科は，起訴された犯罪と顕著な類似性のある手口（modus operandi）を証明すると指摘している。ところで，手口（modus operandi）は，アメリカにおいては，連邦証拠規則に明示されていないが，許容される一類型とされている。その場合，禁止される推論ではない推論をするものと理解されている（Leonard, *supra* note 95 at 705-711）。

105

◆ 第 7 章 ◆　控訴院判決の分析その一（複数訴因間の利用を除く）

定証言等の供述の正確性の支持という推認過程は，明示されていない。2017年
の *Howe* 判決では，前科を同一性認定の支持に使用してよいことが付加されて
いるが。ところで，同定証言の正確性の支持として用いることが判決中で明示
されたものは，後に，まとめて説明する（第6節）。

　結局，以上の6件において，有罪を証明する強力な証拠が存在する場合に，
前科の使用が許容され，狭義の性向推認を補助的に行うことが認められたと評
価できる。加えて，*Gilmore* 判決では，潔白な所持であるとの防御に対する反
証として，*Bryon* 判決では，偶然の一致であるとの防御に対する反証として，
各性向が用いられている。

(2)　子どもに対する性的暴行罪

(a) 判例の分析

(i) *P*［2005］EWCA Crim 824（*Hanson* との併合判決）

　妻の子V（当時8歳程度）に対する強制わいせつ罪（膣への指の挿入2件），
強姦罪（4件，うち1件は肛門強姦）の訴因による起訴である。肛門強姦罪の訴
因は無罪となったが，その余の訴因は，すべて有罪とされた。検察の証拠は，
各被害を受けたとするVの証言及びVの膣等に傷害があるとする医師の証言
（肛門の傷害は発見されなかった）である。Dの主張は，Vが事件をでっち上げ
たというものである。Dは，証言で，後記の事件で有罪となって以降，9歳以
上の少女に対して性的妄想を持つようになったことを認めたが，Vに対して性
的不品行をしたことはないと述べた。よって，<u>陪審が判断すべき争点は，医師
の証言の背景の下，V及びDの各証言の信用性である</u>。

　検察は，11歳の少女に対する強制わいせつ罪の前科（1993年に有罪答弁し，
2年間の保護観察となった）を，(d)，(f)，(g)の入り口で請求し，裁判官は，(d)，
(g)の入り口で許容したが，ここでは，入り口(d)について説明する。裁判官は，
前科の罪が，起訴された罪と，同じ記述であり，かつ，命令が定める同じカテ
ゴリーに入るとし，前科からの時の経過については，<u>「Dの性的な倫理観，欲
求は，時の経過により必ずしも影響を受けない」</u>と述べ，許容することが不当
とはならないとした（103条(3)項）。裁判官は，前科が持つ証明力は高いから，

106

◇ 第2節 ◇　窃盗・強盗，子どもに対する性的暴行罪における利用

その許容が手続きの公正さに害を与えることはないと結論付けた（101条⑶項）。

　控訴院は，裁判官の許容決定を是認した。裁判官の説示についても，弁護人が言う非難は当たらないとした。

　証拠関係は，上記のとおりで，Ⅴの被害証言とＤの否認証言が対立し，客観的証拠として医師の証言があった。

　控訴院判決からは，推認過程が明確に現れてこないが，同種前科から，Ｄの同種犯罪を犯す性向を立証し，それにより，起訴された同種犯罪を犯した蓋然性を高めるという，狭義の性向推認を許容するものと解される。一方で，争点は，医師の証言の背景の下，Ⅴ及びＤの各証言の信用性とする。そうすると，性向推認の働きもあるが，Ｄの性向をⅤ及びＤの各証言の信用性判断に役立たせるものでもある。

(ii) *Weir* ［2005］EWCA Crim 2866

　Ｄ（44歳の男性）は，13歳未満の少女に対する性的暴行罪（10歳の少女Ⅴに対し，パジャマの上から陰部を触った）（2003年性犯罪法7条違反）で有罪となった。Ⅴの被害証言がある。一方，Ｄは，不適切なことは何もしていないと述べた。検察は，子どものわいせつな写真を撮ったこと（1978年子ども保護法1条違反罪）で，4年前に，警察から警告を受けたことを，101条⑴項(d)号，103条⑴項(a)号により証拠請求し，裁判官はこれを許容した。

　控訴審弁護人は，1978年子ども保護法違反罪は，103条⑵項(b)号が規定する起訴された罪と同じカテゴリーの罪に当たらないから，許容されるべきでなかったと主張した。控訴院は，この弁護人の主張を排斥した。103条⑴項(a)号が定める，起訴された罪と同種の罪を犯す性向は，同じ記述の罪又は同じカテゴリーの罪で有罪判決を受けた証拠以外の方法によっても証明することができる。この解釈は，103条⑵項の文言中に may が使用され，「Ｄの起訴された罪と同種の罪を犯す性向」は，(a)，(b)号の罪によって有罪となった証拠によって証明することができると規定され，may のすぐあとに，括弧書きで，(without prejudice to any other way of doing so) と，「他のいかなる方法によっても立証することを妨げない」旨が規定されていることに適切な価値を置くものである。以上が，控訴院判決が述べるところである。そうすると，本件では，<u>子ど</u>

◆ 第 7 章 ◆　控訴院判決の分析その一（複数訴因間の利用を除く）

<u>も保護法違反罪</u>は，起訴された性的暴行罪と同じカテゴリーの罪ではないし，<u>かつ，有罪ではなく警察の警告を受けたに過ぎないが，そのような罪で警告を受けた事実から，本件のような性的暴行罪を犯す性向を認定し，その性向から，Dが本件犯罪を犯した蓋然性を高めるとする狭義の性向推認をすることを，許容したもの</u>と解される。ただし，この考え方は，後の*D, P and U*判決によって，修正されたものと解される[(204)]。もっとも，同判決は，*Weir*判決は，わいせつ写真の撮影が，起訴された性的暴行罪を犯す性向を立証できるかどうかに関しては，判断していないとして，控訴院判例の整合性を図っている。

　(ⅲ) *Manister*［2005］EWCA Crim 2866（Weir 事件との併合判決）

　D（39歳）は，13歳の少女Vに対する強制わいせつ罪 3 件で有罪となった（うち 1 件の訴因は，強姦であったが，陪審は，強姦は無罪とし，強制わいせつで有罪とした。しかし，この 1 件の有罪は，法的理由により控訴院で破棄された）。Vが各被害を受けたことを供述するビデオ録画がある。他方，Dは，二人の間には，性的性質のことは何も起こらなかったと証言した。検察の客観的証拠として，Dの車のシートから発見された精子のDNAは，Dのものであったこと（Vが供述するDから強姦被害を受けた状況と合致する），DとVとの間で携帯電話の通話が多数回あったこと，DがVに対し恋慕の情を記載したカードを送ったこと，がある。

　Dに前科はなかった。裁判官は，(d)の入り口で，性交開始時16歳であった少女Aと 3 年近い間，合法的な性的関係にあった事実を許容した。

　控訴院は，この許容決定に対し，少女Aとの性的関係を悪性格証拠とした裁判官の決定は誤りであるとした。その理由は，それは，犯罪ではないし，直ちに非難に値する行動に当たるとも言えないから，98条が規定する悪性格証拠に該当しないというものである。したがって，コモン・ローのルールの廃止を規定する99条(1)項が適用されない。しかし，Aとの間の合法的な性的関係の

（204）　ただし，*D, P and U*判決の場合は，子どもポルノの閲覧，収集であるのに対し，*Weir*判決の場合，子どものわいせつな写真を撮影する行為であるから，事実関係によっては，それ自体で性的暴行に該当する可能性があり得る。結局は，具体的事実関係による。

証拠は，コモン・ローにより許容される。なぜなら，Dが V に対し性的関心を有していたかどうかの争点に関連性がある。16歳の少女との性的関係は，Dよりずっと若い10代前半又は半ばの少女に対する性的関心を証明する。それ故，Vに対し全く性的関心がなかったという D の主張の真実性と関係がある。しかも，この許容が不公正とは言えない（PACE1984の78条参照）。なお，裁判官は，少女 A との性的関係に加えて，V の姉（当時15歳）をかつて口説いた事実も許容していた。控訴院は，これについても，同様，コモン・ローにより，DがVに性的に魅力を感じていたかどうかの争点に関連性があるとの理由で，許容されるとした。

　16歳の少女と合法的ではあるが性的関係にあった事実から，10代前半又は半ばの少女に対する性的関心を証明し，これを，V に対し全く性的関心がなかったという D の主張の真実性を否定することに，使用してよいとする判断である。これに15歳の少女を口説いた事実も加わる。

(iv) *A* ［2009］EWCA Crim 513

　D（裁判時62歳）は，実の娘に対する強姦1件，強制わいせつ2件，わいせつな写真の撮影1件により有罪となった。事件は，1981年から1992年までの間に起きたもので，V は，被害当時，7歳から17歳であった。以上が本件である。

　他方，D は，2008年4月に，子どものわいせつ写真の作成と配布の罪による17件の訴因に対し，有罪の答弁をし，刑が宣告された。この罪に関係する画像は，D のコンピュータに保存されていた，子どものわいせつな画像65,858件で，これには，動画が500ファイル含まれる。さらに，コンピュータ内に，D の父・娘の近親相姦への欲望を示す資料があったほか，ハードディスクから，近親相姦関連の画像が多数発見された。以上が，本件において，悪性格証拠として請求された。

　本件が，1981年から1992年にかけて行われたのに対し，悪性格証拠とされた犯罪は，2005年から2008年に行われたものであり，起訴された最後の強姦事件から14年位後に行われたものである。裁判官は，101条(1)項(d)号に基づいて，性向推認による関連性を認めた上で，子どもに対する性犯罪への強く継続する関心に加え，父対娘の近親相姦に執着していることは，特別に稀で，性質的に

◆第7章◆　控訴院判決の分析その一（複数訴因間の利用を除く）

全く特別なものであると述べる。さらに，Dが，子どもに対し性的関心を持つ，中でも近親相姦に関心を持つことは，そのような性的暴行罪実行の必須の必要条件であると述べて，結論として，性向推認を許容する。そして，101条(3)項による排除をすべきか否かについては，証拠は偏見を与えるが，高度の関連性と強力な証明力があるから，陪審への示し方を配慮することにより，許容が正当化されるとした。

　以上に加え，控訴院は，近親相姦である強姦の告訴は，近親相姦である強姦の画像から性的満足を得ることに明らかに関心がある男（それが，何年も後のことであっても）に対してなされる方が，そのようなことに全く関心のない男に対してなされるより，真実である蓋然性が高い，という理由付けを用いている（裁判官もこれと同趣旨を述べていたが，控訴院は，それに賛成した上，若干言い変えている）。

　事前の悪性格証拠ではなく，事後の悪性格証拠であり，しかも，起訴にかかる最後の事件から14年位経過した事実であり，異例と言える（しかし，次に述べる D, P and U 判決の U 事件も同様なケースである）。上記のような関心を，「動機」と類似していると見れば，状況証拠と解することもできそうである。しかし，控訴院は，そのような関心を持つ男に対する告訴は，関心のない男に対してなされる告訴より真実である蓋然性が高いとする理由付けを明示した。直接証拠である V の告訴の真実性の支持に焦点を当てている。バガリック説が言う理由付け，あるいは偶然の一致排除理論による説明に通じるところがある。控訴院の理由付けは，極めて常識的なものと言えよう。

　なお，本件では，裁判官は，陪審に与える偏見の害を最小限にするため，子どものわいせつ映像は，近親相姦のものに限定して採用し，かつ，実際の映像を陪審に見せない配慮をした[205]。

(v) *Miller* ［2010］EWCA Crim 1578
　D は，11歳の姪に対する5件の強姦罪（2005年の犯行。D は当時25歳）で有罪となった。15，6歳の顔見知りの女性に対する集団強姦罪（1997年の犯行。D

---

(205)　後記 D, P and U 判決でも，同じ配慮がなされた。

は当時16歳）によるＤの前科が許容された。裁判官は，前科は，若い女性が同意していない状況で同女と性交する明白な性向，さらに，そのような違法な性交への欲求を証明するとして，性向を立証する証拠として許容した。控訴院判決は，これを是認した。他の証拠との関係では，Ｖは，Ｄから被害を受けたと供述し，Ｄは，それはでっち上げであると主張し，真っ向から対立していた。各供述の信用性判断に性向が役割を果たした事例である。

(vi) *D, P and U*［2011］EWCA Crim 1474

３件が関連する問題を提起したので，併合して判決された。*D*に対する事件は，姪（被害時11歳から14歳までの間）に対する性的虐待事件である。*P*に対する事件は，２人のまま息子（兄に対して被害時13歳から16歳までの間。弟に対して３歳から６歳までの間）に対する性的虐待事件である。*U*に対する事件は，２人のまま娘（姉に対して被害時８歳から11歳までの間。妹に対し４，５歳から15,16歳までの間で，中断がある）に対する強姦，強制わいせつ事件である。３件とも，各Ｄは完全否認した。裁判官が許容した悪性格証拠は，各Ｄが子どものわいせつ写真を閲覧，作成したという事実である。

控訴院は，各裁判官の許容判断を是認した。次のような検討を加える。子どもポルノを収集し，見ることそれ自体，犯罪であるが，その犯罪自体は，性的暴行・虐待や禁止されているいかなる性的行動をも含まない。したがって，子どもポルノの所持の証拠は，Ｄが，性的虐待，性的暴行の犯罪を実行していることを証明する証拠ではない。それでは，Ｄが子どもに対する性的関心を有することを証明することは，(d)の入り口に言うＤと検察との間の重要な争点に関連性があると言えるか。常識による答えは，そのような証拠は確かに関連性を持ち得るということである。小さな子どもや思春期前の少女少年に対して性的関心を持つことは，比較的異常な性格的特徴である。子どもに対する性的虐待で起訴されたＤに対して主張すべき事実は，彼がそのような関心又は性格的特徴を持つこと，これに加え，彼がそのような関心を実際に子どもを虐待する行動に移したことである。関心に関する証拠は，その最初の部分を証明するものである。Ｄが子どもに対して性的関心を持つことを立証すれば，子どものＤに対する告訴が，偶々，子どもに対して性的関心を持たない者に対してなさ

◆ 第 7 章 ◆ 控訴院判決の分析その一（複数訴因間の利用を除く）

れた場合と比較して，真実である可能性を高める[206]。それ故，子どもポルノ
の閲覧，収集は，(d)の入り口で許容され得る[207]。本件のような証拠は，ある
性格的特徴が，Dが起訴されたとおりに行動した蓋然性を高めるという意味で
の，真の意味での性向証拠である。性向は，通常，同種の犯罪を以前に行った
ことにより立証され，そのような請求が多いであろうが，それに限定されない。
Dが，実際，起訴されたように行動したであろうとの蓋然性を高める証拠であ
ればよい。陪審に対し，画像の所持から，直接に，実際に性的虐待行為に出た
と結論付けることができないことを注意すべきである。実際に行為に進んだこ
とは，関心から当然出てくるのではなく，証拠により証明されるべきことを，
陪審に注意することが特に重要であろう。子どものわいせつ写真の所持は，子
どもに対する性的関心の争点に限って関連性があると告げられるべきである。

　また，本件では，陪審に対し写真は実際示されていない。控訴院判決は，こ
れは，一般的に採用されるべき賢明な慣行であると言う。見る必要もないし，
見てしまえば，嫌悪感が影響を与える。ほとんどの事件では，写真の全般的な
内容の適切な描写が当事者間で合意されて陪審に示されると思われる。描写は，
可能な限り中立的で冷静なものにすべきである，と述べている。

　結論として，子どもポルノの所持は，事案にもよるが，子どもに対する性的
虐待事件では，子どもに対する性的関心を証明し得るので，(d)の入り口により，
許容され得る。

　D事件　　検察は，Dのコンピュータから発見された画像，検索履歴を証拠
請求した。入り口(c)(d)(f)(g)を根拠としたが，ここでは，入り口(d)の関係のみを
説明する。検察は，入り口(d)の関係では，女の子どもに対する性的関心を立証
するためという理由で請求した。裁判官は，一部の画像を除き，その余につき
許容した。

---

(206)　上記A判決と同様の理由付け，すなわち，告訴の真実性に繋げる理由付けもして
　　　いる。
(207)　P事件では，Vの1人が，子どもポルノの映像をDから見せられていたと証言し
　　　ていた。そうすると，Dのコンピュータにあった子どもポルノの57個の映像は，本件の
　　　犯行自体に関係することになるから悪性格証拠ではない（98条(a)号）。それは，そのV
　　　の証言の当該部分を支持するものとして許容された。

◇ 第 2 節 ◇　窃盗・強盗，子どもに対する性的暴行罪における利用

　控訴院は，裁判官が許容した画像のうち，一部は，許容すべきでないとしたが，その余につき，許容を是認した。結局，控訴院が許容を是認した証拠は，D 自身が撮影した14，5 歳の 1 人の少女（V の学校の友達）の裸の写真及びインターネット上の子どもポルノに対する多数の検索履歴であった。控訴院は，本件は，非常に証拠が強い事件であるとした上で，V と同じような年齢の他の少女の裸の写真を撮影することは，高度な関連性があるとした。裁判官の説示のいくつかの点に誤りはあるが，有罪に影響しないとしている。

　P 事件　(d)の入り口の関係に限定して説明する。控訴院が，(d)の入り口で許容を是認した証拠は，D のコンピュータ内の「裸体の少年」などの検索履歴とその結果得られたものであり，それは，子どもに対する性的関心を証明するとしている。

　U 事件　D のコンピュータのハード・ドライブと多数の DVD から，多数の子どもポルノの写真と動画が発見され，D は，子どものわいせつ画像を作成した罪に対し，有罪答弁をした（2008年）。この子どもポルノ画像が，入り口(d)，(g)で請求され，裁判官は，入り口(d)のみで許容した。なお，起訴された 2 人のまま娘に対する犯行は，姉に対しては，1993年から1997年までの間に行われ，妹に対しては，1992年又は，1993年から2003年又は，2004年までの間になされたものである。

　控訴院は，裁判官の許容決定を是認した。最後の犯行終了から数年後の子どもポルノの作成について，子どもへの性的関心は，年と共に変化する可能性のない特徴であると判示した。そして，陪審は，その証拠によって，本件の各告訴が虚偽ではなく，むしろ，2 人のまま娘に性的興味を持った 1 人の男に対してなされた真実のものと認定することが許されると述べる。先例として，上記 *A* 判決を挙げる。

(vii) *Balazs*［2014］EWCA Crim 937

　大人に対する性犯罪であるが，便宜，ここで説明したい。

　D は，ガールフレンド V に対する強姦 3 件（すべて同じ夜に起きた）の訴因で有罪となった。4 件の前科が許容された。(i)ガールフレンド A に対する強姦罪，(ii)ガールフレンド B に対する傷害罪，(iii)同女に対するハラスメント，

◆ 第7章 ◆ 控訴院判決の分析その一（複数訴因間の利用を除く）

(iv)同女及びその家族に対する3件のハラスメントによる前科である。裁判官は，元又は現在のパートナーに対して攻撃的な犯罪を行う性向を立証し得るとして，これら前科を許容した。控訴院は，裁判官の許容決定を是認し，前科が関連性を有する理由の説明も正しいものであるとした。すなわち，<u>前科は，関係中又は関係終了後に，パートナーをコントロールするために，暴力的・脅迫的・性的な行動を取るDの性向を証明する</u>と判断した。推認過程，すなわち，性向が証明された後，性向推認によるのか否かは，必ずしも明確にされていない。他の証拠との関係で見ると，姦淫行為に同意がなかったことにつき，VとDで供述が対立している中で，いずれが真実であるかにつき，性向の利用を許容したものと解することもできる。

(b) 分析の小括

　わいせつ写真の所持等の事実を証拠とする場合，*Weir* 判決の場合は，少なくとも，陪審審理担当裁判官の立場は，わいせつ写真撮影により警察から警告を受けた事実から，起訴された性的暴行を犯したとする性向推認を許容したものと解される（しかし，その事件の控訴院判決は，その点につき判断をしていないとするのが，*D, P and U* 判決の立場である）。しかし，*A* 判決，次いで，*D, P and U* 判決では，Dのわいせつ写真の所持などの事実から，Dの子どもに対する性的関心や近親相姦に対する関心を立証し，これが，Dと検察との間の争点に関連性があるとし，加えて，そのような関心を有するDに対するVの告訴が真実であることを支持するという理由付けを明確にした。ただ，両判決とも，子どものわいせつ写真の作成等や子どもポルノの閲覧，収集の事実が性向証拠であって，それから性向推認をすることを認めるような判示もしているが，子どものわいせつ写真作成などの事実から，Dが子どもに対し性的関心を持つことなどを証明し，これをVの告訴の真実性支持に用いるという理由付けに重点があるものと解される。

　A 判決及び *D, P and U* 判決により，子どものわいせつ画像の作成等の罪は，起訴された犯罪後，それも何年も後の出来事であっても，類似事実として許容され得ることが確立した。これに，前記 *P* 判決等をも加えれば，一般的に，性的行動様式（性的関心，性的欲求）についての性格的特徴は，時の経過によ

◇第2節◇　窃盗・強盗，子どもに対する性的暴行罪における利用

り変化する可能性は低く，長年にわたって継続することが，常識として言えることが確立して示された。性犯罪，中でも子どもに対する性的暴行罪については，その特殊性が強調された[208]。

*Miller*判決及び*Balazs*判決では，裁判官は，同種前科を性向を認定する証拠として許容した。しかし，いずれの事案においても，性向推認が強く働くというより，性向を，Vの証言の信用性を支持し，Dの事件に対する弁明の真実性に対する反証として用いることに重点があるものと解される。

(3) 窃盗・強盗，性的暴行事件で，101条(3)項による排除が相当とされた事例

ここで，排除が相当とされた事例を紹介し，許容された場合と対比する材料を提供しておきたい。いずれも狭義の性向推認を利用する事案である。

(a) 判決の分析

(i) *Tully*［2006］EWCA Crim　2270（第2節(1)(a)(iv)参照）

103条(2)項(a)，(b)号の同じ記述の罪であることや，同じカテゴリーに該当する罪であるからといって，直ちに許容してよいものではない。起訴された事実と前科の事実との間の類似性の程度が高ければ，前科が持つ証明力は大きくなる。他方，類似性の程度の低い前科を許容すれば，偏見の危険が増す。結局，起訴された事実が強盗であるのに，強盗以外の前科を許容した裁判官の判断は，偏見の害を考慮していないので，誤りであるとした。101条(3)項を適用して排除すべきであったというものである。しかし，強盗の性向を証明する強盗の前科が十分あるので，有罪を破棄するまでには至らないとした。

Hanson［2005］EWCA Crim 824（第2節(1)(a)(i)参照）も，裁判官が許容した前科の一部について，101条(3)項による排除を相当としたものである。

---

(208)　アメリカ連邦証拠規則413条，414条が，Dが性的暴行事件，子どもへの性的いたずら事件により起訴されている場合に，それぞれ，類似犯罪を許容していることも参照されるべきである（第3章第1節(2)）。

◆第7章◆　控訴院判決の分析その一（複数訴因間の利用を除く）

(ii) *Chand*［2007］EWHC 90（Admin）

　本質的に非常に弱い事件を強化するために前科が使われてはならないという原則（*Hanson* 判決参照）が適用された事例である。D は，建物内の慈善箱を盗んだという窃盗によって起訴された。防犯カメラの映像があり，犯人は2人であった。D を知っている2人の警察官が，犯人の1人は，D であると証言した。検察は，D の多数の前科（主に窃盗であり，万引きの性向を示す）を請求した。採否の決定をした地方裁判官は，101条(1)項(d)号該当性を認めたが，弁護人の排除請求を認め，101条(3)項によって排除決定をした。同裁判官は，*Hanson* 判決が示す，101条(3)項についてのガイダンス（前科と起訴された罪との類似性の程度，それぞれの罪の重大性，検察の証拠の強さ）に依拠し，万引きと今回の窃盗とは似ていない上，証拠全体を検討して，検察の証拠が強いものとは言えないと判断した。本案事件を略式審理した素人裁判官たちは，防犯カメラの映像が明瞭なものではないこと，そこに撮影されている男の T シャツと D の T シャツの類似性に関して，際立った特徴があるとは言えず，それらが同じ T シャツとは言えないことなどを理由に，D を無罪とした。公訴局長官が控訴を申し立てた。控訴審である高等法院女王座部合議法廷は，地方裁判官の排除決定を是認し，素人裁判官の無罪の判断を是認した。検察の証拠は，全体として，強いものとは言えないと述べている。

　本件においては，質の悪い防犯カメラの映像に基づく警察官の同定証言を，前科により強化するという使われ方がされる危険があった。

(iii) *Urushadze*［2008］EWCA Crim 2498

　D は，路上強盗の共犯であるとして起訴され，有罪となった。裁判官は，6件の万引きによる窃盗の前科を許容した。控訴院は，許容されるべきでなかったとした。裁判官は，窃盗の前科は，D の強盗のうちの窃盗の要素を犯す性向を立証するとしたが，控訴院は，*Tully* 判決を引用し，窃盗の前科は強盗の起訴事実に関して証明力はないし，仮に，何らかの証明力があるとしても，偏見が証明力を大きく上回ると判断した。101条(3)項により排除されるべきであったとされ，控訴が認容された。再審理の請求があったが，これを認めなかった。このことからも，検察の証拠が弱い事件であったと言えるであろう。

◇ 第 2 節 ◇　窃盗・強盗，子どもに対する性的暴行罪における利用

　前出の *Hanson* 判決及び *Tully* 判決と同趣旨の判決である。ただし，*Hanson* 判決では，住居侵入窃盗の起訴に対し，強盗その他を許容すべきでないとされ（他に住居侵入窃盗等の前科があるため，破棄にまでは至らないとされた），*Tully* 判決では，強盗の起訴に対し，窃盗が許容すべきでないとされ（他に強盗の前科があるため，破棄にまでは至らないとされた），この *Urushadze* 判決では，強盗の起訴に対し，窃盗の前科が許容すべきでないとされ，前科は，窃盗の前科のみであり，かつ，証拠が弱い事件であったから，破棄に至った。

(iv) *Benabbou* ［2012］EWCA Crim 1256

　性的暴行罪で，同種犯罪の前科の排除が相当とされた事例である[209]。D は，2 件の性的暴行により審理された。1 件は，2010年 3 月，アパートでパーティーが行われていたとき，別室で眠っていた若い女の乳房を触った事件であり，2 件目は，2011年 4 月，2 人の若い女性のアパートに手助けを頼まれて行き，3 人とも多量の酒を飲み，1 人の女の膣に指を挿入した事件である。裁判官は，2002年に有罪となった強姦の前科 1 件を許容した。その内容は，2 人の男（その 1 人が D）が，路上で酔った女を自動車に引っ張り込み，連れ込んだ家で，代わる代わる強姦したもので，その際，3 人目の人物が V を押さえ付けていたという事件であった。裁判官は，起訴されている 2 件の事件と前科の事件との間に，十分な類似性があるとして，許容した（なお，前科が古いとの主張に対しては，D は，前科の事件で有罪の後，2008年10月まで収監されていたことを指摘している）[210]。

　控訴院は，この許容判断を誤りとして，控訴を認容し，再審理を命じた。そ

（209）　性的暴行罪で，他に排除された事例として，*R v Clements* ［2009］EWCA Crim 2726がある。成人に対する強制わいせつ罪 2 件の起訴であった。14歳の子どもに対する性的行為（キス）による前科は，それが同意によるものであるなど，状況がかなり異なるとされ，許容決定が，控訴院で誤りとされ，有罪が破棄された。証明力と偏見の害とを比較衡量しているから，101条(3)項を適用して排除すべきであったという趣旨に解される。

（210）　古い前科であるかどうかを検討するに当たり，当該前科などにより長期間受刑していたことは，考慮要素となり得る。*R v Jordan* ［2009］EWCA Crim 953（第 5 節(3)(a)(ii)参照）は同旨を述べる。

117

◆第7章◆　控訴院判決の分析その一（複数訴因間の利用を除く）

の理由として，前科は，本件とある程度の類似性は認められるが，同時に相違点もあるとした。前科の事件は，2人で，路上で，全く見知らぬ女を車に連れ込んだという強力な暴行が加えられた事件である。これに対し，起訴された事件は，酔ったり，眠っている女に対し，そのすきに付け込んで行った犯行であるから，前科が本件に関連する性向を認定する証明力は，限定的である。一方，高度の偏見の害がある。前科の事件がそのように悪質な強姦事件であることは，陪審が本件の争点について考慮することから気をそらし，争点を見えないようにする。入り口(d)に該当するが，101条(3)項により排除されるべきであるとした。

性的暴行という点では，犯罪の性質は同じだが，強姦と強制わいせつという違いがあり，そのほかにも犯罪時の状況，態様が相当異なることは，否定できない。犯罪の性質の類似に目を奪われるのではなく，犯罪行為自体及び犯罪時の状況，態様に相違点がないかを十分に検討し，前科が，起訴された犯罪と同種犯罪を犯す性向を証明する証明力があるかどうかを慎重に判断すべきことに注意を促した判決である。

(b) 分析の小括

いずれの事例も，同種前科から狭義の性向推認を経る場合である。*Chand*判決を除き，その余のすべての判決は，類似事実証拠が持つ証明力よりも，それを許容したときの偏見の害が大きいときは，許容すべきでないという判断を明示している。証明力については，いずれの判決でも，前科と起訴された事実との類似性の程度が指摘され，偏見の害については，例えば，*Benabbou*判決では，強制わいせつ事件において，悪質な強姦事件を類似事実証拠としたことは，高度の偏見の害があると指摘された。なお，*Chand*判決，*Urushadze*判決は，検察の他の証拠が弱い事件であったと言える。他の証拠が弱い事件において，前科に依存することは，まさに，類似事実証拠を使用することの弊害が顕著な場合である。以上の判決から，101条(3)項による排除の基準は，類似事実証拠が持つ証明力とそれを許容した場合の偏見の害との比較衡量であることが明らかとなる。

118

◇第3節◇　直接証拠の真実性を支持するための利用

◆ 第3節 ◆　直接証拠の真実性を支持するための利用

　前節では，まず初めに，類似事実証拠から性向推認を行う典型と見られてきた，窃盗・強盗，子どもに対する性的暴行罪という類型で，前科等の類似事実が果たす役割を見た。その分析によれば，性向推認に使用することが許容された場合は，「他の証拠」としては，直接証拠がある場合か，相当十分な状況証拠がある場合であった。類似事実証拠を，(d)の入り口により，独立した性向推認に使用することが当然視される場合であっても，類似事実あるいはそれから認められる一定の性向は，反面，直接証拠の真実性を支持する役割を果たす。あるいは，Ｄの弁明に対する反証の役割を果たす。このような場合には，独立した性向推認の働きは，一歩後ろに下がってしまったように見える。また，子どもに対する性的暴行事件で，子どものわいせつ写真の所持が類似事実証拠である場合には，子どもに対して性的関心を有することを経由して，子どもの告訴の真実性を支持し，Ｄの弁明に対して反証するという理由付けを採ることが，明らかになった。ただし，「他の証拠」が状況証拠の総合である場合には，独立した性向推認の働きの重要性は，依然として残されているが。

　そこで，次は，上記類型以外でも，類似事実から認められる一定の性向が直接証拠の真実性判断を支持するという役割が，明確に述べられている事例（又は，明言されていないが，そのように解し得る事例）を取り上げる。関係する直接証拠は，暴力行為の相手方（Ｖ），犯行状況の目撃者，被教唆者である。

(1)　判決の分析

(a) *Campbell* [2007] EWCA Crim 1472

　直接証拠は，暴力行為の相手方（Ｖ）である女性の証言である。

　Ｄが現在のガールフレンドＶに対する監禁，傷害の事実で起訴された。Ｄの防御は，Ｖの証言は，でっち上げであるというものである。前のガールフレンドＡに対する傷害及び前のガールフレンドＢに対する暴行の各前科が許容された。それらの機会の暴力は，髪の毛を引っ張り，首を絞めるなどで，今回の暴行と同様のものである。<u>女性に対して暴力を働く性向を証明するものとし</u>

119

◆ 第7章 ◆ 控訴院判決の分析その一（複数訴因間の利用を除く）

て許容された。この点は，控訴審で争われていない。

　控訴審における論点は次のとおりである。裁判官は，その説示において，前科を，女性に対して暴力を働く性向があるかどうかのほか，本件をでっち上げであるとするDの証言が真実であるかどうかを検討する上で，考慮してよいと述べたが，後者の説示が適当かどうかが問題となった。控訴院は，適当でないとした。Dが真実を述べているかどうかは，Dが起訴された罪で有罪であるかどうかに掛かっているから，陪審は，Dが不真実な性向（嘘を言う性向）を有するかどうか（103条1項(b)号）ということを問題にするよりは，Dが有罪であるかどうかの問題に専念すべきである。前科をDの証言が真実であるかどうかを決定するに当たって考慮してよいという説示は適当ではないとした。さらに，101条(1)項(d)号，103条(1)項(b)号の解釈として，嘘を言う性向が，入り口(d)の重要な争点になる場合は，嘘を言うことが起訴された罪の一要素となる場合に限定されると判示した。しかし，この点の誤りは，有罪破棄の理由とはならないとした。控訴院は，自ら，模範的な説示案を示している。それは，次のとおりである。

　　「陪審員の皆さん。昔は，陪審は，Dの前科については告げられないのが通例でした。それは，そのような情報は，陪審にDに対する偏見を与え，陪審が，前科に必要以上の重きを置くことが心配されたからです。今日では，そのような証拠はしばしば許容されます。なぜなら，Dが，本件をその性格から外れて行なったのか，又は，前と同じように行動したのかを知りたいというのももっともと考えられるからです。もちろん，Dの前科は，単なる背景に過ぎません。前科は，Dが本件の事件を行なったかどうかについては，何も言いません。重要なのは，本件に関係する証拠です。だから，Dの前科を聞いたことで，不当に偏見を持たないように注意して下さい。

　　本件では，皆さんは，Vの証言を聞いて，監禁と傷害の……という被害状況を聞きました。Dは，それは全部嘘で，Vのでっち上げであると言います。

　　あなた方は，Vの言うことが真実であると確信を持ったときに，Dを有罪とできます。それを検討するに当たり，Dが前のガールフレンド2名に対し，それぞれ本件と同様の暴力を振るって有罪になった事実を考慮することができます。検察は，前科は，Dがガールフレンドに暴力を振るう性向を有する

◇第3節◇　直接証拠の真実性を支持するための利用

ことを示し，そして，この性向は，同様にDから扱われたというVの証言を支持すると主張します。一方，Dは，過去に何をしようと，Vの証言はでっち上げであると言います。Vが真実を述べているかどうかを決定するに当たり，Dの前科が助けとなるか，なるとして，どの程度そうであるかを決定することは，陪審の皆さんに委ねられています」(211)

上記のあるべき説示において，控訴院は，Dの犯罪性向からの性向推認には，特に言及していない。そして，ガールフレンドに暴行する性向を，Vの証言の真実性を判断するに当たって考慮することができると述べているが，その性向をDの証言の真実性判断に使ってよいと述べることは避けている(212)。

(b) *McKenzie* [2008] EWCA Crim 758 (第4章第6節(a)参照)

Dは，危険運転致死罪で起訴された。不注意運転で有罪答弁をしたが，危険運転は否認した。目撃証人はDを含め3人であり，D以外は，D車（フォード）の後続車（三菱）の運転者A及び三菱の後続車（セアト）の運転者Bである。証人A，Bは，いずれも，Dが交差点で，ウィンカーを出さず，ブレーキもかけないで，右折し，対向するV（出勤途上の警察官）運転のバイクの進路に入り，バイクと衝突したと証言した。他方，Dの証言は，よく見て右折した，バイクが来る前に安全に右折できると思っていたが，右折中にバイクがぶつかったというものである。現場の科学的捜査結果は，Dの主張の不可能性を明らかにしていた。2人の目撃者の目撃位置は，ベストポジションであって，検察の証拠は，非常に強いものであったが，検察は，Dの過去の悪い運転の性向を立証するため10人を下らない証人を申請した。そのうちの2人が取り調べられた。Dは有罪となった。

控訴院は，まず，以前の不品行については，それが有罪となっていなければ，その認定のために，起訴された事実の審理に加えて，副次的な争点の審理が必要となる。そうすることは，審理に時間と費用がプラスされるだけではなく，陪審が決定すべき争点が複雑となり，最重要な争点から焦点をそらす危険がある，と一般的な注意をしている。その上で，運転指導員の証言は，5年前にレッ

---

(211)　*R v Campbell* [2007] EWCA Crim 1472, para. 44.

◆第7章◆ 控訴院判決の分析その一（複数訴因間の利用を除く）

スンした時の非常に一般的な評価であり，危険な運転の具体例は1件であることなどの理由で許容されるべきでなかったと判断した。しかし，元のガールフレンドの証言は，具体的で，その体験回数も多数であり，体験した期間は，本件の3年前までであり，許容される。その証言は，Dが，危険なリスクを生じ

---

(212) 103条(1)項(b)号については，本研究のテーマからはずれるが，本文で述べたように，103条(1)項(a)号の規定と関係する場合があるので，以下，103条(1)項(b)号が規定する不真実の性向（嘘を言う性向）について，便宜，この箇所で，少し説明をしたい。

まず，*Hanson* 判決は，前述のとおり，103条(1)項(b)号の解釈に関して解説をしている（第4章第5節(2)(g)参照）。

次に，103条(1)項(b)号の規定の適用場面の理解のために，それが適用された，一つの事例を紹介する。

R v Ellis［2010］EWCA Crim 163

Dは，自動車を運転中，警察官に止められ，車内から，警棒，手錠及び手製の警察官身分証明書が発見され，警棒が攻撃的武器に当たるとされて，公共の場所において合理的な理由なく攻撃的武器を所持した罪で起訴され，有罪となった。Dは，警察官に対し，最初，警棒は，警察官である友人が置いていったものと思うと供述したが，後に，これが嘘であることを認め，しかし，もう使わないので，警棒等を駅のゴミ入れに捨てに行く途中であったと述べた。検察の主張は，この2番目の説明（公判でも同じ説明をした）は信用できないというものである。検察は，1番目の説明を嘘と自認した事実及び次の悪性格証拠に依拠した。その悪性格証拠とは，Dは，実際は働いていないのに，虚偽のタイム・カードを提出して働いたように見せかけ，給付を取得した罪及びその際，署名を偽造した罪で有罪となった前科である。その事件の警察の取調べでは，当初，実際，働いていたと説明したが，その後，有罪であることを認め，事実上，最初の説明が不真実であることを認めた。検察は，この悪性格証拠を，101条(1)項(d)号，103条(1)項(b)号に基づき，不真実の性向を示すものとして，証拠請求した。証拠の許容性については，問題となっていない。控訴理由では，説示の問題点が指摘され，控訴院は，以前にDが不真実であった事実だけから，本件で，Dが不真実であると認めるべきではないという警告をしていない問題はあるが，以前の不真実が，本件でDが不真実であるかどうかの争点に関連性があることを適切に説示しているから，結局，有罪破棄に至るような問題ではないとしている。本件における理由付けは，本件の取調べで，最初に嘘の弁解をした事実（これは，悪性格証拠に該当しない。CJA2003 98条(b)号の例外に該当するからである）及び前科の犯罪事実自体，さらには，前科の事件でも，警察官の取調べに嘘の弁解をした事実から，Dの不真実を述べる性向が認定され，これに状況証拠が加わり，本件における警棒所持に対する2番目の説明が不真実と推認され，その結果，攻撃的武器所持罪の要件である，正当な理由がないことが証明されるというものである。

122

◇第3節◇　直接証拠の真実性を支持するための利用

させる攻撃的かつ性急な方法で運転する性向を有することを証明し得ると判断された。その証拠は，当事者間の重要な争点，すなわち，本件死亡事故について，検察の主張が採用されるべきか否かの問題に関連性がある。控訴院は，裁判官の説示の中に，悪性格証拠使用の際に留意すべき警告が万全でないなどの問題があると指摘した上で，本件の悪性格証拠は，陪審が，本件死亡事故時のDの運転に関する直接証拠（2人の目撃者の証言）の信用性を評価するときに考慮してよい背景資料（background material）であると述べる。控訴は棄却された。

　Dの危険な運転をする性向を，直接証拠の信用性評価において考慮してよい背景資料であることを明確に述べた判例である。そうすると，危険なリスクを生じさせる攻撃的かつ性急な方法で運転をする性向から，直接に，本件においても危険な運転をしたことを性向推認することを許容するものではないと解される。

(c) *Cundell*［2009］EWCA Crim 2072

　直接証拠は，被教唆者Aの証言である。Dは，元の妻Vの殺害を仲間の受刑者Aに教唆した罪で有罪となった。Dは，V（当時，離婚手続中の妻）の殺害を教唆した前科を有し，その罪で受刑中であった。この前科が許容された。101条(1)項(a)号の同意によるものである。起訴された事実の背景に関連があることが同意された。裁判官は説示で，陪審に対し，この犯罪（妻の殺害を追求すること）を犯す性向があると認めたら，それを，有罪・無罪の判断に使用してよいと述べた。性向推認を許容する趣旨と解される。

　控訴院は，これを是認した。他の証拠は，多数ある。まず，直接証拠である被教唆者Aの証言があり，これを支える刑務所職員の証言，他の受刑者の警察官に対する供述書などがある。Dの証言は，教唆した事実を否認するものである。

　妻の殺害を追求する性向は，特別なものであって，同じ妻に対する犯行であることから，本件では性向推認が果たす役割は，相当程度あるものと解される。しかし，性向推認としての使用ではなく，動機を認定する証拠ととらえることもできるであろう[213]。また，上記性向は，直接証拠である被教唆者の証言の

◆ 第7章 ◆ 控訴院判決の分析その一（複数訴因間の利用を除く）

真実性を支持する効果を持つと思われる。

(2) 分析の小括

　本節で述べた犯罪行為の相手方（V），犯罪の目撃者，被教唆者などの直接証拠の真実性・信用性の評価にＤの類似事実ないしはこれから認められる性向を使用してよいとすることは，事実認定者に有力な助けとなる。それが，陪審であれ，裁判官であれ，Ｄが有罪であることを直接証言する証拠と，これを否定するＤの供述が対立している場合，そのどちらに軍配を挙げるべきか，相当に困難な任務であることがある。そのような場合，Ｄの類似事実及びそれから認められる性向の存在は，どちらが真実であるかを的確に判断する上で，有益な資料となり得る。

　Campbell 判決，*McKenzie* 判決では，明らかに，類似事実証拠から一定の性向を認定した上，その性向を直接証拠の信用性評価に用いてよいとしている。*Cundell* 判決は，性向推認を許容したものと解されるが，状況証拠（動機）としての使用や直接証拠の真実性支持としての役割も考えられる。

◆ 第4節 ◆ 　正当防衛の防御の反証のための利用

(1) 判決の分析

(a) *Duggan* ［2005］EWCA Crim 1813（*Edwards* との併合判決）

　Ｄは，パブ内で，重大な傷害を負わせる目的で傷害を負わせた罪で有罪となった。検察の主張は，Ｄは，故意にＶの顔を殴打し，そのため，Ｖは防衛のた

---

(213)　東京地判平成6年3月31日判例タイムズ849号165頁は，妻に対する殺人の共謀共同正犯事件（ロス疑惑銃撃事件）につき，その約3か月前に行なった同じ妻に対する殺人未遂の共謀共同正犯事件（殴打事件）を間接事実の一つとして使用し，有罪認定している。控訴審の東京高判平成10年7月1日判例タイムズ999号102頁は，有罪を破棄し，無罪を言い渡した。その中で，殴打事件の存在を認めたが，それが持つ推定力に一定の限界がある旨を述べている。

◇ 第4節 ◇ 正当防衛の防御の反証のための利用

め両手を上げ，そこで，Dはガラス製の物体をVに突き出した，その結果，V
は指に裂傷を負ったというものである。Dの主張は，VがコップをDの顔に
突き出したので，防衛のため手を上げたとき，持っていたボトルがコップと衝
突した，そのためVの手に傷害が発生した，Dの腕は，うっかりしてVの顔
に当たり，そこに打撲傷ができたというものである。中心的争点は，正当防衛
であり，どちらが攻撃者であったかである。他の証拠として，被害を受けた状
況を述べるVの証言があり，傍にいた者のこれを裏付ける内容の証言がある。
Dは，上記主張と同旨の証言をした。裁判官は，Dの1998年の暴行，窃盗によ
る前科，2003年の公共秩序違反罪による前科及び本件の暴行の直後に犯した人
種差別的公共秩序違反罪に対する有罪答弁による前科を悪性格証拠として許容
した。裁判官は，暴力行為，騒動を起こしたことは，正当防衛の争点につき関
連性がある，それらは，人を攻撃するという明確なパターンを示すから，その
ような性向を証明するために許容されると判断した。

　控訴院は，裁判官のこの許容判断を是認し，説示に対する批判にも理由はな
いとした。

　控訴院は，裁判官の許容判断を是認するだけで，特に推認過程の説明はして
いない。要するに，前科から人を攻撃するという性向が証明されれば，正当防
衛の防御は排斥されるということであろう。他の証拠との関係では，そのよう
な性向の存在によって，Vの証言の真実性が支持され，Dの証言が信用できな
いことになるであろう。

(b) *Ngyuen* ［2008］EWCA Crim 585
(ⅰ) パブの便所内において，Vの首の側面をビール・グラスで殴打し，出血
させ殺害したという殺人の起訴である。18日前に，別のパブで，ワイン・グラ
スを割り，グラスの脚を振り回して，3人に切り傷を与えた事件（検察は，こ
の事件を起訴しないで，本件で，起訴された罪と同種の罪を犯す性向がある証拠と
して利用することにした）が，(d)の入り口で許容された。Dの防御は，正当防
衛であった。裁判官は，前の事件が，(1)Dが，起訴された罪と同種の罪を犯す
性向を有するかどうか，(2)Dが，Vを殺害する意図又はVに重大な身体傷害
を与える意図を有していたかどうかに関連性があると判断した。また，許容す

125

◆ 第7章 ◆ 控訴院判決の分析その一（複数訴因間の利用を除く）

ることが不公正であるとは言えないとした。説示においては，陪審に対して，もし，前の事件（1件だけであるが）から，Ｄが割ったグラスを故意かつ違法に武器として使う性向があると確信したら，その性向が，Ｄが殺人で有罪である（故意の点では，少なくとも，重大な身体的危害を現実に与える意図を持つとされることにより）蓋然性をより高めるかどうかについて検討することができると説示した。Ｄは殺人罪で有罪となった。

　控訴院は，裁判官の許容性判断を是認した。控訴審の弁護人は，二つの事件の違いは大きいと主張したが，控訴院は，二つの事件は，僅か18日の間隔で発生したこと，両方の事件とも，Ｄがパブにおいて1人で飲んでいて，各Ｖとの間で口論になった後に起きたという共通性がある事実などを指摘した上で，前の事件は，Ｄが起訴された事件と同種の罪を犯す性向を有するかどうかに関して関連性があるとした裁判官の判断を正当であるとした。許容することが不公正であるとの控訴理由も排斥した。

　他の証拠としては，検察の主張を裏付ける内容の，すなわち，ＤがＶの首をグラスで殴打したもので，その直前に，ＶがＤの顔にグラスを突き出した事実はなかった旨を証言した目撃証人Ａがいるほか，別の目撃証人Ｂが，ＤがＶの首をコップで殴打したと証言した。

　Ｄの防御は正当防衛であったが，控訴院の判断は，前の事件は，Ｄが起訴された事件と同種の罪を犯す性向を有するかどうかに関して関連性があると述べるのみである。正当防衛の防御との関係で推認過程を説明していない。殺人罪（特に故意に関して）を認定するための性向推認を許容する趣旨であると解される。

(ⅱ) 性向立証のための証明水準について

　Ngyuen 判決の場合は，起訴された罪と同種の犯罪を犯す性向を立証するために，類似事実1件が請求された。裁判官は，その類似事実を性向立証のために使用するためには，その事実は，刑事上の基準まで証明されるべき旨を陪審に説示した。

　性向の認定に刑事上の証明が必要か。この問題に答えたのが，最高裁の *Mitchell* 判決（第4章第6節(e)，第5章第1節(2)(g)参照）である。以下のように述べる。本件において，控訴院は，性向を証明するための個々の事件は，刑事

126

◇ 第4節 ◇ 正当防衛の防御の反証のための利用

上の基準まで証明されるべきであるとする趣旨だが，賛成できない。この点に関する正しい問いは，陪審が，性向が立証されたと確信できるかどうかである。性向の存在が合理的疑いを超えて証明されたかどうかを決定するためには，全証拠を全体として考慮して評価すべきであり，個々の事件の証拠を分離して検討すべきではない。性向についての証拠を，全体として考慮すべき理由は，二つある。一つ目は，Dに対する多くの類似の出来事が虚偽であるということは，ありそうにもないことが，性向の証明に影響を与える。二つ目は，様々な出来事の明白な類似性が，各出来事の証明に相互補強となる。その上で，現行の裁判官の手引きについて，陪審は，性向を証明する各出来事が事実であることに確信を持って始めて，それを考慮し得る趣旨に解される説示の見本が含まれているから，それは，誤解を招くものとした。その結果，2017年2月に，裁判官の手引きが改訂された[214]。

(c) *Lafayette* ［2008］EWCA Crim 3238（第5章第1節(2)(e)参照）

Dは，麻薬を買いに来たVを，戸口で，キッチンナイフで刺して殺害したという殺人罪で有罪となった。誰がナイフを出したかが争点である。Dは，Vがナイフを出したので，Vのナイフを持つ手をつかんだら，ナイフが偶然Vの身体に刺さったと，正当防衛を主張した。検察は，Dの攻撃的暴力犯罪を犯す性向を立証する目的で，1985年のショットガンで男を撃ち，傷害を負わせた事実による前科を，入り口(d)により請求した。先にDの証人尋問が行われ，主尋問で，D自ら，その前科及び2003年の器物損壊（窓の損壊）の前科等を認めた。よって，それらは，入り口(b)により許容された。検察は，この器物損壊の前科の事件の機会に，小型ナイフを出し，警察に電話したら，喉をかき切るとパートナーを脅した旨を供述する，パートナーの警察官に対する供述書を悪性格証拠として請求した。裁判官は，この証拠を，(d)(f)(g)の入り口に該当するとして採用した。しかし，控訴院は，小型ナイフを出し，パートナーを脅した事実が，性向立証，すなわち，起訴された殺人罪と同種の罪を犯す性向がある

---

(214) *Bench Book*, ch. 12-6, Legal Summary para. 5 に *Mitchell* 判決の関係部分が引用されている。

◆ 第 7 章 ◆　控訴院判決の分析その一（複数訴因間の利用を除く）

との立証に使うことはできないとした。そうすると，入り口(g)に該当すること
は問題ないから，入り口(g)による悪性格証拠を，性向証拠として使用できるか
という問題が生じる。入り口(d)(g)両方で許容されれば，性向証拠として扱って
問題ない。しかし，入り口(g)で許容されるが，入り口(d)で許容されない場合は，
どう考えるべきか。事件についてのＤの説明を信じてよいかどうかを判断す
るときにＤの前科を考慮に入れることと，性向を証明するために前科を使用
することを，区別すべきことを法は要求する。したがって，入り口(g)で許容さ
れ，入り口(d)で許容されなかった本件の場合，裁判官は，攻撃を受けたから，
防衛のために行ったというＤの説明を信じてよいかどうかを決めるときにの
み考慮してよいと説示することが望ましい。本件の説示に完全でない点はある
が，その全体を考慮すると，有罪破棄にまでは至らないとし，控訴を棄却した。
　結局，本件では，以前にナイフを出し，パートナーを脅した事実を，入り口
(g)により，正当防衛であるとのＤの供述の信用性を検討するに当たって用い
てよいとされた事例である（第 5 章第 2 節参照）。正当防衛の防御が主張された
場合，類似事実証拠によって，防御の主張に沿うＤの供述の信用性を弾劾し，
間接的に，有罪認定に役立てる構成である。
　なお，他の証拠として，状況証拠（事件後，Ｄは，すぐに，パートナーととも
に，現場から逃走し，道路の溝にナイフを投棄したことなど）が存在することが，
控訴院判決で指摘されている。

(d) *Bowman* ［2014］EWCA Crim 716

　D₁，D₂及び第三の男は，ロンドンから車で，西ヨークシャーのＡの家に至
り，その中に入り，そこで発砲があり，その後，けん銃を手にしたD₁及びD₂
らは外に出て，車に乗り，D₁が，Ｂが運転する車に発砲したという事実関係で
ある。D₁及びD₂は，Ａに対する殺人未遂罪の訴因では無罪となったが，生命
に危険を与える目的で銃器を所持した罪などで有罪となった。乗り捨てられた
車から，D₁の指紋が付いたホルスターが発見され，車付近からけん銃が発見さ
れた。D₁は，家の中で，Ａの腰のホルスターにけん銃が見えたので，それら
をＡから取ろうとしてもみ合いになり，けん銃が発射された旨，公判で証言
した。Ａは，警察で供述しなかったし，証人として出廷しなかった。D₂は，D₁

◇ 第 4 節 ◇　　正当防衛の防御の反証のための利用

らと同行中けん銃に気付かなかった，家の中で争いがあり，その際，発砲があり，道路でも発砲があった旨の供述書を提出したが，法廷では，証言しなかった。弁護側は，A 及び B の悪性格証拠に依拠した。A は多くの前科を有するが，銃器犯罪の前科はなかった。

　D₁及び D₂のそれぞれの銃器犯罪の前科が請求された。以下，D₁についてのみ説明する。D₁の前科は，22 年くらい前の前科で，銃器を所持して乱闘することなどの共謀罪であった。裁判官が陪審に説明した重要な争点は，D₁が，ロンドンからけん銃を携帯して A の家に入ったのか，家の中で，A のけん銃が見えたので，D₁が，それを A から取り上げたのか，である。正当防衛の防御と類似の構造と言えよう。D₁の前科は，犯罪を実行するときに銃器を使用する性向を証明し，この性向が，上記の争点に関連性があると，裁判官は説示し，以上を，控訴院も是認したものである。特に，推認過程は示されていないが，その性向から，ロンドンからけん銃を携帯して来た蓋然性を高めるという，性向推認を許容するものであろう。

　他の証拠との関係では，ロンドンから持参したことを示す状況証拠の証明力を高め，逆に，A の家で A から取り上げた旨を言う D₁の証言は信用できないという働きをするものである。なお，控訴院は，D₁の前科が 1 件で，かつ，古いものであるが，これを許容した裁判官の判断を是認した[215]。

(e) *Cox*［2014］EWCA Crim 804（第 4 章第 6 節(b)参照）

　D（女）は，飲み仲間の V（男）をナイフで刺して殺害したとして起訴された。D は，ナイフで刺したことは認めるが，それは正当防衛であると主張した。V から首を強くつかまれ，壁に押し付けられたので，ナイフで刺したという内容

---

(215)　本判決は，危険運転罪の起訴で，1 件の危険運転罪の前科（10 年近く前の）を許容した裁判官の判断を是認した *R v Brown*［2012］EWCA Crim 773 及び，強姦罪の起訴で，1 件の強姦罪の前科を許容した裁判官の判断を是認した *R v Burdess*［2014］EWCA Crim 270 を引用する。いずれの判決も，起訴された罪と前科の罪との状況が，特徴を共通にすることを強調している。逆に，本判決は，1 件のみで，しかも，20 年くらい前の前科を許容した裁判官の判断を誤りとした *R v M*［2006］EWCA Crim 3408 をも引用している。

129

◆第7章◆　控訴院判決の分析その一（複数訴因間の利用を除く）

である。一方で，キッチンからナイフを持ち出したことは認めている。Dの悪性格証拠として，三つの事件が，(g)の入り口及び(d)の入り口で請求された。(g)の入り口による許容は，Dが，正当防衛の防御及び供述をすることにより，死亡したVの性格に対する攻撃を行ったことになるから，許容されることに問題はない。以下，(d)の入り口に関して説明する。1件目は，ナイフで刺して重大な傷害を負わせた罪による前科である。その状況は，Dの説明によると，飲んだ後，友人から暴行を受けたので，帰宅したが，その友人が来てドアをたたき，ドアを開けると首をつかんだから，ナイフで繰り返し刺して傷害を負わせたというものである。2件目は，脅迫的言動罪と攻撃的武器（ナイフ）の所持罪による前科である。パブで騒いだので退去を求められ，キッチンナイフを出し，パブの経営者を刺すと脅したという事実である。3件目は，秩序を乱したことにより誓約させられたもので，事案は，Dが隣人と争いになり，「喉をかき切ってやる」と言いつつ，ナイフを取ってこようとしたというものである。裁判官は，以下のように述べて，3件の悪性格証拠を許容した。3件の事件は，Dが，飲酒し，他人と争いにあるときに，違法な目的でナイフを取り出し，又は取り出そうとする傾向があることを証明する能力がある。そして，その傾向は，Dが，本件の致命的な刺傷行為の前にナイフを取ってきたとき，Dが防衛的意図を有していたか，又は，攻撃的意図を有していたかの争点に関連がある。許容が，手続きの公正に害を与えることはないし，許容することによる副次的訴訟の弊害もないとした。裁判官は，説示において，Dの主張は，Vが攻撃者であり，Dは，これに対して防衛行為を行ったというものであるから，そのようなDの説明が真実であるかどうかを決定するときに，陪審は，Dの類似事実を考慮することができると説明した。

　控訴院は，3件の事件は，ナイフの使用又はナイフ使用の意欲を示しており，これが累積すると，Dは，怒ったとき，他人に対し，ナイフを違法かつ攻撃的に使用する性向があることを証明する力があるとしている。したがって，悪性格証拠は，本件の争点に関連性があるとした。控訴院は，裁判官の許容決定を是認し，裁判官の説示も是認したものと解される。加えて，控訴院は，本件における有罪の証拠が強力であると述べた。本件では，Vが死亡しており，第三者の目撃証言もない。もっとも，現場には，当時，Vの友人(男)がいて一緒に

◇ 第 5 節 ◇　認識，故意の認定のための利用

飲食していたが，刺した行為時には，席をはずしていたと証言しつつ，その夜，DとVとの間には口論はなかった旨を証言した。Dが犯行後間もない時期に警察官に対して発言した内容は，積極的にVを殺害する意欲を示すものであった。加えて，Dの警察に提出した供述書と公判における証言の間に多くの相違点があった。他方で，弁護側は，Vの悪性格証拠，すなわち，元のパートナーに対して暴行を加えた前科を提出した。

　3件の類似事実証拠から，怒ったとき，他人に対し，ナイフを違法かつ攻撃的に使用するDの性向を認定し，これを，起訴された事件当時，Dが，攻撃的意図を有していたか，防衛的意図を有していたかの判断に使用してよい，すなわち，Dの防御に沿うDの説明が真実であるかどうかの判断に考慮してよいとされた事例である。

(2)　分析の小括

　正当防衛の防御がされた場合の類似事実の使われ方であるが，基本的には，類似事実から攻撃的性向を認定し，その性向を，いずれが攻撃者であったかの争点を判断するときに使用してよいとするものであるから，起訴された事件でDが攻撃的に行動したという限度で性向推認を許容するものである。その場合，他の証拠との関係では，攻撃者はDであったとするV及び目撃者らの証言を支持する働きをする。*Cox*判決では，裁判官は，正当防衛を主張するDの説明が真実であるかどうかを決定するときに，Dの類似事実を考慮してよいと説示した。

◆ 第 5 節 ◆　認識，故意の認定のための利用

(1)　偶然の一致排除理論による場合

　CJA2003下の判例ではないが，類似事実を認識，故意の認定に利用する場合の推認過程に関しては，コモン・ロー時代の*Francis*判決，*Mortimer*判決が参考となる。

◆ 第 7 章 ◆ 控訴院判決の分析その一（複数訴因間の利用を除く）

(a) 判決の分析

(i) *Francis* 判決[216]（第 2 章第 1 節(1)参照）　質屋に対し，水晶の指輪を，ダイヤモンドの指輪と偽って金銭を騙し取ろうとしたが未遂に終わった事案である。被告人の防御方法は，それが水晶の指輪であることを知らなかったというものである。本件の 2 日前に，質屋から銀に金メッキした指輪を金の指輪と言って金銭を得た事件，同じ日に，2 軒の質屋で，ダイヤモンドの指輪と言ってダイヤモンドでない指輪を示して金銭を得ようとしたがいずれも未遂に終わった事件の証拠が許容された。犯罪であることの認識を証明する目的である。同判決は，人が同じような行動を取っている場合，それは，人が錯誤の下に行動していないとの推定が働くからである。決定的ではないにしても，1 回限りの場合より，しばしばそうしていれば，錯誤の可能性は減少する，と説明する[217]。

(ii) *Mortimer* 判決[218]　自動車を自転車に乗っていた女性にぶつけて殺害した事案。前日 2 回にわたり，それから当日の本件後，いずれも自転車に乗っていた女性（合計 3 人）に自動車をぶつけた事実が許容された。本件における争点である殺意を立証するために必要であると判示された。しかし，*Francis* 判決のように，偶然の一致排除理論による説明がなされたわけではない。

(b) 分析の小括

以上二つの事件においては，他の質屋に持ち込んだ指輪がダイヤモンドでなく，又は，金でないことの認識があったことが，既に立証されているものでないし，他の 3 人の女性に対し，殺意を持って自動車を衝突させたことが，既に立証されたものではないから，性向推認が働く場合ではない。これらの判決では，起訴された事実と他の類似事実が併せて考慮されて，本件における認識，意図が証明されている。短期間に本件以外にも 3 件，ダイヤモンドや金でない指輪を，ダイヤモンドであり，金であると申告して質屋に持ち込んだ事実，あるいは，短期間に本件以外にも 3 人の女性が乗る自転車に自己が運転する自動

---

(216) 　*R v Francis* (1874) LR 2 CCR 128.

(217) 　*Archbold, supra* note 149 at §13-47 参照。

(218) 　*R v Mortimer* (1936) 25 Cr App R 150.

◇ 第5節 ◇ 認識，故意の認定のための利用

車を衝突させた事実の累積から，常識から考えて，Dは，いずれの事件でも，真実，指輪が，ダイヤモンドでなく，金でない事実を認識していたであろうこと，あるいは，いずれの事件でも，自動車を殺意を持って（少なくとも重大な身体傷害を負わせる意図で）女性の自転車に衝突させたであろうことを推認するものである。

アメリカのレナードは，客観的不可能性原理（偶然の一致排除理論）を，余罪と起訴された事実とのコンビネーションととらえ，盗品所持の場合の盗品であることの認識立証の場面で，次のように説明する。「客観的不可能性原理は，禁止された性向に基づく論理を回避するため，現行法で許容される。それは，行為者の個人的性格ではなく，外部的状況それ自体から導かれる論理的推認である。この推認は，非公式の可能性理由付けに基づくもので，公式の統計的証明を要求しない論理の一種である。陪審の，直感と経験則に基礎を置く可能性に関する主観的評価である。そのため，一定の状況下で，起訴されていない事件と起訴された事件が，犯意がないことは高度にありえないという常識によって推定する一種の直感的理由付けである。…このような意味での客観的不可能性原理は，判例・学説によって広く受け入れられている」と言う[219]。ウィグモアも，「盗品を持っている事件が多ければ多いほど，起訴された盗品所持が無実ということは，ありえない。認識を個別に立証する問題ではなく，認識がないことは不可能であるという問題である」と説明していた[220]。

(2) 麻薬であることの認識

次の2件の判例では，麻薬であることの認識も争われているが，起訴された犯罪行為自体を争っているので，認識に特化した判断はされていない。

(a) 判決の分析
(i) *Koc* ［2008］EWCA Crim 77

---

(219) Leonard, *supra* note 95 at 392, 393.
(220) Wigmore, *supra* note 163. at 414 note 45.

◆ 第7章 ◆ 控訴院判決の分析その一（複数訴因間の利用を除く）

D₁及び D₂は，ヘロイン譲渡の共謀罪（事件は，2004年）で起訴され，有罪となった。関係者から多量のヘロイン（合計30kg 以上）が押収された。D₁及び D₂の防御は，違法なビジネスをしていたことは認めるが，取り扱い物は，麻薬ではなく，コピー商品であったというものである。D₁の譲渡目的によるヘロイン所持（２kg 弱）の前科（犯行が2000年）１件，D₂の譲渡目的によるヘロイン247gの所持の前科（有罪となったのが2001年）が，それぞれ許容された。本件の<u>争点は，D₁及び D₂がヘロイン取引の仲間であるか，あるいはコピー商品による詐欺に関与しているか</u>である。各前科は，<u>起訴された罪を犯す性向を立証する</u>ために許容された。控訴院は，D₂の控訴理由に対する判断において，「<u>同じ薬物を大規模に最近取り扱っている証拠は，ヘロインを取り扱うという起訴された罪を犯す性向を立証し得る</u>」と判断している。前科は，１件だけであるが，それは最近のものであり，薬物は同じヘロインであり，量も相当に多量であったことが，重要視された。

本件では，各前科から，本件において取り扱い物が麻薬であることの認識を立証するという経路ではなく，同じ麻薬の譲渡目的所持の前科から，起訴された麻薬であるヘロインを取り扱う罪を犯す性向を立証し，性向推認を許容したものである。同時に，取り扱い物は，麻薬ではなく，コピー商品であるとする D₁及び D₂の防御を排斥する役割を果たしている。他の証拠として，上記のとおり関係者から押収された多量のヘロインのほか，電話盗聴記録があった。

(ⅱ) *Elliott*［2010］EWCA Crim 2378（後記(3)(a)(ⅳ)参照）

D は，コカインの販売目的所持罪で有罪とされた。D のアパートの捜索により，D の上着のポケット内及びアパート入口ドアの外の物置棚にあった旅行カバン内からコカイン（規制薬物クラス A に該当する）合計約60グラムが発見された。D は，公判で，コカインの認識又は所持を否認した。D の規制薬物クラス A の販売目的所持罪の前科２件が許容された。控訴審では，この許容決定は，争われていない。他の証拠は，捜索時に，上着のポケットのコカインについて，D は，自分の物と自認したこと，旅行カバンからは，D 宛の手紙が発見されたこと，両方のコカインは，化学分析が類似しており，共通の源に由来することを強く支持すること，であり，相当強力である。所持自体を否認してい

134

◇第5節◇　認識，故意の認定のための利用

るから，認識に特化した判示はされていない。麻薬犯罪に関与する暴力的ギャングのメンバーである事実については，後記(3)(iv)で別途述べる。

　(b) 分析の小括
　いずれの事例も，同種の類似前科から起訴された罪を犯す性向を認定し，その性向から，起訴された罪を犯した蓋然性を高めるという性向推認を許容するものと解される。いずれも，状況証拠が強力と言える事案であった。麻薬譲渡等に関係する犯罪は，前記の窃盗・強盗，子どもに対する性的暴行罪と並んで，性向推認に適した犯罪類型と言えよう。

(3)　銃器，ナイフが存在することの認識

　(a) 判決の分析
　(ⅰ) *Smith*［2008］EWCA Crim 1342
　11人の男がナイトクラブに押し入ろうとしたが，ドアマンに阻止され，逃走途中に，うち2人の男がけん銃を13発発射し，4台の車に分乗し逃走した。その結果，ドアマン1人死亡，3人受傷した事件で，殺人，殺人未遂により6人が起訴されて有罪となった。その1人であるDの1997年の前科が許容された。その内容は，けん銃を含む銃器による殺人未遂及び5個の銃器の所持，加えて，強盗の共謀罪である。
　許容された前科につき，控訴院は，Dの前科は，本件当時，グループがけん銃を携帯し，それを発射する意図を有していたことを，Dが認識していたことを支持するだけではなく，Dがけん銃発射の現場にグループの一員として，存在したことを証言する同定証言を支持する旨を判示した（同定証言の支持の判例は，第6節においてまとめて述べるが，本事件については，第6節であらためて述べない）。加えて，Dは，事件の約3か月後，逮捕された時，防弾チョッキを着用していたところ，裁判官が，これを証拠として許容したことにつき，控訴院は，そのような装備の所持は，「銃器への関与」が本件後も継続していることを証明すると述べ，これは，前科によって示された，銃器を装備した人間と行動を共にするDの性向を補強すると述べている。Dの上記性向からDの

135

◆ 第7章 ◆ 控訴院判決の分析その一（複数訴因間の利用を除く）

認識を性向推認することを許容するものであろうか。一方で，「銃器への関与」
についても言及する。

　なお，同定証言の支持の点に関するが，裁判官は，許容決定において，<u>その
ような前科を有する者が，そのようなグループの中に存在することは，単なる
偶然の一致以上のものであると陪審は見ることができる</u>と述べていた。これは，
同定証言の支持につき，偶然の一致排除理論からの説明をしたものである。

(ii) *Jordan* ［2009］EWCA Crim 953

　D は，強盗を犯す意図でけん銃を所持した罪で有罪となった。D の銃器所持
の前科 1 件及び強盗の前科 1 件の前科が許容された（いずれもアメリカにおいて
有罪となったもので，犯罪状況の詳細は不明である）。本件の状況は，偽造ナンバー
プレートが付けられた盗難車が駐車しており，中に 3 人の男がいた。D は，最
後列に座っており，警察官が近付くと，D は，見られないようにかがみ，反対
側ドアから逃げようとした。D が座っていた座席の下からけん銃が発見された
ほか，そばにはケーブル線があった。全員が手袋を所持していた。D の防御は，
車の中にいたのは，偶然であり，潔白な乗客であるというものである。<u>検察は，
前科を請求するのは，性向立証のためではなく，けん銃のそばに D がいたこ
とに対し，D が潔白であると説明したことに反証するため</u>としていた。しかし，
<u>裁判官は，性向証拠として許容し，そのように説示した</u>。控訴理由は，それが
誤りであると言うものである。

　控訴院は，本件での重要な争点の一つは，D が車の中に銃器のあることを知っ
ていたかどうかである。検察は，D が言う潔白な関係又は偶然の一致の主張に
反証するために前科を請求したものである。これは，旧法下においても許容さ
れたが，<u>新法でも，偶然の一致のあり得ないことは，関連性を持つ</u>（後記 *Chopra*
判決（第 8 章第 2 節(1)(a)）引用）。裁判官が，性向立証のために前科を許容し，
それを基に陪審に説示したことは事実である。しかし，本件の事実関係の下で
は，性向，偶然の一致そして潔白な関係の問題は，密接に関係しており，裁判
官が実際，与えた説示は，与えるべきであった説示と似たり寄ったりである。
厳密に考えると，そこに差異があるかもしれないが，本件においては，陪審に
混乱はなかった。前科は，手続きにおいて，適切で，釣り合いの取れた役割を

◇第5節◇　認識，故意の認定のための利用

果たした。結局，有罪に問題はないとした。

　控訴院が，前科の利用は，性向立証ではなく，偶然の一致又は潔白な関係が
あり得ないことを立証するためであることを明確にした。しかし，悪性格証拠
であることに変りはなく，性向証拠の場合と同様な，使用に当たっての警告を
必要とする。悪性格証拠であるが，性向を立証し，次いで，性向推認を行う場
合ではないことを明確にした判例の一つである。

(iii) *RR*［2010］EWCA Crim 148

　D は，ストリート・ギャングのメンバーであるが，仲間と集まって，敵対す
るストリート・ギャングに復讐する計画を立て，意図して他人に重大な傷害を
与えることを共謀し，メンバーが武器（少なくとも 1 丁のナイフ）を携帯し，仲
間と行進するなどして暴力的騒動を起こした事実で，暴力的騒動罪の訴因及び
意図して他人に重大な傷害を与えることを共謀した罪の訴因で有罪となった。
D は，現場では，単に見ていただけで，途中で逃げたと主張した。D の 2 件の
強盗の前科が許容された。いずれも，若い共犯者と共に犯した犯行で，若者に
対してナイフを振り回すなどして，携帯電話，あるいは，自転車を奪ったとい
う事件である。

　控訴院は，裁判官の許容決定を是認した。D が，前科の各事件で，ナイフの
存在を知っていたことは，本件の二つの訴因との関係で，関連性がある。D が，
ナイフが使用され，あるいは，使用される可能性のある犯罪に参加する性向は，
D が本件で，ナイフが存在することを知っていたかどうかを決定するに当たり，
陪審が依拠することができる。

　控訴院は，性向から，起訴された事実においてナイフが存在したことの認識
の推認を認めたものと解される。しかし，後述の *Maina* 判決は，当該事案に
おいて，前科から性向推認をすることは適切でないとし，「ナイフとのかかわ
り」を経由した推認によるべきであることを明確に判示した。

(iv) *Elliott*［2010］EWCA Crim 2378（前記(2)(a)(ii)参照）

　D は，前記のコカイン販売目的所持のほか，アパート入口ドアの外の物置棚
から発見されたショットガン，けん銃の所持によっても起訴された。D は，コ

137

◆第7章◆　控訴院判決の分析その一（複数訴因間の利用を除く）

カインについても，銃器についても，その認識又は所持を否認した。裁判官は，麻薬犯罪及び銃器の携帯・使用に関与する暴力的ギャングのメンバーである事実を許容した。控訴院は，この悪性格証拠は，検察とＤとの間の重要な争点事項に関連性があると説明した。101条(3)項による排除の請求に対しては，暴力的ギャングのメンバーであることは，陪審が決定すべき中心的争点について陪審を助けること，メンバーである事実の認定は状況証拠によるが，本件では，そこに特別な複雑性はないこと，全体として，事件の証拠は強いものであること（Ｄのコカインの所持に関する証拠は強いところ，コカインを物置棚に置いた者は，銃器をも置いたであろうことが明らかに推認されること）などを指摘して，裁判官が排除しなかったことを支持した。

　推認過程については，控訴院判決からは明らかでないが，麻薬犯罪及び銃器の携帯・使用に関与する暴力的ギャングの一員であることから，コカイン及び銃器の所持罪を行った事実を性向推認したというより，そのようなギャングの一員であることから「麻薬及び銃器への関与」を推認し，これを経由して，Ｄのコカイン及び銃器の所持を推認するものと解することができようか[221]。

(v) *Maina*［2010］EWCA Crim 3228

　４人組で強盗を企て，うち１人が，店長から売上金を奪う前に，店長の首を突然ナイフで刺して殺害したという事件である（2008年３月に発生した）。Ｄは，強盗の共謀については，有罪答弁をした。殺人罪につき審理されたが，陪審は，殺人では無罪とし，故殺（manslaughter）で有罪とした。悪性格証拠は，Ｄが，2007年10月，他人に重大な傷害を与える意図でナイフを使用し，実際，重大な傷害を与え，それ以降，Ｄには，ナイフを携帯する習慣があったというものである[222]。裁判官は，これを許容した。Ｄがナイフを携帯し，使用する性向から，本件のような強盗（屈強な若者である店長から多額の現金を奪う）を実行するに当たり，他の者がナイフを携帯して使用するかもしれないことを予測した

────────────

　(221)　*Archbold, supra* note 149 at §13-49は，ギャングのメンバーである事実は，問題のコカイン及び銃器が，Ｄが主張するように，Ｄでない他人の物であるとの合理的可能性を排除することができるかどうかを陪審が検討するに当たり，助けとなると，分析する。

◇ 第 5 節 ◇　認識，故意の認定のための利用

であろうことを推認できるとする。裁判官は，本件を真の性向推認の事件ととらえたと，控訴院は言う。しかし，控訴院は，本件では，前科を性向推認のために用いることは適切でないとした。すなわち，Ｄの上記性向から必然的に，Ｄが，他人がナイフを携帯していることを認識していたことを証明することにはならないとした。しかしながら，次のように述べて，関連性を肯定し，結局，裁判官の許容決定を是認した。「Ｄのナイフとのかかわり」は，本件の店の強盗の計画は，必然的にナイフのような武器の携帯を伴うという検察の主張に力を与える証拠である。さらに，それは，他の共犯者がナイフを取り出し，故意で，重い傷害を与えるかもしれないという危険をＤが認識していたことに関連性があるとする。

　前科から性向を認定し，これを性向推認として用いるのではなく，前科事実から「Ｄのナイフとのかかわり」を認定し，これを介して，争点の「認識」を立証しようとするものである。前述の RR 判決と同様の類型の事案で，前科から性向推認をするものではなく，前科から認められる「Ｄのナイフとのかかわり」を介して「認識」を推認することを明確に判示した。そうすると，「銃器との関与」も同様に考えるべきことになろう。

(vi) *Nicholas*［2011］EWCA Crim 1175

　Ｄが，携帯電話により刑務所内から指揮して，実行犯（ガンマン）が，銃でＶを殺害した事件である（2006年4月に発生した）。携帯電話の通話記録の分析により，事件当夜における関係者間の連絡の事実，その関係者の通話地域が判明しており，これが主な証拠である。当初，Ｄは，当該携帯電話を使用したことを否定したが，最終的には，これを認めた上で，電話での会話は，刑務所内で売る大麻を取得することに関すると主張した。Ｄの銃器，実包の無許可所持の前科（2002年4月）が許容された。裁判官は，101条(1)項(d)号，103条(1)項(a)

---

(222)　2007年10月の事件（本件の数か月前）では，実際は，Ｖが死亡し，Ｄは，ナイフを使用して殺人罪を犯した事実により有罪となっている。しかし，殺人罪で有罪になったことは，陪審に提示されなかった。殺人の結果は，劇的に過ぎ，ナイフ携帯，使用の出来事を示せば十分であるのに，それ以上の弊害をもたらすからである。悪性格証拠が陪審に対し，偏見の害を与えることに対する対処方法の一つである。

◆ 第7章 ◆ 控訴院判決の分析その一（複数訴因間の利用を除く）

号に基づき，前科を，銃器を所持する性向を証明する証拠として許容した。控訴院は，前科は，性向証拠ではないとしても，Dと検察との間の重要な争点，すなわち，Dの銃器とのかかわり，特に，必要なときに用意できる銃器を所持し管理する人々とのかかわりと関連性があることにより許容されるとした。必ずしも103条(1)項(a)号に依拠しなくても，争点と関連性があれば，入り口(d)により許容されると述べた。101条(3)項の適用に関しては，本件の数年前に殺人用の銃器を携帯する人間と交際する経験があったことは，重要なことであるなどと述べて，排除を認めなかった裁判官の判断を是認した。裁判官の説示にも誤りはないとした。

　裁判官は，103条(1)項(a)号により，入り口(d)の争点との関連性を認めたから，性向証拠としての利用である。控訴院は，性向によらずに，入り口(d)の争点との関連性を認めた。*Maina* 判決の考え方と同様である。「Dの銃器とのかかわり，銃器を所持し管理する人間とのかかわり」を介して有罪認定に役立てるものである。通話記録及びその他の状況証拠と相まって，携帯電話による会話が，大麻の取得の件ではなく，Vを殺害する指示であったことを推認する構図であろう。

(b) 分析の小括

Smith 判決は，銃器に関して，*RR* 判決は，ナイフに関して，それぞれ，前科からDの性向を認定し，その性向からDの「認識」を性向推認していると解される。

　しかし，その後の *Maina* 判決及び *Nicholas* 判決は，ともに，裁判官が性向推認を許容したことを適切でないとし，前科から「ナイフとのかかわり」，「銃器とのかかわり，銃器を所持などする人々とのかかわり」を認定し，これを経由して，Dの有罪を認定することを許容する。「ナイフとのかかわり」，「銃器とのかかわり等」は，「認識（故意）」，「共謀（犯罪実行の指示）」の認定に状況証拠（間接事実）として働いているものと解される。

　Jordan 判決は，裁判官が前科を性向証拠として許容したのを訂正し，前科を偶然の一致又は潔白な関係があり得ないことを立証するために用いることを明確にした。

◇ 第6節 ◇　犯人の同一性認定のための利用（同定証言の正確性の支持ほか）

　Elliott 判決では，暴力的ギャングのメンバーである事実が，麻薬及び銃器の認識，所持を認定するための証拠として許容された。ギャングのメンバーである事実が，麻薬及び銃器とのかかわりを証明し，これが状況証拠（間接事実）として使用されたと解してよいであろう。あるいは，それは，他人の物であるという D の主張を排斥する役割を果たす。

◆ 第6節 ◆　犯人の同一性認定のための利用（同定証言の正確性の支持ほか）

(1)　判決の分析

(a) *Brima*［2006］EWCA Crim 408
　殺人罪の事件である。V は，路上で，腹を刺されて殺害された。争点は，犯人が D か，あるいは，別人かである。D は，証言しなかったが，その主張は，犯人は，X であるというものである。犯行目撃者 A が，証言し，犯人を D と同定した。D から犯人と名指された X は「D と会ったとき，D は，刺したことを認めた。D から袋を捨てるよう頼まれ，捨てた」旨を証言した。法医学的証拠（ごみ缶から発見された衣類を DNA 鑑定した結果は，V の血痕が着いたトレーニングウェアのズボンを日ごろはいていたのは，D である。ただし，X がそのズボンをはいた可能性を排除できないというものである）がある。検察は，D の2件の前科，その1件は，ナイフによる傷害罪，もう1件は，ナイフを相手の喉に突き付けての強盗罪，以上を，(d)の入り口で請求し，D が，ナイフで人を傷付け，又は，傷付けると脅して，暴力的犯罪を犯す性向があると主張した。裁判官は，検察の証拠は弱いものではない（*Hanson* 判決参照）から，許容することは不公正でないとした上，D の2件の前科を許容した。控訴院はこの裁判官の許容決定を是認した。推認過程は，控訴院判決で明示されていないが，検察の主張からすると，性向推認によるものと解される。一方，目撃者の同定証言の正確性の支持にも役立つパターンである。

141

◆第7章◆ 控訴院判決の分析その一（複数訴因間の利用を除く）

(b) *Isichei* ［2006］EWCA Crim 1815

傷害，強盗（銀行の自動支払機から200ポンドを引き出させて，これを奪ったもの）事件である。Ｖは２名（ともに大学１年の女性）である。V₁は，ビデオによる同定パレードにより，Ｄを２人の犯人のうちの１人と同定した。V₂は，Ｄを犯人の１人と同定できなかったが，バーとクラブにいた人は，パレードの中にいると証言している。他の証拠として，犯人は，V₁とV₂が，当夜，訪れたバー及びクラブで出会った黒人男性２人であり，クラブに行く前に同行していた白人男性が電話した相手の男がＤのファーストネームであったこと，銀行の防犯カメラの映像には，Ｄの外見と一致する黒人男性が写っていたことなどがある。Ｄの防御は，同定の誤りである。V₁及びV₂の各証言によれば，事件時，犯人の１人は，コカインの返還を要求した（あるいは，コカインが欲しいと言った）。裁判官は，Ｄのコカイン輸入罪の１個の前科を，強盗や暴行の犯罪を犯す性向ではなく，Ｄを犯人の１人として同定することに関連性があるとして許容した。前科は，Ｄをコカインに結び付けるので，<u>コカインに関心があるという意味で，本件と関連性を持つ</u>。説示の中で，Ｄがコカインに対して明らかに関係を持つことが，V₁の同定証言を支持し得ると説明した。控訴院は，以上を是認して，次のように説明した。<u>前科は，Ｄを，コカインに関心を持つ人々の特別なカテゴリーに入れ，そして，犯人の１人がコカインに言及した旨のV₁及びV₂の各証言を媒介にして，V₁の同定証言を支持するものである。</u>バガリック説的な理由付けをしつつ，同定証言の支持に結び付けている[223]。

(c) *Eastlake* ［2007］EWCA Crim 603

若者によるストリート・バイオレンスの事件である。D₁，D₂は，兄弟である。事件は，路上で，２人の犯人が，別のグループのメンバーのV₁とV₂に傷害を負わせたというものである。<u>別のグループのメンバーの１人が，D₁を犯人と同定し，他の１人が，D₂を犯人と同定した</u>。Ｄらの防御は，アリバイ，そして，各証人の同定証言が誤りであるというものである。D₁の２件の暴行の前科，D₂の４件の暴行の前科が許容された。両名の前科には，ストリート・バイオレン

---

(223)　*Archbold, supra* note 149 at §13-46 参照。

◇ 第6節 ◇　犯人の同一性認定のための利用（同定証言の正確性の支持ほか）

スがあり，しかも，兄弟で一緒に行ったものがある。控訴院は，各前科は，D
らが，ストリート・バイオレンス犯罪を犯す性向及びそれを一緒に行う性向を
証明し得るもので，その性向は，Dらが犯人であることが正確に同定されたこ
とを支持することができると判断した[224]。前科が，類似犯罪であることと，
最近の事件であることは，性向を強力に示す。他方，それは，偏見の危険を増
す。それに対する安全弁（safety valve）は，陪審に対して適切な説示をするこ
とであると述べた後，説示には，問題はないとする。推認過程を示す意味で，
説示の関係部分を，以下に，引用する。最初に，前科を有することから直ちに
Dらを有罪としてはならないことを警告した上で，「前科は，起訴された犯罪
と類似の暴力犯罪を犯す性向を示すと，検察が主張しています。さらに，検察
は，2人の証人が，明らかに遵法精神にあふれた2人の市民を犯人と同定せず，
過去にストリート・バイオレンスを行なっていた行儀の悪い2人の少年を犯人
と同定したことに鑑み，Dらが前科を有することを，以上の同定証言の信頼性
を評価するに当たり，留意すべき事項であると主張します」と述べ，「前科は，
同定証言が正確なものかどうかを判断するに当たって検討すべき，単なる追加
の要素（additional factor）に過ぎません」とも述べる。

　本件犯罪と類似のストリート・バイオレンス犯罪を犯す性向などを，同定証
言の支持に用いてよいことを，控訴院が明示した判例である。裁判官が説示に
おいて引用する検察の上記主張は，偶然の一致排除理論が背後にあると言えよ
う。

（224）　旧法時代に，貴族院の *R v Thompson* ［1918］AC 221は，同旨を述べていた。D
　　　は，少年2人に対する同性愛行為で起訴された。少年2人の証言によれば，Dは，3日
　　　前に少年2人と同性愛行為をし（これが起訴された行為），再度，公衆便所で密会する
　　　約束をし，そこにDが現れたというものである。Dは，その日逮捕されたとき，化粧
　　　用パフを所持しており，Dの住居から裸の少年の写真が発見された。裁判官は，これら
　　　を，2人の少年の同定証言を補強する証拠として，許容した。控訴院も，同一性の争点
　　　に関連性があるとして，裁判官の判断を是認した。貴族院も，以上の許容性判断を是認
　　　した。フィンレー首席裁判官は，それらの証拠は，少年らの同定証言が真実である蓋然
　　　性を高める証拠であると述べている。上記各物証を所持することから，Dが同性愛の性
　　　向を持つと認定するが，それから，Dが，その性向に従って起訴された犯罪を犯したと
　　　性向推認するものではない。

◆ 第 7 章 ◆ 控訴院判決の分析その一（複数訴因間の利用を除く）

(d) *Purcell* ［2007］EWCA Crim 2604

自動車の窃盗罪である。2 人組が，前日に別の場所で盗んだ車を運転し，意図的に V の車に追突して停車させ，V が下車したすきに，V の車を運転して逃走し，同車を窃取した。その際，V は路上に転倒した。本件の 2 日後，盗まれた V の車は衝突事故を起こした。その車には盗難ナンバープレートが付けられており，同車内に 2 人おり，その 1 人が D（19歳）であり，現場で逮捕された。D の防御は，一種のアリバイである。V は，D が，追突してきた車の助手席にいた人間であると同定証言した。許容された前科は，同意なく自動車を取得した罪のほか，危険運転罪，無免許運転罪，無保険車両運転罪であった。控訴院は，同意なしの車の取得罪は，問題なく関連性が認められ，その余の罪についても関連性があるとした。すなわち，D の上記のような自動車関連犯罪を犯す性向は，D を，一般人に比較してより自動車窃盗を行う蓋然性が相当に高い，限定されたカテゴリーの犯罪者たちの一員とし，それにより，V の同定証言を支持する。さらに，知らない人に乗せてもらったもので無実であるという D の防御に対して反証するために，上記と同様の理由付けにより，関連性がある。

D の自動車関連犯罪を犯す性向を認定し，その性向から，D が，一般人と比較し，自動車窃盗を犯す蓋然性が相当に高度な，限定された犯罪者集団に位置付けられ，それが同定証言を支持するという理由付けを使用するものである。バガリック説を同定証言の支持の場面に使用するものである[225]。同時に，潔白な存在の反証にも使われている。

(e) *Spittle* ［2008］EWCA Crim 2537

D は，危険運転，かつ，免許停止中の無免許運転，かつ，反社会的行為禁止命令違反（1 個の運転行為による 3 罪）により起訴された。運転者の同定が争点である。犯人は，速度超過で覆面パトカーにより停止を命ぜられたが，逃走した。連絡を受けた他のパトカーが警戒中，その運転席の警官と助手席の警官が，

---

(225) Bagaric & Amarasekara, *supra* note 87 at 71, 86–90 参照。ただし，バガリック説は，前科そのものを利用するのであって，前科から性向を認定するものではないと言えるであろう。

◇ 第 6 節 ◇　犯人の同一性認定のための利用（同定証言の正確性の支持ほか）

逃走車両の運転者を目撃した。両名とも，それを D と同定した。特に，助手席の警官の同定は良質なものであった。すなわち，事件の 7 週間前に，8 時間以上もの間，近距離で，D を観察する機会があったもので，逃走する犯人を見てすぐにそれが D であることが分かり，警察署に戻ってから，D の写真を取り上げ，その名前も判明したという経緯があった。D の 3 件の無免許運転の前科が許容された。裁判官は，この無免許運転の性向の存在が，D が本件無免許運転を行った蓋然性をより高めると判断した。裁判官は，さらに，この性向が，警察官両名が正確に運転者を同定したことを支持することも，許容の理由にした。控訴院は，*Eastlake* 判決を引用して，この裁判官の判断を是認している。結局，控訴院は，D の無免許運転の性向は，D が本件の無免許運転を行った蓋然性を高め，かつ，同定証言を支持するとした裁判官の判断を是認した。

　性向を，性向推認及び同定証言の正確性の支持の両方に用いることを認めたものである。

⒡ Jackson ［2011］EWCA Crim 1870

　D（44歳）は，2008年10月，73歳の男 V を絞殺したとして起訴され，有罪となった。多数の状況証拠があり，これを総合すると，圧倒的な証拠と言える。D は，1990年に，絞殺による殺人罪で有罪となった前科があり，これが請求され，許容された。許容決定において，裁判官は，⒟の入り口に言う重要な争点は，状況証拠から殺人犯を D であると推認できるかどうかであるとした。その上で，前科と起訴された犯罪との間の特徴の類似性から性向推認を許容する趣旨の説明をしていた。しかし，その後，裁判官は，説示において，前科の関連性を，性向に求めるというより，前科は，D が殺人罪を行う能力のある男，そして，それを絞殺という特別な方法によって実行する能力のある男であることに関連性があるとした。その上で，前科は考慮できる一つの要素に過ぎないから，まず，状況証拠を十分に検討し，関連性があると認めるなら，D が絞殺による殺人を犯す能力のある男である事実について考慮することができる旨を陪審に説示した。

　控訴院は，裁判官の許容決定及び説示を是認した。説示に関して，裁判官は，性向によるアプローチとは別なアプローチを採用したもので，裁判官は，むし

◆ 第 7 章 ◆ 控訴院判決の分析その一（複数訴因間の利用を除く）

ろ，Dに有利なアプローチを採用したものである。前科を，Dが絞殺による殺人を行う能力のある人間であることを示す証拠として取り扱ったもので，そうすることによって，前科を使用することからの弊害を減少させていると述べる。

　本件でも，控訴院は，明確に，前科が性向証拠として働いていないことを宣言した。Dが絞殺による殺人を実行する能力がある男であることを証明する証拠とした。バガリック説の「関連する行為を行う行動能力を持つ限定されたクラス（集合）に属すること」と共通するところがある。しかし，クラス（集合）に属することによる限定に着眼するというより，犯罪実行の行動能力そのものに着眼する。そうすると，そのような犯罪実行能力を持つことは，状況証拠(間接事実) としての利用と言ってよいであろう。

(g) *Suleman* ［2012］EWCA Crim 1569（第8章第4節(a)参照）

　本件では，Dが，放火10件及び警察・消防署へのいたずら電話2件で起訴され，放火の1件で無罪となったが，その余のすべてで有罪となった。Dの父及び叔父は，共同して商売をしている。本件で放火された対象は，両家の住居，商売用のビルの内部及び叔父の自動車などであった。起訴された放火事件は，2009年1月から4月の間に起きたが，裁判官は，2007年，2008年に起きた，起訴された放火事件と同様に両家の内部などで起きた多数の放火事件を，(c)の入り口による重要な説明証拠としてだけではなく，(d)の入り口でも許容した。控訴院は，この結論を是認した。2007年，2008年の放火事件は，起訴された事件の放火犯の同一性を証明するために役立つ。それらは，犯罪のパターン及びその発展を証明するものとして許容される。2007年，2008年の各放火は，孤立して見た場合，それらについてDを有罪であるとするには，証拠不十分である。したがって，起訴された放火と同種の犯罪を犯す性向を立証するためのものではない。犯人の同一性の争点に役立つ犯罪のパターン及びその発展を立証する。結局，2007年，2008年の事件と起訴された2009年の事件を全体として観察する必要があるというものである。*Freeman* 判決（第8章第2節(1)(b)参照）と *DM* 判決（第4章第6節(c)参照）を引用する。なお，この *Suleman* 判決は，訴因間許容性の問題も含むので，第8章第4節(a)で，再度取り上げる。

◇ 第 6 節 ◇　犯人の同一性認定のための利用（同定証言の正確性の支持ほか）

(h) *Dossett*〔2013〕EWCA Crim 710（第 5 章第 1 節(2)(f)参照）

(i) 判例の分析

　路上を歩行中の男女（V₁，V₂）を 2 人組の男が襲い，暴行を加え，V₂のハン
ドバッグを奪ったとして，D 及び共犯者 A が起訴された強盗事件である（V₁，
V₂は相当の怪我を負った）。V₁，V₂の被害状況に関する各証言がある。犯人同定
手続で，V₁は，犯人の一人として D を選んだが，V₂は，D を選ばず，別人を
選んだ。他の証拠として，奪われたハンドバッグの中にあったレシートに付い
ていた血痕の DNA は，共犯者 A のそれと一致した。2 人は併合審理され，D
は有罪，A は無罪となった。なお，同定証言の弱さを理由に公判審理を停止
すべきであるとの請求が，弁護人からなされたが，裁判官はこれを却下した。
この点に対する控訴理由も主張されたが，V₁が D の顔を観察したのは，ちらっ
と見たというものではないから，その同定証言はそれほど弱いものではないと
されて，退けられた。以下，悪性格証拠を許容したことに対する控訴理由につ
いて検討する。

　D の 2 件の前科（いずれも2010年のもの）が請求された。それは，強盗（上記
A 及び他の男とともに，ガソリンスタンドの店舗から酒をバスケットに入れて盗み，
これを制止しようとした店主に暴行を加え，逃走した。本件現場と同じ地域での犯
行である）と傷害（何も盗みはしなかったが，他の男と共同で行った本件と同様の
状況，態様での年輩者に対する暴行である。本件現場と同じ地域での犯行である）
の前科である。検察は，前科は，V₁の同定証言を支持するため，及び，D が共
犯者 A とともに強盗を犯す性向及びその地域の公共の場所で高齢者を攻撃す
る性向を証明するために，関連性があると主張した。裁判官は，*Eastlake* 判決
に依拠して，この主張を認め，2 件の前科を許容した。次いで，説示において，
裁判官は，本件前科の使用は，同定証言の支持及び性向を認定した上での性向
推認の二つであるとした上で，同定証言の支持の理由として，偶然の一致排除
理論による説明をしている。

　控訴院は，裁判官の許容決定及び説示を是認し，以下のように付け加えてい
る。上記二つの前科は，一緒に考慮する必要があるとし，類似性につき，前科
の二つの事件は，本件と同じ地域で行われ，共犯者と行い，機会をねらって行
う性質の犯罪であり，知らない人に公然と暴力が加えられていることなどを指

◆第7章◆　控訴院判決の分析その一（複数訴因間の利用を除く）

摘する。そのため，それらの前科は，本件でＤが行動したと主張されているように行動する性向を立証すると結論付けることが可能であるとした。加えて，上記の DNA 証拠が，本件における A の関与を証明しており，かつ，上記前科によれば，この地域で，Ｄは A とつながりがある。そうすると，上記前科は，V₁の同定証言が，偶然の一致である可能性を減少させることにより，その同定証言を支持し得るとする。だから，本件現場と非常に近い場所で行われた強盗と暴行による前科を有する人間を，V₁が，同定手続において，9 人の男の列の中から犯人として間違って選ぶという偶然があり得るのかどうかを陪審が判断することができると述べる。その上で，裁判官の説示は，前科の関連性及び証明力につき，同定証言の支持及び性向と，二つの方法を，正しく説明しているほか，それに不当な重きを置かないように注意をしており，その説示は適切であるとしている。

(ⅱ) 二重評価（ダブル・カウンティング）であるとの非難

ところで，上記のように前科を偶然の一致排除理論による同定証言の支持と性向推認の両方に使用することに対して，レドメインは，これをダブル・カウンティング（double-counting）と名付けて誤りであると言う[226]。そして，誤りの事例として，この *Dossett* 判決のほか，*Pope* 判決[227]及び *N（H）*判決（第 8 章第 2 節(1)(c)）を取り上げる。この点に関しては，後述の *Nicholson* 判決（第 8 章第 3 節(a)）も参照されたい。

(ⅰ) *MJ*［2013］EWCA Crim 1050

Ｄ（18歳）が，2011年10月，路上で，ナイフで双子の一人 A（16歳）を繰り返し刺したが，殺害にまで至らなかったとして殺人未遂により起訴された事件である。2011年 5 月に，Ｄが，双子の A 及び B らとの間で暴力沙汰を起こし（5 月事件），強盗未遂，傷害罪により起訴された。その事件では，Ｄは，ナイフで刺すと脅したり，一人の手をナイフで刺した。これは，重要な説明証拠と

---

(226)　Redmayne, *supra* note 71 at 185, 186.

(227)　*R v Pope*［2010］EWCA Crim 2113.

◇ 第6節 ◇ 犯人の同一性認定のための利用（同定証言の正確性の支持ほか）

して，(c)の入り口により採用されたほか，検察は，これを性向証拠として使用することを請求し，認められた。このほかに，合計6件の前科が，性向証拠として許容された。その内容は，路上における4丁のナイフの所持事件（2009年），グループで16歳の少年を金属棒で殴打し，傷害を与えた事件（2009年），路上におけるナイフの所持事件（2011年）などであった。裁判官は，許容決定において，Dの性向が認められた場合，それは，起訴された事件の犯人がDであるとするB及びAの同定証言を補強するとしていた。それらの同定証言とは，Bは，襲われた直後から，犯人は，Dであるとしており，同定手続でも，Dを特定した。Aは，当初，犯人の名前を言いたくないとしていたが，同定手続では，Dを犯人と特定した。なお，裁判官は，説示において，5月事件は，本件につき，Dの動機（B及びAが，5月事件についてDの関与を供述したことに対する報復）を立証する証拠にもなると述べている。

　起訴された事件との類似性を争う控訴の理由に対し，控訴院は，6件の前科及び5月事件をグループとして見ると，ナイフや刃物を公の場で携帯する，公の場で他の若者に暴力を加え，手を刺したり，金属棒で頭を殴る，公の場で刺すと脅すという犯罪を犯す傾向が認められ，Dの本件と同種犯罪を犯す性向が立証される。すなわち，Dが不法に刃物を携帯中に，公の場で，他の若者に向けられた重大な暴力事件を犯し，その中で，相手が刺されたり，刺すと脅されるというような犯罪を犯す性向である。

　本件では，同種犯罪を犯す性向を認定するに当たり，前科などの過去の犯罪をグループとして全体的に考察する必要性を強調した点が，注目される。その上で，同種犯罪を犯す性向を，目撃者及びVの各同定証言の正確性の支持に用いている。加えて，一部の過去の犯罪に関する証拠は，本件の動機を立証する証拠となることを付加している。

(j) *Lewis* ［2014］EWCA Crim 48
　約42人の覆面等をしたグループがバーミンガムのパブに押し入って，火炎瓶で放火し，駆け付けた警察官及び上空のヘリコプターに少なくとも4丁の銃器で13発発砲した事件である。4人のDらの悪性格証拠，すなわち，バーミンガム地域の犯罪を行うストリート・ギャングの一員である又はこれに関係して

149

◆第7章◆　控訴院判決の分析その一（複数訴因間の利用を除く）

いる証拠が許容され，これが控訴院で争われた。

　控訴院は，裁判官は，次の四つの問題を検討すべきであると言う。1　当該悪性格証拠は，Ｄと検察との間の争点の重要事項に関連性があるか。2　ギャングの存在と性質につき，適切な証拠があるか。3　当該証拠は，Ｄが，暴力を用い，警察に敵意を持ち，銃器につながりを持つギャングの一員である，又は，それに関係があることを証明できるか。4　もし，その証拠が許容されたら，その証拠は，手続きの公正に害を与えないか。そして，そのようなギャングの一員であることなどの証拠は，次の四つの争点に関連性がある。第一は，共通の目的であり，本件は，グループが共通の目的を持って行動したものか，又は，国内の他の暴動と偶々同時に起こったものであるか。第二は，Ｄが現場に存在したという同定証言が正確かどうか。第三は，現場に存在はしたが，偶然又は不注意でいただけであるという，潔白な存在の防御に反証するため。第四は，銃器の所持に関するもので，Ｄが銃器の使用と運搬に関係のある人間かどうか。

　結局，ギャングの一員であることなどが，特に，現場存在を争うＤの関係で同定証言の正確性を支持し，現場存在を認めるが潔白な存在を主張するＤの関係で，その主張に反証することに使用されたものである。

⒦ *Ngando* ［2014］EWCA Crim 506

　Ｄは，意図的重大傷害罪で有罪となった。犯人同定手続きで，Ｖ及びＶの友人Ａが，Ｄを犯人と同定した。凶器のビール瓶の首から，ＤのＤＮＡが発見された。その他の証拠もあり，悪性格証拠以外の証拠は，強力である。Ｄの防御は，同定の誤りである。請求された前科は，3件の路上強盗(2008年，2009年，2010年の犯行である)である。パンチ，突きなどの暴力を伴うものである。裁判官は，前科の罪は異なる犯罪であるが，暴力行為を含むものであるとして，これを許容した。

　控訴院は，暴力犯罪の前科を持つ者が，間違った同定の対象となることは，前科のない人間と比較して，より可能性が少ないであろうと推認することは許され，したがって，関連性があるとした。裁判官の説示は，2人の男が，Ｄのように前科を有する者を犯人と同定したことが偶然と言えるのかについて，考

150

◇ 第6節 ◇　犯人の同一性認定のための利用（同定証言の正確性の支持ほか）

<u>慮して下さい</u>（さらに，2人の人間が同定した犯人のDNAが瓶に付着していたことが単なる偶然なのかについて，考慮できることも付加している）というものであり，控訴院は，これを是認した。

　前科の罪と起訴された罪は，罪名は異なるが，暴力行為を伴うことは，共通している。<u>起訴された罪と共通する暴力犯罪の前科を持つ者であることから，偶然の一致排除理論の適用により，同定証言の正確性を支持する使用</u>である。

(2)　分析の小括

　(a) 基本的なアプローチは，前科等の類似事実からDの一定の性向を認定し，これを同定証言の真実性の支持に使用するものである。ただし，*Dossett*判決及び*Ngando*判決は，前科から一定の性向を認定する過程を経由せず，直接，前科そのものを同定証言の支持に利用する。

　同種犯罪を犯す性向を認定しても，必ずしも，その性向からDが起訴された罪を犯した蓋然性を高めるという，狭義の性向推認を経ることにはならない。しかし，取り上げた判例の中で2件，性向推認を併用することを明示するものがあった。その1件の*Spittle*判決では，無免許運転の性向が，起訴された無免許運転で有罪である蓋然性を高めるとされた。*Dossett*判決では，同じ地域で行われ，共犯者と行う，機会をねらって行う性質の犯罪であり，かつ，知らない人に公然と暴力を加える特徴が，Dの強盗及び傷害の各前科と本件強盗の事実との間で共通であることが指摘され，前科から性向を認定の上，性向推認を併用した。また，*Brima*判決では，控訴院は有罪推認の過程を明示していないが，まだ，同定証言の支持という理由付けは意識されておらず，性向推認を許したものと解される。

　性向推認を許容するかどうかは，それに適切な事案であるかどうかが影響する。前科の犯罪と起訴された犯罪の犯罪としての性質，それらの類似性の程度，前科の数などが考慮される。上記二つの事件では，以上を考慮すると，前科が持つ証明力は相当に高く，性向推認を併用する説明をしたことに理由があると思われる。

　一定の性向を認定するに当たり，前科等の類似事実を，全体的に考察してい

◆第7章◆　控訴院判決の分析その一（複数訴因間の利用を除く）

る。その結果，認定される性向は，特定の犯罪類型に狭く限定されるものではなく，より広く，共通する犯罪の特徴を把握したものとなっている。すなわち，暴力的犯罪を犯す性向（*Brima* 判決，*Ngando* 判決。ただし，後者では，暴力犯罪の前科を持つ者とのみ述べ，性向を認定していない），ストリート・バイオレンス犯罪を犯す，かつ，それを兄弟で一緒に犯す性向（*Eastlake* 判決），自動車関連犯罪を犯す性向（*Purcell* 判決），特定の地域で，年輩者に対し，共犯者と共に攻撃を加える性向（*Dossett* 判決），公共の場でナイフを携帯し，暴力事件を犯す性向（*MJ* 判決）が認定されている。さらに，特定の地域の犯罪集団の一員であること（*Lewis* 判決）は，同定証言の正確性の支持及び潔白な存在の防御の反証のために使用することが認められた。

　(b) 初めに述べたように，Ｄの一定の性向（あるいは前科そのもの）は，圧倒的多数のケースの場合，性向推認ではなく，Ｄを犯人と同定した証言の正確性を支持する働きのために使用されている。さらに踏み込んで，なぜ，そのような働きができるのかの理由付けについては，偶然の一致排除理論による説明（*Eastlake* 判決，*Dossett* 判決，*Ngando* 判決）やバガリック説と同旨の説明（*Purcell* 判決）をするものがある。ただし，*Jackson* 判決は，前科から性向を認定することなく，前科自体から，特定の方法による犯罪遂行能力があることを認定し，これを，状況証拠の総合による同定認定が間違いないことに用いている。なお，*Ngando* 判決では，前科から性向を認定せずに，前科を持つこと自体を偶然の一致排除理論の根拠としている。

　(c) 特殊な類型としては，(i)コカインに関する前科が，「コカインに対する関心」を媒介にして，同定証言を支持すると説明するもの（*Isichei* 判決），(ii)同定証言がない類型では，起訴されていない放火事件及び起訴された放火事件等を，全体として観察し，そこに見られる犯罪のパターン及びその発展を介して，Ｄが以上のすべての犯罪の犯人であることを推認するもの（*Suleman* 判決），(iii)先行の犯罪が，その犯人をＤであると同定した者をＶとする後行の犯罪の動機を立証する証拠となるとしたもの（*MJ* 判決）がある。

第8章 控訴院判決の分析その二
（複数訴因間の利用）

◆ 第1節 ◆ 複数訴因間の証拠の許容性

　複数訴因間の証拠の許容性（cross admissibility）とは，Dに対する起訴状が，2個以上の訴因で構成されている場合に起きる問題である。一つの訴因に関する証拠が他の訴因の関係で許容されるか，もし，許容されるとして，その証拠を陪審がどのように使用してよいかの問題である[228]。

　コモン・ローにおいては，一つの訴因の証拠は，関連性が認められれば，他の訴因の証拠として許容されるのが確立した原則である[229]。CJA2003は，一つの訴因の証拠が，他の訴因の立証に許容されるためには，その訴因に関し，その証拠が，Dの悪性格証拠に該当する場合，101条(1)項が規定する入り口のいずれかに該当する必要がある趣旨を，112条(2)項において規定する[230]。「Dが，同じ刑事手続きで2個以上の罪で起訴されている場合，この章の規定（101条(3)項を除く）は，各罪は別個の手続きで起訴されているものとして効力を持つ。そして，Dが起訴されている罪とは，そのように読まれるべきである」と。

　ところで，複数訴因間の証拠の許容性というと，我が国では，単なる訴訟手続上の問題と受け取られるおそれがあるが，以下に述べるとおり，複数訴因がある場合，類似事実の許容性の問題を巡って，非常に興味深い論点がいくつか生じている。以下，順次，見て行きたい。

---

(228) *Bench Book*, ch. 13. Cross Admissibility, Legal Summary para. 1 ; *R v Nicholson* [2012] EWCA Crim 1568, para. 22.

(229) Glover & Murphy, *supra* note 137 at 177.

(230) *R v N (H)* [2011] EWCA Crim 730, para. 30 ; *R v Nicholson* [2012] EWCA Crim 1568, para. 22 ; Glover & Murphy, *supra* note 137 at 177.

153

◆ 第 8 章 ◆　控訴院判決の分析その二（複数訴因間の利用）

◆ 第 2 節 ◆　複数告訴人の証言の訴因間使用

(1)　判決の分析

(a) *Chopra*［2006］EWCA Crim 2133（歯科医師乳房つかみ事件）

　歯科医師が，診療中に，12歳，16歳，13歳のいずれも女性患者に対し，それぞれ，乳房をつかむというわいせつ行為を行なったとして起訴された。Ｄは，16歳の患者に対する訴因では，無罪となったが，他の 2 人の患者に対する訴因では，いずれも有罪となった。控訴審における論点は， 1 人の告訴人の証言を他の告訴人の証言の真実性の支持に使ってよいかである。裁判官は，数人の告訴人の証言は，それらの者の間に共謀等がないということであれば，訴因間で許容されると判断した。そして，陪審に対し，告訴事実間に類似性があることから， 3 人の少女が，独立して，同じ又は類似の嘘のストーリーを創作することが不可能であると結論付けられるかを検討しなさいと，説示した。

　この問題は，コモン・ロー時代から問題になってきたところである。既述の*Boardman* 判決（第 2 章第 3 節），*P* 判決（第 2 章第 4 節）を参照されたい。控訴院は，この問題を CJA2003 の下で考察した。101条(1)項(d)号，103条(1)項(a)号に言う，起訴された罪と同種の罪を犯す性向につき，本件では，Ｄが，歯科診療中，機会を見て，若い女性患者にいたずらをする性向があり，そのことが，Ｄが起訴された数件の犯罪を犯した蓋然性をより高めるかと，分析する。そして，性向が，複数の告訴に由来する場合は，未だ，それらは，有罪とされてはおらず，それについては，陪審がこれから決めることである。したがって，前科によって性向が認定される場合とは異なるが，CJA2003 は，すべての悪性格証拠を規律するもので，確実な争いようのない前科等の証拠に限定されない。このようにして，<u>告訴人の証言，それ自体を悪性格証拠ととらえたものである。その上で，新法の下で，告訴事実間に，十分な連結及び類似性があれば，告訴人の証言は，訴因間で許容されるとし，簡潔に言えば，もし， 3 人又は 2 人の少女がそう言えば，それは， 1 人の少女がそう言ったよりも真実である蓋然性がより高いということである</u>，と述べる。

　この *Chopra* 判決は，性向にも言及していて，理由付けに混乱が見られた。

154

◇ 第2節 ◇　複数告訴人の証言の訴因間使用

次の *Freeman* 判決は，その点を整理して明確にした。

(b) *Freeman* ［2008］EWCA Crim 1863

　この判決は，*Chopra* 判決以降の判決を整理することが有益であるとして，
D_1 と D_2 の控訴を併合して判決した。D_1 に対しては，6歳の少女に対する3件
の強制わいせつ事件と9歳の少女に対する2件の性的暴行事件である。D_2 に対
しては，一人歩きの女性をねらって，ハンドバッグを奪い取るという強盗2件
である。控訴院は，これまでの判例に，いくらかの混乱があるとする。たとえ
ば，*Chopra* 判決については，「同判決は，当該証拠が，そのような犯罪を犯す
性向を証明し得るかどうかを，主に検討するものの，結論としては，各告訴事
実が類似した性質を持つことから，それぞれの告訴は，他の告訴の真実性を高
め得るとしている。換言すれば，事件が性向を立証できるかどうかに関係なく，
各告訴は，他の告訴の真実性を支持する証拠として，それ自体で許容されるの
である」と述べて，*Chopra* 判決の趣旨を明確にした。すなわち，一つの告訴
が，性向を経由せずに，直接，他の告訴の真実性を支持することを明確にし
た[231]。このルールを本件に適用するに当たって，D_1 に対する訴因間で，十分
な類似性（sufficiently similar）があることを理由に，この理由付けを是認して
いる[232]。加えて，次のように言う。すなわち，*Hanson* 判決以降のいくつか
の判決で，訴因間許容性が問題となった場合，陪審は，最初に一つの訴因で有
罪であることを決定してからでないと，その訴因の証拠を他の訴因の証拠と
して使用することはできない趣旨を言うものがあった。しかし，これは，アプロー
チとして制限的にすぎる。もちろん，陪審に対しては，訴因ごとに分離して，
評決に至るべきことを説示すべきであるが，陪審は，有罪無罪を決定するに当
たり，許容され，かつ関連性がある証拠であれば，他の訴因の証拠（悪性格証
拠であれ）であっても考慮することができる，と言う。

---

(231)　控訴院は，D_1 に対する説示において，裁判官は，性向を基礎にした説明をしたも
　　　のの，その誤りは，D に害を与えることはなかったと，述べる。
(232)　なお，D_2 に対しては，訴因間の証拠の許容性だけでなく，3件の同様の方法によ
　　　る路上強盗の前科も請求され，許容されていた。この3件の強盗の前科については，控
　　　訴院は，性向を経由しての有罪推認となるとして，訴因間許容性の場面と区別している。

◆ 第8章 ◆ 控訴院判決の分析その二（複数訴因間の利用）

(c) *N*（*H*）［2011］EWCA Crim 730

　Dは，11，12歳のV₁に対する5件の性的暴行事件及び14歳のV₂に対する性的暴行事件1件で有罪となった。複数告訴人の証言がある事件で，訴因間で証拠が許容される場合として，偶然の一致排除アプローチ，性向アプローチ，さらには，両者のアプローチがあることを明確に指摘した。すなわち，まず，許容される二つの理由付けは，次のとおりである。(i)同一の人間に対して，独立しているが類似した性犯罪の告訴がなされた場合，それら告訴が，単なる偶然の一致又は悪意の結果であることの不可能性を，陪審は考慮に入れることが許される（すなわち，A訴因の告訴人の証言は，B訴因の告訴人の証言の信用性に関連性がある。これが争点の重要な事項であり，101条(1)項(d)号に該当する）。(ii)一つの訴因で有罪と確信が得られたら，かつ，その有罪からDの同種犯罪を犯す性向が認定されると確信したら，陪審は，その性向が，同種犯罪である他の訴因の犯罪をDが犯した蓋然性を高めるかどうかを考慮することが許される（性向証拠，101条(1)項(d)号，103条(1)項(a)号）。加えて，(iii)まれな状況かもしれないが，一つの事件で，(i)，(ii)の両方を考慮してよいと，陪審が説示を受けることもあるだろう。

　このような複数告訴人の場合の理由付けの整理は，裁判官の手引きに取り入れられ，3通りの説示例が掲載されている。偶然の一致排除アプローチ（The 'coincidence' approach），性向アプローチ（The 'propensity' approach）及び両者のアプローチ（Both approaches）である。その説示例を脚注で示す[233]。なお，両者のアプローチに関して，裁判官の手引きにおいて，注意事項が述べられている。すなわち，事案の証拠関係と争点により，両者のアプローチが適切な場

---

(233)　**訴因間許容性の説示例**（*Bench Book*, ch. 13-5，6，7）

　　説示例1　偶然の一致排除アプローチ

> 　Dは，訴因1でV₁に対する性的暴行の罪，訴因2でV₂に対する同様の性的暴行の罪で起訴されました。検察証拠は，V₁とV₂の証言のみです。Dは，V₁とV₂は，嘘の説明をすることを共謀したと主張します。
>
> 　あなたたちは，各訴因を別個に検討すべきです。
>
> 　しかしながら，検察は，V₁とV₂が述べる告訴事実間の類似性を主張します（類

◇第2節◇　複数告訴人の証言の訴因間使用

似性は，例えば，告訴犯罪の性質，状況，期間及び場所との関係で主張されています）。

　Dは，告訴事実が類似しているのは，V_1とV_2が，一緒になり，Dに対し嘘の告訴をするようでっち上げたからだと主張します。もし，あなたたちが，そのようなことが行われた又は行われたかもしれないと判断したときは，類似性は，何の意味も持ちません。あなたたちは，V_1とV_2両方の証言を採用してはいけません。

　たとえ，あなたたちが，V_1とV_2が，一緒に，嘘の告訴をするようでっち上げたことはないと確信しても，V_1又はV_2が，その告訴をするとき，一方がDに対して言うことを知り，意識的，無意識的を問わず，それに影響されていたかどうかを検討しなければなりません。もし，あなたたちが，このようなことが起こった又は起こったかもしれないと判断するとき，両者の告訴間の類似性は，検察の事件を強めるものではありません。そして，あなたたちは，告訴人の証言の信用性を判断するに当たって，その種の影響を考慮に入れなければなりません。

　しかしながら，もし，あなたたちが，そのようなでっち上げや影響がなかったと確信するなら，2人の人が，独立して，類似するが真実ではない告訴をする可能性を検討すべきです。もし，そのような可能性はないと判断したら，初めて，あなたたちの判断で，V_1の証言を，V_2の証言を補強するものとして，取り扱うことができます。その逆も同じです。

説示例2　性向アプローチ

　Dは，訴因1でV_1に対する性的暴行の罪，訴因2でV_2に対する性的暴行の罪で起訴されました

　訴因1に対する検察の証拠は，V_1の証言及び検察主張によれば，犯行を行っているところをDが録画したビデオです。訴因2の検察証拠は，V_2の証言だけです。Dは，V_1とV_2は，共謀して，嘘の事実をでっち上げたものであり，ビデオ映像の人物は自分ではないと主張しました。

　あなたたちは，各訴因を別々に考慮すべきです。

　しかしながら，もし，あなたたちが，訴因1の録画された映像に写っている人物がDであり，そして，Dがその罪を行ったことに確信を持つなら，あなたたちは，次に，訴因1で有罪であることが，Dが，訴因2と同種の犯罪を犯す性向を有することを証明するかどうかを検討すべきです。

　もし，あなたたちが，Dがそのような性向を持つことに確信が得られない場合，訴因1で有罪であるという結論は，訴因2について，検察の証拠を補強することにはなりません。しかし，もし，Dがそのような性向を持つことに確信を持てば，

157

◆第8章◆　控訴院判決の分析その二（複数訴因間の利用）

Dが訴因2について有罪か否かを決めるとき，これを考慮することが許されます。
　しかし，次のことに留意すべきです。仮に，人が，ある種の犯罪を犯す性向を持っているとしても，彼が必ずそうするとは限りません。だから，仮に，あなたたちが，Dが訴因2と同種の犯罪を犯す性向を有すると確信しても，それは，ただ単に，証拠の一部分に過ぎませんから，あなたたちは，そのことのみ又はそのことを主な理由として，Dを有罪としてはいけません。

説示例3　両者のアプローチ

　Dは，訴因1で，V_1に対する性的暴行罪，そして，訴因2で，V_2に対する類似の性的暴行罪で起訴されました。検察の証拠は，訴因1につき，V_1の証言及びV_1の里親の，DがV_1を性的暴行していたのを見たとする証言です。訴因2については，V_2による証言のみである。Dは，V_1とV_2は，嘘の証言をするよう共謀したもので，V_1の里親は，嘘を言っていると主張します。
　あなたたちは，各訴因を別個に検討すべきです。
　しかしながら，一つの訴因の証拠が，他の訴因の証拠を補強する二つの道があります。あなたたちは，その二つの方法を以下に述べる順序で検討すべきです。
　第1に，訴因1を検討しなさい。そこでは，検察は，V_1の証言だけではなく，その里親の証言を根拠としています。それらの証言を検討して，もし，あなたたちが，Dは，訴因1で有罪であると確信したら，そのことが，Dが訴因2と同種の犯罪を犯す性向を有することを証明するかどうかを検討すべきです。
　もし，あなたたちが，Dがそのような性向を持つことに確信が得られなければ，Dが訴因1の犯罪を犯したとの結論は，訴因2の検察の証拠を補強しません。しかし，もし，Dがそのような性向を持つことに確信を持ったなら，Dが訴因2で有罪か否かを決定するとき，その性向を考慮に入れることができます。
　しかし，次のことに留意すべきです。仮に，人が，ある種の犯罪を犯す性向を持っているとしても，彼が必ずそうするとは限りません。だから，仮に，あなたたちが，Dが訴因2と同種の犯罪を犯す性向を有すると確信しても，それは，ただ単に，証拠の一部分に過ぎませんから，あなたたちは，そのことのみ又はそのことを主な理由として，Dを有罪としてはいけません。
　第2の方法は，次のとおりです。検察は，V_1とV_2が言う被害事実間の類似性を主張します（類似性は，例えば，告訴犯罪の性質，状況，期間及び場所との関係で主張されています）。
　Dは，告訴事実が類似しているのは，V_1とV_2が，一緒になり，Dに対し嘘の告訴をするようでっち上げたからだと主張します。もし，あなたたちが，そのようなことが行われた又は行われたかもしれないと判断したときは，類似性は，何

◇ 第2節 ◇　複数告訴人の証言の訴因間使用

合がある。しかし，両者のアプローチの説示は，複雑であり，十分注意しない
と混乱をもたらす。だから，そのようなアプローチの説示は，一つ又はそれ以
上の訴因の証拠が強力で，陪審がその訴因について最初に有罪とするであろう
ような，そして，その後に，その有罪から性向を認定し，他の訴因に対し性向
推認するであろうような事案に限って行うことが提案されている。さらに，両
者のアプローチの説示をする場合，許されないダブル・カウンティングの危険
を避けるために，陪審に対し，性向アプローチから検討するように説示するこ
とが提案されている，と[(234)]。

(d) *H*［2011］EWCA Crim 2344
　3人のまま息子に対する性的虐待事件である。控訴院は，新法は，類似告訴

の意味も持ちません。あなたたちは，V_1とV_2両方の証言を採用してはいけませ
ん。
　たとえ，あなたたちが，V_1とV_2が，一緒に，嘘の告訴をするようでっち上げ
たことはないと確信しても，V_1又はV_2が，その告訴をするとき，一方がDに対
して言うことを知り，意識的，無意識的を問わず，それに影響されていたかどう
かを検討しなければなりません。もし，あなたたちが，このようなことが起こっ
た又は起こったかもしれないと判断するとき，両者の告訴事実間の類似性は，検
察の主張を強めるものではありません。そして，あなたたちは，告訴人の証言の
信用性を判断するに当たって，その種の影響を考慮に入れなければなりません。
　しかしながら，もし，あなたたちが，そのようなでっち上げや影響がなかった
と確信するなら，2人の人が，独立して，類似するが真実ではない告訴をする可
能性を検討すべきです。もし，そのような可能性はないと判断したら，初めて，
あなたたちの判断で，V_1の証言を，V_2の証言を補強するものとして，取り扱う
ことができます。同じ理由で，もし，あなたたちが，まだ，訴因1の結論に達して
いない場合，V_2の証言をV_1とV_1の里親の各証言の補強に使うことができます。
　一方の告訴人の証言が，どの程度他方の告訴人の証言を補強するかを決定する
に当たり，その告訴がどの程度類似しているかを考慮に入れるべきです。なぜな
ら，独立した告訴が類似すればするほど，それらはより真実であるということに
なるからです。

（234）　*Bench Book*, ch. 13. Cross Admissibility, Legal Summary para. 9, Directions
　　paras 15, 16.

◆第8章◆　控訴院判決の分析その二（複数訴因間の利用）

が，他の類似告訴事件が実際，行われた蓋然性を高めるという<u>常識によるアプローチ</u>を可能にした，と述べ，各告訴証言に共謀やその他の悪影響がなければ，人々は，独立して，同じ人間に対して似た性質の虚偽の告訴をしないというのが現実である，と言う。

　告訴証言間に共謀やその他の悪影響がないことが要件となることを述べた上で，偶然の一致排除アプローチが常識に基づくことを明確に述べた判例である。

(e) *Harris* ［2017］EWCA Crim 1849

　少女に対する強制わいせつ事件である。Ｄは，４人のＶに対する合計12件の強制わいせつ事件で有罪となった（訴因間許容性の問題とは別に，国外で行われた長期間にわたる類似事実が悪性格証拠として採用された）。訴因間許容性に関する説示に対しては，控訴審で批判されていない。裁判官は，相互に無関係な告訴人によって独立してなされた類似の告訴の連続が，いずれも虚偽である可能性がありそうもないことを考慮すべきであることを，適切に説示した。

　なお，控訴院で，１人のＶに対する１件の強制わいせつの有罪が破棄されたが，他の訴因の有罪に影響しないとされた。破棄された訴因の争点が他の訴因の争点と異なるという意味で，破棄された訴因は，他の訴因と区別される上，他の訴因の証拠自体は損なわれていないことを理由とする[(235)]。

(f) *Gunning* ［2018］EWCA Crim 677

　裁判官による両者のアプローチによる説示を是認した（正確には，その一方又は両方のアプローチを採ることができると説示した）。前述の *N* (*H*) 判決の両者のアプローチに関する判示を確認したものである。Ｄは，睡眠中などの若い女性の膣に指を挿入した二つの訴因で起訴された。第２訴因では，Ｄは，客観的行為を自認していたから（ただし，同意があったと主張していた），一方の訴因の証拠が他の訴因のそれより相当に強い事例であった。この点では，裁判官の手引きの指示に沿うものであった。しかし，控訴理由において，裁判官が，

---

　(235)　一方，*R v Morris* ［2016］EWCA Crim 2236は，告訴人２人の事案であった。そのうちの１人の証言が重要な点で誤りがあったとされ，その訴因の有罪が破棄された。その結果，他の訴因の有罪が影響を受けるとされた。

◇第2節◇　複数告訴人の証言の訴因間使用

説示する際，最初に偶然の一致排除アプローチを説明し，次に，性向アプローチを説明したことが，裁判官の手引きの指示に反しているとして批判された。これに対し，控訴院は，本件の事実関係においては，裁判官が両者のアプローチの説示をしたことは間違っていないし，少なくとも本件では，どちらのアプローチを最初に説明するかは，重要なことではないと判断した。

裁判官のした説示で，注意を引くのは，性向アプローチの説示で，一つの訴因で有罪と認定したら，それは，睡眠中又は意識のない女性に対しこのタイプの性的犯罪を犯す性向がある証拠となる，したがって，一つの訴因で有罪と確信すれば，それは，他の訴因の告訴人証言の真実性の判断に助けとなり得ると述べている点である。証明された性向を，別の訴因に対して狭義の性向推認に使うのではなく，当該訴因の告訴人の証言の真実性を支持する役割に使うことができるとしたものである。

(2)　分析の小括

複数訴因間の告訴証言は，その証言自体で，すなわち，その訴因で有罪認定されることを待つまでもなく，各告訴証言は，他の告訴証言の真実性を支持する証拠として許容され得る。ただし，各告訴人間に共謀やその他の悪影響がないことが要件となる。その理由付けは，偶然の一致排除理論による。

そのほかに，複数訴因の場合，一つの訴因の証拠が他の訴因のそれと比べて強力である場合，まず，証拠の強力な訴因で最初に有罪と認定できたら，そこから同種犯罪を犯す性向を認定した上で，他の訴因に関して，性向推認をすることが許される。この場合，その性向を他の訴因の告訴人証言の真実性の支持の役割として使うという考え方も現れている（*Gunning* 判決）。

上記の偶然の一致排除アプローチと性向アプローチを両方使用してよい事案もあり得る（*N（H）* 判決，*Gunning* 判決）。両者のアプローチについては，さらに，後述の *Nicholson* 判決（第3節(a)）をも参照されたい。

161

◆第8章◆　控訴院判決の分析その二（複数訴因間の利用）

(3)　陪審に対する説示が不適切であるとして有罪が破棄された事例

　複数の告訴が，独立したものであり，告訴人間の共謀等がないことの要件に
ついての，陪審に対する説示が不適切であったとされ，有罪が破棄された事例
がある[236]。

　Cross［2012］EWCA Crim 2277
　Ｄは，Ｄの家族の友人の娘2人（姉妹。いずれも当時16歳未満）に対する性的
いたずら事件合計4件で有罪となった（ただし，姉に対する他の6件の訴因では
無罪となった）。姉妹が告訴した事項に関して，姉妹の間で何らかの会話があっ
たことに疑問はない。Ｄの控訴理由の一つは，姉妹は，告訴したことに関して
話し合ったから，訴因間許容を認める説示はなされるべきではなかったという
ものである。控訴院は，訴因間許容性が問題となる事件では，2人又はそれ以
上の告訴人がいるという事実が，それぞれの告訴が真実である可能性を高める
かどうかが問題となる。一般的には，それらが真に独立しているときに限り，
そう言える。もし，真に独立しているなら，1人より多い人々によって，（Ｄ
による）類似した行動があったと主張された事実は，それが実際に起こった可
能性を十分に高め得る。事実，虚偽又は不正確な告訴が偶々一致していること
が排斥できるなら，それぞれの告訴が真実である可能性を高める。裁判官は，
2人の少女が，一緒に話し合ったということのみで，当然に，各自が別々に供
述したことの独立性が奪われるわけではない，そして，独立しているかどうか
の判断は，陪審が判断すべき事項であると述べた。控訴院は，裁判官のこの結
論に賛成する。しかし，控訴院は，裁判官の行った説示に問題があるとして，
控訴を認容し，有罪を破棄した。すなわち，裁判官は，一般論としては，2人
の間に虚偽を述べる共謀があった場合のほか，意図しなくても他方から影響を
受けている場合も，独立性を失わせるという，標準的な説示をしていたのに，
最後に，長く説明したことを一言で要約するとして，「それは悪質な嘘ですか？

---

(236)　他に，*R v SW*［2011］EWCA Crim 2463が，家族のメンバーである子どもらに
　　　対する強姦，強制わいせつ事件などで，訴因間許容性に関する説示が，不適切で，陪審
　　　に助けにならなかったとして，有罪を破棄した。

162

◇ 第3節 ◇ 被害者複数事件におけるその他の問題

それは，共謀によるでっち上げですか？」とまとめてしまった。結局，意図しない影響の部分を脱落させてしまった。しかし，本件で，具体的に問題となるのは，意図しない影響の方であるから，この説示の誤りは，評決に影響すると判断された。

◆ 第3節 ◆ 被害者複数事件におけるその他の問題

次に，被害者が複数の事件で，興味深い事例を2件紹介する。一つは，複数告訴人がある事件であるが，告訴人らが嘘を言ったかではなく，麻酔の影響により誤った事実を言ったか否かが問題とされた事例であり，他の一つは，犯人の同一性が問題となった場合である。事案自体興味深いが，推認過程，理由付けをどのように分析したらよいかの観点から，参考になると思われる。

(a) *Nicholson* ［2012］EWCA Crim 1568（看護師による性的暴行事件）

(i) 分 析

看護師（男）が，手術後の回復室の担当であったとき，麻酔手術後の回復期にある又はそうではない女の患者に性的暴行を加えたとして起訴された事件である。5人のVに対する各訴因のうち，2人のVに対して無罪（いずれも麻酔からの回復期にない患者で，有罪となった訴因と比較すると軽微な態様の性的暴行であった），3人のVに対して有罪となった（有罪となった事実は，いずれも麻酔手術から回復中の患者に対するもので，乳房，乳首を触る，指を膣に入れる，陰部に手を置くというものである）。起訴された事実のほかに，2人の女の患者が，麻酔手術から回復中に性的暴行を受けたと申告した事実が許容された。その一人Aが申告した暴行は，手で陰部を触り，乳房をつかんだというものである。ただし，他の一人Bについては，その日に，Dが勤務していないことが明らかになっている（弁護人は，これを麻酔から回復中の知覚の誤りの例とする。裁判官は，説示中で，この事件をDに有利に考慮すべきことを正当に説示したというのが，控訴院の見解である）。本件では，訴因間の証拠の許容性のほかに，麻酔手術からの回復期にある患者が，麻酔の影響により，誤った証言をする可能性があるかが争点となり，麻酔が専門の教授3名が専門家証人（検察側2人，弁護

163

◆第8章◆　控訴院判決の分析その二（複数訴因間の利用）

側1人）として，証言した。検察側証人は，本件では，誤った記憶による告訴
の可能性は相当低い，あるいは，夢や幻想の可能性は排除されると，証言した。
弁護側証人は，麻酔薬の影響が残留する状態で，睡眠や知覚の誤りによる誤っ
た記憶が誘発される可能性を排除できないとする見解を示した。しかし，共通
の見解は，本件の告訴人たちが述べたようなことは，滅多に経験しないという
ものであった。控訴の主な論点は，訴因間許容性についての裁判官の説示が正
しいかどうかである。

　控訴院は，裁判官が行なった説示を是認した。裁判官の説示は，第一に，偶
然の一致排除の理由付けについては，麻酔手術から回復中のＶの各告訴事実
が，類似していることを指摘した後に，Ｄの防御は，これらのＶが嘘を言っ
ているというものではなく，麻酔が原因で誤った記憶を述べているというもの
である。このうちの1人の告訴人の証言が誤った記憶によるものかどうかを検
討するに当たり，あなたたちは，他の2人の告訴人及びＡの証言を検討する
ことができます。他にも3人の，互いに無関係の女性が，しかも，全員が同じ
病院の患者で，同じ人に対して，麻酔による誤った記憶のために似たような告
訴をするという偶然の一致があるかどうかを考えてみて下さい。告訴の数が多
ければ多いほど，そしてそれらの類似性が大きければ大きいほど，偶然の一致
であることの可能性は少なくなるというものであった。この点について，控訴
院は，裁判官が，陪審に対し，1人の告訴人の証言が，他の告訴人の証言の支
持になり得ることを説示するもので，証拠を全部一まとめにして，三つの訴因
につき一律の結論を出してよいとは説示はしていないものであり，その説示は，
正しいと言う。第二に，裁判官は，訴因間許容のための第二の方法について説
明する。性向を経由する方法である。もし，陪審が，どの一つの告訴について
でも，Ｄを有罪であるとした場合，陪審は，Ｄが，そのような状況で性的犯罪
を犯す性向があると結論付けることができます，そして，その性向が，他の訴
因の告訴人が真実の記憶を述べたか否かの争点，及び，他の告訴人が通常で適
切な看護方法を誤って認識したかどうかの争点と関連性があると判断すること
ができますと説示した。控訴院は，この点の理由付けについても是認した。偶
然の一致が有り得ないことも根拠の一つにして，Ｄを一つの訴因で有罪である
と認め，さらに，そのため，Ｄがそのような状況でそのような犯罪を犯す性向

164

◇ 第3節 ◇　被害者複数事件におけるその他の問題

を持つという結論は，他の訴因におけるＤの有罪の可能性を高めることになると説明する。しかし，推認の累積（accumulation of inference）に価値を置きすぎる危険について，陪審に注意を与えるべきであるとする[237]。なお，弁護人は，偶然の一致が有り得ない程度については，信頼できる統計上の証拠が必要であると主張したが，控訴院は，そのような法原則はないとした。例えば，犯人が黒髪である，左利きである，足を引きずって歩くなどのように，関連する可能性の幅を狭めることができる証拠であれば，許容され得る，なぜなら，そのような証拠は，全体として考慮した場合，有罪を証明する力を持つなどと理由を述べる。

(ⅱ) 小　括

この判決は，訴因間許容性の点では，他の２個の訴因の各告訴人の証言，これに加えて，起訴されていない告訴人の証言，以上を悪性格証拠として許容し，偶然の一致排除理論により，当該告訴の真実性を支持し，他の証拠をも加えて，その訴因について有罪と認めたら，そこからＤの同種状況における同種犯罪を犯す性向を認定し，その性向から他の各訴因の告訴人の証言の真実性やその知覚に誤りがないことを支持するという二つの推認過程を許容したものである。要するに，偶然の一致排除アプローチを理由の一つとして，一つの訴因の有罪を認定し，さらに，それから同種犯罪を犯す性向を認定し，この性向を他の告訴人の証言の真実性の支持などに使うものである（直接証拠の真実性の支持などに使うものであるから，本書で定義する狭義の性向推認ではないことになる）。なお，推認の累積の危険について陪審に注意を与えるべきことについても言及している。

(b) *Norris* [2009] EWCA Crim 2697（看護師によるインシュリン注射殺人事件）

(ⅰ) 分　析

看護師（男）が，老齢の女の入院患者５人（いずれも糖尿病患者ではない）に対し，殺害目的で，インシュリン又はこれと同様の薬剤（以下，それらをイン

---

(237)　場面は若干異なるが，間接事実から要証事実を推認する過程における「不合理な重複評価」，「過剰な推認」を指摘する，近時の我が国の最高裁判例がある。最一決平成29年12月25日判例タイムズ1447号70頁（東京都庁郵便小包爆発事件）。

◆ 第8章 ◆ 控訴院判決の分析その二（複数訴因間の利用）

シュリンと略する）を注射し，4人を殺害し，1人は未遂に終わったとして起訴された事件である。すべての事件について，Dは有罪となった。この5件は，6か月間という短い期間内に，Dが勤務していた二つの病院（同じ市内）で発生した。糖尿病患者でない者に対し，インシュリンを注射すると低血糖症となり，昏睡状態となり，死亡する。糖尿病患者でない者が，インシュリン注射が原因ではなく，自然の原因で低血糖症になることがあるかどうかが，争点の一つとなった。審理では，様々な分野の専門家証人が合計20人（検察側15人，弁護側5人）調べられた。検察側，弁護側証人の証言をまとめると，本件の5人全員の低血糖症は，インシュリン投与が原因であることが，最も可能性が高い，そうではなく自然の原因であるとする説明は，ありそうにもない。しかし，証人により程度の違いはあるが，それを完全に排除することはできない，というものであった。

　控訴の理由は，裁判官の説示の適切さを争うものである。説示は，陪審に対して，判断すべき二つの基本的争点を提示した。第一は，各Vの低血糖症の原因が，インシュリンを注射されたことによることが証明されたか。もし，低血糖症の原因が自然の原因によることが排除できなければ，Dを無罪としなければならない。第二は，もし，第一が証明されたなら，陪審は，次に，インシュリンを注射したのがDであるのか，あるいは，他の誰かであるかを検討すべきである。以上の二つの争点に関する裁判官の説示の適切さが争われた。裁判官は，第二の争点について，訴因間証拠の許容性を認める説示をしているので，以下，第二の争点について検討する。裁判官は，説示において，もし，あなた方が，Vの一人であるA夫人に対してインシュリンを注射したのがDであることに確信があるなら[238]，次に，A夫人の死の状況と次に検討する他の女性の死の状況が，同一犯人であると言えるくらいに十分に類似しているかを検討して下さい。しかし，それらが類似していても，Dでない他人がインシュリンを注射したという「偶然の一致」の現実的可能性がある場合には，DがA夫人にインシュリンを注射したことは，他の女性の関係では，関連性がないので，

_____

(238)　説示において，A夫人の訴因から検討をスタートしているのは，A夫人の場合，低血糖症の原因がインシュリン注射によることを示す，血液サンプルの検査結果があったという証拠関係に基づいている。

◇ 第3節 ◇ 被害者複数事件におけるその他の問題

無視すべきです，と説明した。

　控訴院は，この説示を是認して，次のような分析をしている。(1)DがA夫人に対し不法にインシュリンを注射したと陪審が確信を持てば，それ自体，112条が規定する意味の「不品行（misconduct）」に該当する。(2)そのような不品行は，起訴された罪の事実と関係しないから，98条(a)，(b)号が定める悪性格証拠の例外には該当しない。(3)そのような不品行は，検察とDとの間の重要な争点に関連性がある（101条(1)項(d)号）。重要な争点は，（今，検討すべき訴因の）インシュリンを不法に注射した犯人の同一性である。(4)この悪性格証拠は，起訴された罪と同種の罪を犯す性向と関連性があるものではなく，むしろ，DがA夫人に対してインシュリンを不法に注射した事実が，Dが他の4人に対してインシュリンを投与したかどうかを立証するために証明力があるということである。簡単に言えば，他の4人の各事件の犯人の同一性の証明に関連性がある。(5)DがA夫人に対してインシュリンを投与したという悪性格証拠が，他の事件も同じ犯人によるものであることを推認する強力な状況証拠となり得る。(6)CJA2003の施行以降，控訴院は，犯人の同一性を立証するために類似事実が悪性格証拠として許容される基準を未だ示していない。(7)しかし，次のように考える。A夫人に対してインシュリンを投与したのがDであるとの結論が，他の類似した事件に証明力があると言うためには，A夫人事件の状況と他の事件の状況が，十分に類似して（sufficiently similar）いなければならない。(8)したがって，A夫人に対してインシュリンを投与したのがDであるとの結論を，他の事件に使えるかどうかを判断する基礎事情について，陪審に対し，注意深く，説示すべきである。また，このように，悪性格証拠としては，本来，(d)の入り口によるのであるが，本件事実審理において，上記訴因間証拠許容性の問題は，問題とされなかったことなどを理由に，類似事実証拠は，全当事者の合意により提出されたものとみなされた（101条(1)項(a)号）。控訴院の理由付けのうち，(4)，(5)，(7)，(8)が，新法の下での，新しい判断である。A夫人に対する訴因でDを有罪と認定したことを前提とし，起訴された罪と同種の罪を犯す性向による推認ではなく，DがA夫人に対して不法にインシュリンを注射した事実を，他の十分に類似する他の4人の事件で不法にインシュリンを注射した犯人の同一性の証明（すなわち，それらの犯人がDであるとの証明）に

167

◆第8章◆　控訴院判決の分析その二（複数訴因間の利用）

役立たせる構成である。これを強力な状況証拠(strong circumstantial evidence)と明示している[239][240]。

(ⅱ) 小括（順次アプローチと全体アプローチ）

　この Norris 判決は，一つの訴因で有罪認定がされたら，十分類似する状況にある他の訴因の事件の犯人が D であることを証明する状況証拠として働くとした。N (H) 判決，Gunning 判決及び Nicholson 判決の場合，一つの訴因で有罪と確信が得られたら，その有罪から同種犯罪を犯す性向を認定し，証明対象となる訴因に対し，その性向から有罪を推認することを認めていたことと対比される（しかし，Nicholson 判決及び Gunning 判決の場合，性向を，証明対象となる訴因に関する告訴人の証言の真実性の支持などに用いるものであったが）。この二つの事件は，性的暴行事件であったから，そのような犯罪の性向を認定することが適切な類型であったと言えようが，Norris 事件では，インシュリン投与による殺人事件であり，一つの有罪事実からそのような犯罪を犯す性向を直ちに認定することには，困難があり，そこに事実関係の違いがあったように思われる。

　なお，以上の四つの判決は，一つの訴因が有罪認定された後，その有罪を他の訴因の立証に用いる場面で，推認過程が，性向を利用する推認であるか，十分に類似した状況にあることを前提にした「状況証拠」による推認であるかの

---

(239)　前述の DM 判決（第4章第6節(c)）の事案において，仮に，バンフ事件の証拠が許容されて，その有罪が認定された場合，それは，性向証拠というより，Norris 判決の構成と同様，状況証拠となり，類似するリーズ事件の有罪認定に役立つという構成であったと思われる。

(240)　これは，まさに日本の最高裁の平成24年判例が設定した枠組みと同様である。平成24年判例では，「顕著な特徴」を共有し，「それ自体で両者の犯人が同一であることを合理的に推認させるようなもの」であることを，許容性の要件としている。一方，Norris 判決では，両者の状況が「十分に類似する」ことを要件としている。もっとも，A 夫人事件の犯人が他の事件の犯人と同一人であることを推認させる「基礎事情」があることが前提となっている。「基礎事情」としては，老齢の女の入院患者に対し，インシュリン注射するという犯行それ自体の類似性のほか，発生場所が D が勤務する二つの病院に限定されていること，D が勤務していた時間内に事件が起きていること，すべての事件は，6か月間という比較的短期間に起きたことなどが重要であると思われる。

相違はあるが，複数訴因の証拠の訴因間許容性のアプローチとしては，「順次アプローチ（sequential approach）」を採用している。つまり，一つの訴因についてDを有罪であると認定して初めて，他の訴因について，有罪認定した事実を証拠として使用し得るとの考え方である。もっとも，関連する全訴因の証拠を全体として全訴因の有罪，無罪の判断に使用してよいとする「全体アプローチ（pooling approach）」を排除するものとは解されない。次節で述べる *Suleman* 判決，*Wallace* 判決の各事案では，「全体アプローチ」を採用している。

◆ 第4節 ◆ すべての訴因の証拠の全体的観察

次に，これまで紹介した事例とは，異なり，起訴された複数訴因の全体（さらには起訴されていない類似事実を加えて）の証拠を全体的に観察する必要性を言う事例を2件紹介する。

(a) *Suleman*［2012］EWCA Crim 1569（第7章第6節(1)(g)参照）
(i) 分 析
控訴院は，次のように述べる。起訴されていようとそうでなかろうと，Suleman家に関係するすべての放火に関する証拠は，行動のパターン（pattern）を証明するために許容される。そのパターンから，Dがすべての事件の犯人であることの推認へと働く。したがって，起訴されている訴因間では，一つの放火の訴因の証拠は，他の放火の訴因の立証を支持するために許容される。次に，訴因1の一連のいたずら電話の証拠と訴因12の一連のいたずら電話の証拠は，相互に許容され，さらに，それらのいたずら電話の各訴因の証拠とすべての放火の訴因の証拠も相互に許容される。ただし，訴因2の放火については，パターンによる推認を介さずに，別途，Dを有罪と認め得る証拠関係がある。陪審が，それによりDを訴因2の放火で有罪とした場合，Dは，自分の家族の利益に反しても放火をする性向がある人間であると結論付けることができる，と。

証拠の訴因間許容性は，起訴された訴因間の問題であるが，本件では，それに加えて，起訴されていない事件の証拠も許容され，結局，以上すべての証拠の全体を，各訴因の有罪・無罪を検討する上で，考慮してよいとされた。犯罪

◆ 第 8 章 ◆　控訴院判決の分析その二（複数訴因間の利用）

行為のパターンとその発展が，放火といたずら電話の犯人の同一性認定に役立つとされた。すべての放火は，一人の犯人によるもので，犯人は，家族の一員であり，放火の犯人といたずら電話の犯人とは同一人であることなどが，検察の主張であり，これに沿う状況証拠があった。また，いたずら電話については，Ｄが犯人であることを示す客観的な状況証拠もあった。

　裁判官の説示において，いずれの訴因についての有罪・無罪を決定するに当たっても，他のいかなる訴因の証拠も考慮に入れてよい，すべての火事は，Ｄの父，叔父一家の住居，仕事用のビル，車で発生したこと，いたずら電話は，それらの場所に関することであったことなどが，単なる偶然の一致であるか，あるいは，それらの訴因を結ぶ共通の糸があるかを検討する必要があるなどと説示した。控訴院は，この説示を是認している。すなわち，裁判官が，陪審に対し，証拠を全体として見た場合，放火といたずら電話を行なったのは一人の犯人であって，それがＤであることを示すかどうかを検討するように説示していることは，陪審にとって明らかであったと述べている。説示の場面では，偶然の一致排除理論が理由付けとして用いられている。

　(ii)　小　括

　Suleman 判決では，犯罪行為のパターンの証明という説明がなされているが，コモン・ローの時代には，システム（system）又は系統立った連続した行為（systematic course of conduct）が一つの許容されるカテゴリーとしてあった。全体的観察をするという意味で，両者は類似する。ただし，以下の判例は，いずれも，目的や詐欺の故意など主観的要素を立証する場合である。

　例えば，*Bond* 判決[241]は，医師が，自己が妊娠させた女性に堕胎目的で器具を使用した事案である。Ｄの防御は，器具は病気の検査のために使用したというものである。9か月前に，同じく自己が妊娠させた別の女性に同様の堕胎手術をした事実及びそのとき，その女性に対して，自分が妊娠させた多数の女性に堕胎手術をしたと述べた事実が許容された。器具使用が堕胎目的であることを立証するためであった。ケネディ裁判官らの意見の中で，系統立った連続した行為（これが故意の立証に役立つ）を証明するために，類似事実が許容され

―――――――――――

　(241)　*R v Bond* [1906] 2 KB 389.

る趣旨が述べられている。

Rhodes 判決[242]では，インチキ会社であるのに真っ当な会社を装った新聞広告により，卵を騙し取った詐欺の事案で，本件の後，2回にわたり，同じ新聞広告により，卵を取得した事実が許容された。類似事実は，詐欺の計画（scheme）の一部を証明するとの理由により許容された。ウィルズ裁判官の意見中に，「同じ詐欺のシステム」の一部であれば，許容される旨が述べられている。

(b) *Wallace* [2007] EWCA Crim 1760
(i) 分　析
　D は，3件の武装強盗及び1件の同未遂で起訴された。D に対して，各事件について直接証拠はなかったが，犯行に直接参加ないし関係したことを示す状況証拠が，各事件ごとに存在した。そして，以上の4件の犯行は，3，4人が実行犯である，一連の犯行であった。D は，共犯者とされる者の中で最年長であることなどから，首謀者であることが伺えた。1件ずつ分断すると，D に対する証拠は，必ずしも強いとは言えないが，4件を全体として観察すると，状況証拠による推認が強まるという事案であった。結果として，D は，全部の事件により，有罪とされた。裁判官は，説示において偶然の一致排除理論による説明もしていた。

　控訴院が判断したのは，他の事件の状況証拠が，CJA2003の98条に言う悪性格証拠に該当するか否かの問題である。結論としては，悪性格証拠に該当すると言わざるを得ない。新法の起草者が，そのように考えたか疑問はあるが。本件における重要な争点は，犯罪を犯す性向又は不真実の性向ではなく，各強盗，強盗未遂に D を結び付ける状況証拠を，全体として見た場合，それが，各事件への D の参加そして有罪を証明するかどうかである。本件では，悪性格証拠としての請求はなされていない。誰もそれが悪性格証拠に当たると考えなかったからである。厳密な意味では悪性格証拠に当たると言わざるを得ないが，本件では，一般になされる悪性格証拠の説示は必要がない。裁判官は，適切に，

---

(242)　*R v Rhodes* (1899) 19 Cox 182.

◆ 第 8 章 ◆ 控訴院判決の分析その二（複数訴因間の利用）

状況証拠としての証拠の関連性を陪審に説示しているから，悪性格証拠であり，許容される入り口が必要であったことは，重要なことではない。悪性格証拠となれば，入り口は(d)であるが，それが示されていないことは，特に問題とはならない。

(ii) 小　括

全部の訴因に関する状況証拠を全体として考察し，各訴因の D の有罪，無罪の判断をしてよいとする判断である。他の訴因に関する状況証拠が，証明対象となる訴因に対して，悪性格証拠に該当するとしたものである。

ところで，全体的観察が許されるか否かの問題は，CJA2003以前に，順次アプローチ（sequential approach）と全体アプローチ（pooling approach）の対立として問題になった[243]。*McGranaghan* ［1995］1 Cr App R 559は，犯人の同一性が争点となる場合に，順次アプローチを採るべきであると判示したが，控訴院は，その後，*McGranaghan* 判決の判断は，その事件限りのものとし，全体アプローチを採用することを明らかにした[244]。

Suleman 判決，*Wallace* 判決は，それぞれの事実において，旧法当時から採用されていた全体アプローチを新法の下においても採用することを明確にした。

---

(243)　Redmayne, *supra* note 71 at 178.

(244)　*R v Downey* ［1995］1 Cr App R 547; *R v Barnes* ［1995］2 Cr App R 491.

第9章　控訴院判決の分析の総括

　第7章，第8章において，グループごとに分析の小括を行ったが，この章では，二つの章を合同して総括する。

◆ 第1節 ◆　許容性から説示(推認過程)への重点の移動

　(1) 入り口(d)は，許容性の要件として，「重要な争点との関連性」を定めるが，すでに検討した控訴院判例を見る限りでは，この要件によって排除すべきであるとされた事例を見ることはできなかった。争点の設定は，事件により個別に定められていることが看取される。「争点との関連性」の要件は，検察が証拠請求する段階及び公判において，裁判官が証拠決定をする段階では，一定のチェック機能を果たすものと思われる。

　(2) 許容性の段階で，重要な役目を果たすべきものとして位置付けられているのは，101条(3)項である。同項が適用されて類似事実が排除された場合は，副次的訴訟の弊害がある類型を除けば (DM 判決，O'Dowd 判決など)，狭義の性向推認を用いる場合であることが判明する。類似事実証拠が持つ証明力が弱く，他方，「他の証拠」が弱いため，Dに対する弊害が強い事件である。そのような場合，前科等を提出することが，手続きの公正さに害を与える。つまり，無実の者を有罪にする危険があるから，許容性段階において，チェックして排除すべきであるというものである。したがって，101条(3)項適用の関係では，当該類似事実の使用が狭義の性向推認に依拠する場合であるか否かをまず見極めることは有益である。もちろん，狭義の性向推認を経由しないが，性向を認定し，それから，別の推認過程を経る場合でも，偏見の弊害は考え得るから，101条(3)項の適用が全くあり得ないと言うことはできないであろうが。

◆ 第 9 章 ◆　控訴院判決の分析の総括

(3) 次に，使用の段階では，陪審に対し，当該類似事実証拠を，どのような推認過程，理由付けで有罪認定に使用するのかを具体的，明確に示す必要がある。使用段階で陪審が偏見の害に陥らないために，有罪認定に使用する適切な推認過程，理由付けを明確にする必要がある。もちろん，そのような推認過程，理由付けを使用して，最終的に有罪・無罪を判断するのは，陪審の役割である。

類似事実証拠に関して，判例上の議論は，許容性の問題から，陪審に対する説示の問題へと重点が移動したと評されていることは先に述べた（第5章前文）。すでに見てきた，控訴院判決の分析結果からも，このような評価が正しいことが裏付けられている。

(4) 次節以下において，類似事実からの推認過程，理由付けの問題に絞って，総括する。第6章において示した座標軸，第一　他の証拠との関係，第二　狭義の性向推認を経由しない推認過程，理由付け，第三　狭義の性向推認の活用の程度，の順で，総括する。

◆ 第 2 節 ◆　他の証拠との関係

狭義の性向推認とは，Dの前科等の類似事実から，起訴された事実と同種の罪を犯すDの性向を認定し，その性向から，直接，Dが，当該起訴された罪を犯した蓋然性を高めるとするものである。新法施行後初期の控訴院判決は，この性向推認を対象とするガイダンスを示していた（*Hanson*判決）。つまり，控訴院は，新法の施行により，狭義の性向推認が，類似事実の主な利用方法となることを想定していたようである。一方で，*Hanson*判決は，類似事実が検察の弱い主張を強化するために使用されてはならないとした。つまり，狭義の性向推認のみで有罪認定ができないことは当然として，検察の他の証拠が相当程度強いものでなければならないことを要求した。そうすると，類似事実証拠と他の証拠との関係が当然意識されてこよう。以下において，他の証拠に対し，類似事実証拠がどのように働くかの観点から整理する。

174

◇ 第 2 節 ◇　他の証拠との関係

（1）　直接証拠の真実性を支持する働き

（a）*Campbell* 判決は，あるべき説示の中で，2 人の元ガールフレンドに対して類似の暴力を加えた前科から認められる D の女性に対して暴力を働く性向を，起訴された事件の V の証言の真実性を検討するに当たり，考慮してよいとした。他方，控訴院が示した模範的な説示例においては，そのような性向から，狭義の性向推認をしてよいとは言っていない。

　次の問題は，それでは，なぜ，V の証言の真実性の判断に，D の類似の前科が役立つのであろうか，である。控訴院判決では必ずしも十分に説明されていない。考えるに，前科の事実関係から認められる D の過去における行動に一致ないし類似する事実を，起訴された事件で，V が証言することから，その証言が，単なるでっち上げではなく，真実であることの補助になるからであろう（そうすると，必ずしも前科から性向を認定する必要はないことになる）。あるいは，次に述べる，同定証言の真実性を支持する働きと同様に，偶然の一致排除理論から，説明することができるであろう。また，複数告訴人がある場合の各告訴証言の真実性相互担保の理由は，今や，明確に，偶然の一致排除理論からなされる。複数告訴の場合には，同時に審理されており，通常，ほぼ同時期に起きたとされる被害事実である。*Campbell* 判決の事案では，類似事実が，前科であることから，時期的にある程度間隔が空くが（複数告訴の場合と比較して程度の問題であろう），もし，これに複数告訴事件の場合の理由付けを借用できるとすれば，時期を異にするとはいえ，3 人のガールフレンドの類似する暴力事件の告訴が（うち 2 人については，すでに有罪とされ前科となっているが），すべてでっち上げであるという偶然の一致は考えられないとの理由により，前科が，起訴された事件の告訴の真実性を担保すると言うことができる。

　（b）*McKenzie* 判決では，D の危険な運転をする性向を，D が危険運転をしたため事故が起こった事実を目撃した第三者の証言の信用性評価において考慮してよいとした。この場合も，性向から起訴された犯罪に対する狭義の性向推認を許容するものではない。それでは，なぜ，そのような性向が目撃者の証言の信用性評価に役立つのであろうか。*Campbell* 判決について述べたと同じよ

175

◆第9章◆ 控訴院判決の分析の総括

うに，目撃者の証言が，Dの過去の行動傾向と一致ないし類似するから，その証言が正しいであろうと推認されるのであろう。また，偶然の一致排除理論からも説明することができるであろう。

　(c) 検察証人の証言とDの証言（供述，主張）が真っ向から対立する場合，いずれが真実であるかを判断するに当たって，Dの類似事実を利用することができれば，事実認定者の助けになることは明らかである。これは常識が求めるところと言える。そうすると，類似事実が，検察証人の証言の真実性を支持する働きをする反面，起訴事実を否認するDの証言の信用性を否定する効果を持つことは，否定できないように思われる。*Campbell* 判決は，そのように陪審に対して説示することには，消極的な見解を示した。陪審は，Dが不真実を述べたかどうかを検討するより，まず，Dが有罪であることが立証されたかどうかの問題に専念すべきであるという。この問題は，Dの証言の信用性につき，103条(1)項(b)号が制定されたことと関連している。さらに，(d)の入り口の他に，(f)，(g)の入り口という，Dの証言の信用性を弾劾するために，Dの悪性格証拠が許容される場合があることにも，留意すべきである。ただし，その後の判例では，Dの潔白の防御の主張（*Jordan* 判決）や無実である説明（*Cox* 判決）の反証として，類似事実又はそれによって認定できる性向を利用することを認めているものがある。

　次の(2)(3)の場合も，直接証拠の一種であるが，独立した項として説明する。

(2)　同定証言を支持する働き

Eastlake 判決，*Spittle* 判決，*MJ* 判決は，Dの暴力犯罪を犯す性向，又は，無免許運転の性向が，犯人がDであるとする同定証言の正確性を支持する旨を明言した。*Eastlake* 判決では，その理由付けとして，偶然の一致排除理論を示唆していた。

　Purcell 判決は，自動車関連犯罪を犯す性向を持つことから，それが，Dを一般人に比較して，より自動車窃盗を犯す蓋然性が相当に高い，限定されたカテゴリーの犯罪者たちの一員とすることを経由して，同定証言を支持すると説

◇ 第 2 節 ◇　　他の証拠との関係

明する（バガリック説とほぼ同趣旨である。もっとも，バガリック説は，性向を経由するのでなく，関連する行為を行う行動能力を持つ限定されたクラスに属することが，D が起訴された犯罪を犯した蓋然性を高めると理由付ける）。

　Dossett 判決は，D の前科から，そのような前科を持つ者（前科を有することのみを述べ，前科から性向を認定してはいない）を犯人として間違って選ぶという偶然があり得るのかと，偶然の一致排除理論からの説明をしている。

(3)　子どもに対する性犯罪の告訴人証言の真実性を支持する働き

　P 判決では，子どもに対し性犯罪を犯す性向から，一応，性向推認を許したものと解されるが，V 及び D の各証言の信用性が争点となっていた事案であった。Miller 判決及び Balazs 判決（大人に対する性犯罪）でも，前科が一定の性向を立証する証拠として許容されたが，その性向は，対立する V 及び D の各供述の信用性判断に役立っている。

　しかし，P 判決後の A 判決，D, P and U 判決では，性向を認定することなく，パソコン内の子どもポルノ画像の所持などの事実から「子どもに対する性的関心」が立証され，これが，告訴人証言の真実性を支持する働きをするとされた。その理由付けは，偶然の一致排除理論によっている。

(4)　状況証拠の総合による証明を確実にする働き

　第一に，窃盗罪の場合である。Hanson 判決（実際に公判審理は行われなかったが）は，状況証拠により，強力な有罪の立証がなされ得た事件で，住居侵入窃盗の性向は，その有罪証明を確実にする働きをすることになる。Gilmore 判決でも，状況証拠により，強力な有罪の立証がなされたが，最近の執拗な盗みの性向は，それを確実にする働きをする。詐欺的侵入罪に関する Howe 判決の場合も，D が犯人であることにつき，状況証拠による強力な証明がなされ，顕著な類似性のある手口の前科から認められる性向は，その証明を補完する働きをする。以上の場合は，いずれも，狭義の（独立した）性向推認が働くことは否定できないだろうが，状況証拠の総合による証明を確実にするという補充的

177

◆第9章◆ 控訴院判決の分析の総括

働きであり，あるいは，ホーが言う「当該状況の中での当該行為の説明として，そして，その主体が動機付けられた理由として，間接的に，有罪の推認を支持する」場合と言ってよく，偏見の害は少ないと言えよう。*Gilmore* 判決の場合，潔白な所持の防御に対する反証の役割をも果たす。

　第二に，*Jackson* 判決の場合である。そこでは，状況証拠によりＤが犯人であることが，圧倒的に立証された。そこに，絞殺の前科が許容された。絞殺による殺人を行うことのできる犯罪遂行能力があることを介して，状況証拠の総合によるＤが犯人であることの同定を完璧ならしめた。性向推認が働かない場合と言えよう。バガリック説に類似する。そのような犯罪遂行能力のあることは，それ自体，状況証拠の一つと言える。

(5) 複数告訴人証言の相互支持

　(a) この類型は，複数訴因間の利用においてのみ現れる類型である。併合審理されている複数訴因の各Ｖ証言を相互に利用するものである。控訴院判決で当初，若干の混乱が見られたが，現在の判例の考え方は，同一人に対して，複数の者から，独立した（共謀その他の影響がないこと）告訴がなされ，その告訴事実が類似している場合（先に，そのうちの一つについて有罪認定をする必要はない），虚偽の（又は誤った記憶による）類似告訴が，偶然の一致としてなされる可能性は低いから，一つの告訴証言は，他の告訴証言の真実性を支持する，というものである。この類型は，旧法時代の *Boardman* 判決，Ｐ判決の類型である（しかし，新法下では，*Boardman* 判決が，指摘した「顕著な類似性」を要件としていない）。新法下において，明確に，偶然の一致排除理論を採用した理由付けとして確立した。*Freeman* 判決，*N*（*H*）判決，*Nicholson* 判決などがその趣旨を明言する。

　(b) ところで，複数告訴事件を併合して審理している場合，告訴人証言の相互担保のアプローチに加えて，一つの訴因につき，有罪の認定が先行してなされた場合，その有罪から同種犯罪を犯す性向を認定し，その性向を利用する場合（*N*（*H*）判決，*Nicholson* 判決，*Gunning* 判決）がある。ただし，*N*（*H*）判決では，同種犯罪を犯す性向から性向推認を許容しているが，*Nicholson* 判決及

び *Gunning* 判決では，同種犯罪を犯す性向が他の訴因の告訴人の証言の真実性の支持に役立つとするアプローチを採る。したがって，狭義の性向推認の類型ではなく，性向が直接証拠の真実性を支持する働きをする類型となっている。

このような場合に，レドメインが批判するような二重評価が起きているかは一つの問題となる。*Nicholson* 判決は，上記のような両方の使用を許容するが，一方で，推認の累積の危険に対する配慮を指摘する。裁判官の手引き（2018年6月版）は，二重評価（double-counting）を避けるよう注意を促している。

（c）さらに，複数告訴事件を併合して審理している場合，告訴人証言の相互担保のアプローチを利用することなく，一つの訴因でDの有罪が認定されたら，それを，十分類似する状況にある他の訴因の事件の犯人をDと認定する強力な状況証拠として使う場合（*Norris* 判決）がある。

(6)　すべての訴因の証拠の全体的観察

（a）*Wallace* 判決は，すべての訴因の状況証拠を全体的に考察して，各訴因についてDの有罪を認定した事例である（訴因ごとに分離して考察した場合，いずれの訴因もDの有罪の認定は困難である）。

（b）*Suleman* 判決は，多数の訴因の各事実，さらには起訴されていない事件の各事実を，全体として考察し，そこから犯罪行為のパターンとその発展を認定し，すべて同一犯人による犯行であり，その犯人がDであると認定した事例である。説示では，偶然の一致排除理論が適用されている。

◆ 第3節 ◆　狭義の性向推認を経ない理由付けのまとめ

前節において，類似事実証拠と他の証拠との関係で述べた中で，すでに，以下に述べる理由付けが現れている。以下においては，理由付けごとにまとめる。

◆ 第9章 ◆　控訴院判決の分析の総括

(1)　偶然の一致排除理論による理由付け

(a) 複数告訴証言の真実性担保

前節で述べたとおり，コモン・ロー下でも現れていた類型であるが，新法下において，控訴院判例が，偶然の一致排除理論による理由付けを採ることを明確にし，かつ，その趣旨で裁判官の手引き中の説示例が整備されて確立した。

(b) 同定証言の真実性担保

同種前科のある者又は同種前科から認められる一定の性向のある者を，証人が，犯人と同定したことは，偶然の一致である可能性を減少させる。よって，その前科あるいは性向は，その証言の真実性を裏付ける。前科のみに言及するものは，*Dossett* 判決，*Ngando* 判決である。性向を認定したものは，*Eastlake* 判決，*Spittle* 判決，*MJ* 判決である。

(c) 認識，故意の認定に使用する場合

旧法下の *Francis* 判決では，偶然の一致排除理論によることが示唆された。*Mortimer* 判決は，同理論に言及していないが，同理論による説明に適切な事案であると解される。

旧法下の *Makin* 判決，*Smith* 判決は，当該判決自体では，偶然の一致排除理論による説明はされていないが，その後の判例，学説において，偶然の一致排除理論からの説明がなされている。

(d) 潔白な関係の主張に対する反証

Jordan 判決において，偶然，けん銃のそばにいたとの潔白な関係の主張に対する反証として，銃器に関する前科を許容したことにつき，裁判官は，性向を立証するためとしたが，控訴院は，偶然の一致又は潔白な関係が，いずれもあり得ないことを立証するためであることを明確にした。

(e) 全体アプローチによる場合

Suleman 判決，*Wallace* 判決の場合である。すべての訴因の証拠（*Suleman* 判決では，さらに，起訴されていない類似事実証拠をも加え）を考慮して，全部の訴因の犯人がＤであることを認定する。理由付けでは，偶然の一致排除理論によっている。

◇ 第 3 節 ◇　狭義の性向推認を経ない理由付けのまとめ

(f) ま と め

　このように見てくると，偶然の一致排除理論は，結局は，人間の常識に基礎を置くものであることが理解される。

(2)　バガリック説に類似する理由付け

　(a) *Purcell* 判決は，前科から，関連する性向を認定し，その性向から，Ｄが，限定された犯罪者集団に属することが立証され，それは，同定証言の真実性の支持に働くとする[245]。限定された犯罪者集団に属するという位置付けが，狭く，あるいは特殊であればあるほど，同定証言の真実性を支持する力は強いものとなる。

　(b) *Jackson* 判決が，前科事実から，Ｄが，絞殺による殺人を行う能力のある人間であることを認定し，これを，Ｄを殺人犯の犯人であるとする状況証拠の総合による証明の補強に用いたのも，同様の類型と言える。また，この場合は，状況証拠の一種ととらえることができる。

(3)　状況証拠（間接事実）あるいは，それに準ずるものとして理解される場合

　我が国では，類似事実は，悪性格証拠として意識しているとしていないとにかかわらず，状況証拠（間接事実）ととらえることが一般であろう。最高裁平成25年判例は，前科等の類似事実証拠を「間接事実」としてとらえている。

　しかし，控訴院判決が状況証拠であることを明言する場合は，少ない。控訴院判例が指摘する，以下のような一定の事実を経由する場合は，その事実を状況証拠（間接事実）としてとらえてよいのではなかろうか。ただし，(e)は，特

---

(245)　ただし，バガリック説は，類似事実証拠から，Ｄが関連する犯罪を行う行動能力を持つ限定されたクラスに属することを経由して，Ｄの有罪の蓋然性を増大するというものであるから，性向を認定する過程を経由していない。ところで，*Purcell* 判決の場合も，一定の性向を認定する必要はなく，関連する前科から直接に，そのような限定されたクラスに属すると認めることが可能であったと思われる。

181

◆ 第9章 ◆ 控訴院判決の分析の総括

殊な類型であると言えよう。

(a) 特定の性的関心を経由する場合

Manister 判決は，10代半ばの少女との合意による性交から同世代の少女に対する性的関心を立証し，これを有罪認定に使用した例である。*A* 判決，*D, P and U* 判決は，子どもポルノ（近親相姦を含む）の所持から子どもに対する性的関心（近親相姦に対する関心）を立証し，これを有罪認定に使用した。これらの事件は，いずれも告訴人の証言（供述）がある場合であるから，その証言（供述）の真実性を支持する役割を果たすが，独立した状況証拠と言ってもよいであろう。

(b) 銃器，ナイフとのかかわり，銃器に関係する人間とのかかわりを経由する場合

Smith 判決では，犯行当時，グループが銃器を携帯していることなどをDが認識していたことは，銃器関連の前科から認められる，銃器を装備した人間と行動を共にする性向からの性向推認としていた。*RR* 判決では，メンバーがナイフを携帯していたことの認識は，ナイフを使用した共犯者のある事件の前科から認められる，ナイフが使用される犯罪に参加する性向からの性向推認としていた。

しかし，その後の控訴院判決には，前科からの性向推認ではない別の推認過程を採るべきことを明確にしたものがある。すなわち，*Maina* 判決では，共犯者がナイフを携帯し，使用するかもしれない危険の認識に関して，裁判官が，前科から，ナイフを携帯し，使用する性向を認定し，その性向から「認識」を性向推認するとしていたのを，控訴院は，それを是正し，前科を，犯罪性向を証明する証拠として使うのではなく，前科から「Dのナイフとのかかわり」を認定し，これを介して，「認識」を証明しようとするものである。次いで，*Nicholas* 判決では，銃器所持の前科から，「銃器及びそれを用意できる人間とのかかわり」を立証し，これを介して有罪立証につなげるものである。以上の各判決では，各前科から認定される「ナイフとのかかわり」又は「銃器及びそれを用意できる人間とのかかわり」は，状況証拠（間接事実）の一つであると解される。

◇ 第3節 ◇ 狭義の性向推認を経ない理由付けのまとめ

(c) 犯罪的ギャングの一員である場合

Lewis 判決は，ギャングの一員であること（悪性格証拠である）を，Ｄが現場に存在したとの同定証言の正確性支持及び潔白な存在の防御に対する反証のために使用した。ギャングの一員であることが，状況証拠（間接事実）の役割を果たしていると見られる。

他に，*Elliott* 判決が，コカイン及び銃器の所持罪につき，麻薬犯罪及び銃器の携帯・使用に関与する暴力的ギャングのメンバーである事実を許容した。「麻薬及び銃器への関与」を介して有罪認定につなげるものと解されるので，状況証拠（間接事実）と言えるであろう[246]。

(d) コカインへの関心を経由する場合

Isichei 判決は，コカインの犯罪の前科から，Ｄがコカインに関心を持つ人々の特別なカテゴリーに入ることを認定し，それをＤが犯人であるとする同定証言の真実性担保に使用してよいとした。前科からＤのコカインへの関心を推認し，その事実を同定証言の真実性判断の補助証拠として使用するものであるが，コカインへの関心が，状況証拠（間接事実）として働いている。

(e) 1件の訴因の犯人をＤと認定することが，十分な類似性のある他の事件の訴因も同じ犯人によることを推認する強力な状況証拠となる場合

Norris 判決は，複数訴因事件で，1件の訴因の証拠が強い場合，まず，その訴因でＤをインシュリンを不法に注射した犯人とした場合，その事実は，「十分な類似性」のある他の事件の訴因の犯人が同一犯人であることを証明する強い状況証拠であると判示する。状況証拠であることを明言した数少ない例である。状況証拠であると言うが，特殊な類型であると言ってよい。Ｄが犯人であると認定された訴因とその余の訴因との間に共通する事実関係があり，それらが同一犯人の犯行であることを示す状況が背景としてあった事案である。

─────────

(246) アメリカでも，ギャングのメンバー（gang membership）である事実を証拠とすることの許否が問題となっている。Saltzburg, *supra* note 102 at §403.03 [41] に，連邦控訴裁判所の許否の各事例が紹介されている。

183

◆ 第 9 章 ◆ 　控訴院判決の分析の総括

◆ 第 4 節 ◆ 　狭義の性向推認に頼る場合が限定されてきていること

（1）新法により，性向推認の使用が許容されたのに，なぜ，性向推認を避けて，類似事実それ自体あるいは類似事実から認定した性向を別の推認過程，理由付けで使用することがあるのだろうか。類似性の程度がそれほど高度でなく，性向の程度がそれほど強度でもない場合，性向推認が可能であると言っても，その証明力はそれほど高くない事案があるであろう。そのような場合，類似事実から性向を認定し，その性向から，Ｄの有罪の蓋然性を高めるとする性向推認をすると言っただけでは，有罪認定に対する説得力はそれほどない。かえって，偏見の害が高くなる場合もあるだろう。もちろん，盗犯や性犯罪，麻薬関係犯罪等の性向推認に適した犯罪類型は存在するし，「他の証拠」が強力あるいは圧倒的であれば，性向推認することの弊害は無視してよい場合もあり，性向推認が許される場合がある。例えば，状況証拠の総合による証明が圧倒的な場合である。したがって，控訴院は，事案ごとに，適切な類似事実証拠の使用方法を探求しているものと解される。先に述べたように，*Jordan* 判決，*Maina* 判決，*Nicholas* 判決において，いずれも，類似事実証拠を，裁判官は，性向推認のための性向証拠として取り扱ったが，控訴院は，それは適切でないとして，性向推認を経由しない理由付けを採るべきであるとした。このような事例からも，控訴院は，安易に性向推認に頼るのでなく，それ以外の適切な推認過程，理由付けを探求しているものと評価できる。

　付言するに，上記のような CJA2003 の適用に当たっての制限的態度の背景には，新法を文言の許す限り広く適用した場合，ヨーロッパ人権条約 6 条（公正な裁判を受ける権利の保障）に違反するとの主張を招いて，ストラスブールの欧州人権裁判所の介入を招きかねないことへの配慮があることがうかがわれる[247]。

　（2）結局，第 7 章，第 8 章で行なった控訴院判例の分析からすると，狭義の性向推認が行われる場合は，盗犯や性犯罪，麻薬関係犯罪等の性向推認に適した犯罪類型であることを前提とし，「他の証拠」が強力な場合などに限られて

◇ 第5節 ◇ 2003年刑事司法法がもたらした変革とイギリス法の根底にあるもの

きているのではないだろうか。その場合も，直接証拠がある場合は，直接証拠の真実性の支持として，補助証拠として使えるから，そうすると，狭義の性向推認が働くのは，状況証拠による強力な証明を補強するような場合に限定されると言ってよいかもしれない。

　ただし，控訴院は，旧法で許容されるカテゴリーとされていた「被告人の防御に対する反証」という類型で許容することがある。正当防衛の防御や潔白な関係の防御などである。例えば，正当防衛の防御に対する反証の場合は，類似事実からＤの攻撃的性向を認定し，起訴された事件でも，攻撃的に行動したであろうという部分的な性向推認を許すものと解することができる。ただし，この場合も，直接証拠がある場合には，直接証拠の真実性を支持する働きをする。

　⑶　このように見てくると，控訴院が許容する類似事実の使用の現実は，ホーが提唱した「他に有力な証拠がある場合には，類似事実証拠は，当該状況の中での当該行為の説明として，そして，その主体が動機付けられた理由として，間接的に，有罪の推認を支持する」（第6章第3節）という立場とそれ程変わらないのではないかという見方ができるかもしれない。

　ただし，以上の点に関しては，今後とも，控訴院判決の動向を注意深く見守っていく必要がある。

◆ 第5節 ◆　2003年刑事司法法がもたらした変革とイギリス法の根底にあるもの

　最後に，類似事実証拠に関して，新法がもたらした価値，及び，この研究を通じて認識したイギリス法の根底にあるものについて，指摘しておきたい。

　前節までにおいて，新法が性向推認を許容したものの，実際に，控訴院が，狭義の性向推認を許容する場合が限定されていることを指摘した。そうすると，性向推認を許容したCJA2003の価値は少ないように思えるが，そうではない。

---

　(247)　例えば，Glover & Murphy, supra note 137 at 151参照。

◆ 第 9 章 ◆　控訴院判決の分析の総括

CJA2003がもたらした価値は，(a)性向推認をする場合かどうかを，類似事実証拠の許容性の基準とすることを廃止したこと，(b)そのため，類似事実証拠に関する，裁判所の関心の重点は，許容性の問題から，むしろ，それをどのような推認過程，理由付けで有罪認定に使用するかの問題へと移動したこと，(c)許容された類似事実の使用を適切に行うため，裁判官の説示の重要性がよりクローズアップされ，控訴院が裁判官の行なった説示の適否を審査する過程で，類似事実による推認過程，理由付けの分析の検討が進み，現在もなおそれが進行しつつあることではないだろうか。これは，コモン・ロー時代からすると，類似事実証拠の利用に関し，革命的な進歩があったものと言って過言でなく，CJA2003の立法者，そして，その改革を批判した学者もこれを十分予見できていなかったのではないかと思われる。それは，主として，控訴院判例が14年以上の期間にわたる経験の中で築いてきた，あるいは，築きつつある結果ではないだろうか。

　加えて，控訴院判例を分析していく中で，イギリス法でよく出てくる公正さ（fairness）の概念が許容性判断において，キーワードとなっていること，また，類似事実からの推認過程や理由付けは，イギリス法の伝統に基づいたコモン・ロー以来の，陪審の常識（common sense）に基礎を置くものであることが確認できるのである。この公正さと陪審の常識が，まさに，イギリス刑事法の根底にあるものと感じさせられるところである。

186

第10章　我が国における類似事実証拠の有効かつ⁽²⁴⁸⁾適切な利用

◆ 第1節 ◆　イギリス控訴院判例から示唆を受けての問題提起

(1) 第9章において，イギリス控訴院判例を分析した総括を行った。その中で，控訴院判例が，CJA2003によって性向推認が許容されたからといって，たやすくこれに頼ることなく，性向推認が適切でない場合には，性向推認でない推認過程，理由付けによる類似事実証拠の利用を試みているところは，我が国における前科等の類似事実証拠の利用に当たり，示唆を与えるところである。まず，狭義の性向推認を経ない利用法は，比較的抵抗なく，我が国に導入することができるのではないだろうか。なぜなら，仮に，いったん，性向を認定しても，それから狭義の性向推認を経ない利用であれば，偏見の害が比較的少ないと言えるからである。

(2) 次節において，我が国の過去の判例において現れた事案を取り上げ，類似事実証拠による適切な推認過程，理由付けが可能かの検証を試みる。その前に，我が国の裁判実務の実情から，気付いた二，三の問題点を指摘しておきたい。

(a) 性犯罪事件における類似事実証拠の活用

性犯罪において，Ｄを陥れるために虚偽の告訴をする可能性が，我が国でも

---

(248)「類似事実（証拠）」という用語は，CJA2003の条文において規定されているものではなく，コモン・ローにおけるルールを説明するに当たり，「類似事実（証拠）」ルールとして説明されてきたところに由来する。そのルールにおける「類似事実（証拠）」とは，Ｄの類似前科，類似犯罪のみならず，起訴された犯罪を立証するために関連性のあるＤの不品行などをも含む概念であると解される。本書では，これまでも，「類似事実（証拠）」をその意味で用いてきたが，本章でも，同様であることを，ここに，確認しておきたい。

◆ 第10章 ◆　我が国における類似事実証拠の有効かつ適切な利用

指摘されることがある。同種前科の存在は，その可能性に対する反証となり得る。

　例えば，痴漢事件においては，痴漢の前科・前歴は，それをV証言ら（Dを犯人とする同定証言を含む）の真実性の支持に使用することができる。理由付けは偶然の一致排除理論による。いったん，性向を認定する場合であっても，性向から直接，起訴された痴漢事実を推認するものではなく，V証言らの真実性を支持することを経由して，間接的に有罪認定に用いるものである。これも広い意味では性向推認ではないか，やはり弊害があるのではないかとの批判があり得る。しかし，狭義の（直接の）性向推認ではなく，直接証拠に対し，補助証拠として働くものであるから，狭義の（直接の）性向推認をする場合より，弊害は少ない。さらに，痴漢事件において，痴漢関係の画像の所持は，「痴漢に対する関心」を経由して，偶然の一致排除理論による理由付けにより，V証言らの真実性の支持に役立つ。痴漢事件などの性犯罪事件においては，我が国においても，同種前科等の類似事実の存在は，有罪の認定に補強的な役割を果たし得る。

　(b) 証拠物として請求され，取り調べられる場合であっても，性質は，悪性格証拠であるときには，弊害をもたらす可能性があることを正面から認識すべきであること

　我が国では，悪性格証拠の性質を持つ証拠であっても，証拠物であるとして，比較的安易に請求され，取り調べられている場合がある。つまり，悪性格証拠であることの正確な認識がないまま取り調べられている場合について，注意を喚起したい。証拠物であっても，悪性格証拠である場合には，それを正確に認識して，その証明力及び弊害を勘案してみる必要がある。

　例えば，足利事件（4歳の女児に対するわいせつ誘拐，殺人，死体遺棄事件）は，最高裁の上告棄却決定により有罪判決が確定した後，再審によって無罪が確定した。有罪を認定した一審判決[249]及びこれを是認した控訴審判決[250]によれ

（249）　宇都宮地判平成5年7月7日判例タイムズ820号177頁。
（250）　東京高判平成8年5月9日判例タイムズ922号296頁。

◇ 第1節 ◇ イギリス控訴院判例から示唆を受けての問題提起

ば，Dが成人女性のアダルトビデオを所持していた事実が証拠となり，この事実が，Dが犯人であることの認定に当たって，一定の役割を果たしたことがうかがわれる。子どものポルノではない，成人女性のアダルトビデオの所持が，子どもに対する性的関心を証明する力は，同じ性的関心に変わりはないが，ほとんどないことが通例であろう。逆に偏見を与える害は相当あり得る。このような事態が生じるのは，従来，物的証拠については，それが悪性格証拠であることを明確に意識してこなかったことによると推測される。悪性格証拠（あるいは，成人女性のアダルトビデオの所持は，厳密にはCJA2003が規定する悪性格証拠に該当しないとしても，それに準ずるものとして）であれば，それを法廷で明らかにし，許容性判断及びそれによる推認過程，理由付けについて十分な議論をすることが必要である。反面，関連性が認められる場合には，適切な推認過程，理由付けにより，有罪認定に使用していくことが許されるであろう。

（c）DNA鑑定のような強力な客観的証拠がある場合でも，類似事実証拠の利用が必要である場合があること

もう一つ，最近の最高裁判決に現れた事例を素材にする[251]。事案は，Dが，マンション通路で，自己の陰茎を露出して手淫し，射精したという，公然わいせつ事件である。控訴審判決は，現場に遺留された精液のDNA鑑定（DのDNA型と一致）は，他者のDNAが混合した疑いがあるから信用できないとして，無罪としたが，最高裁により破棄され，結局，一審の有罪判決が確定した。ここでは，最高裁で争点となったDNA鑑定の信用性について論ずるものではない。手口の類似した前科について考えるものである。一審判決の量刑理由等によれば，Dは，以前に，店舗内で店員の背中に向けて射精した暴行事件等で有罪となり服役し，その刑の執行終了後，短期間のうちにまたもや本件犯行を行ったとのことである。一審判決は，この前科を有罪認定に使ったものでなく，量刑事情として指摘したに過ぎないことは明らかである。この場合，前科を使用するとすれば，罪名は異なるが類似した態様の犯行を犯すという，極めて異常な性に関する性向を持つことを認定し，理由付けは，偶然の一致排除理論によっ

---

(251)　最一判平成30年5月10日刑集72巻2号141頁。

◆ 第10章 ◆　我が国における類似事実証拠の有効かつ適切な利用

て，現場に遺留されたＤの精液は，偶然の一致として，現場に存在した可能性は少ないという理由付けをすることになろう。このように，強力な客観的証拠であるＤＮＡ鑑定がある場合でも，類似事実証拠の必要性が認められる場合がある。イギリスでは，先に述べたが（第7章第2節(1)(a)(v)*Bryon*判決），Ｄに対する有罪を認定する証拠が，現場遺留物に付着したＤＮＡがＤのものであるとの証拠しかない場合に，興味深い判例が形成されている。結論だけ簡単に再び述べると，ＤＮＡに関する証拠だけでは，Ｄを有罪認定することはできない。何らかの偶然の一致が働く疑いがあり得るからであろう。しかし，そこに，他の状況証拠が加われば，有罪認定が可能である。他の証拠は，Ｄの同種手口の前科でもよい。Ｄの偶然の一致であるとの主張に対する反証となるからであり，加えて，性向推認に依拠できる場合もある。常識的な判断である。上記我が国の最高裁判決の事案でも，このような使い方が許容されれば，証拠として万全である。また，高裁判決のように，ＤＮＡ鑑定そのものに疑いの目を向けるという誤りを犯すことはなかったであろう。

(d) 小　括

　以上のように，我が国においては，検察立証として，類似事実証拠の利用により，有罪の証明度を高めることができる場合がある。他に強い証拠があるから，類似事実証拠が不必要であることにはならない。Ｄ側が，事実を否認し，防御をしている以上，それに対し，反証することは，必要である。訴訟が動的なものであることを考慮しなければならない。逆に，性質は，悪性格証拠（あるいはこれに準ずる証拠）としての類似事実証拠であるのに，それが十分意識されず，安易に証拠とされて，弊害をもたらしている場合がある。

　以上のいずれの場合も望ましいことではない。関連性のある正当な類似事実証拠を証拠に加えていくことが必要である。他方，弊害がある類似事実証拠を適切に排除することが必要である。そのために，類似事実証拠による有罪推認過程，理由付けを正しく把握する必要があるのである。

◇ 第 2 節 ◇　我が国の事案における類似事実証拠の適切な利用

◆ 第 2 節 ◆　我が国の事案における類似事実証拠の適切な利用

　イギリスの類似事実証拠使用における推認過程の分析から得られたところを座標軸として，我が国において，判例上，類似事実証拠を有罪認定に使用してよいかどうかが問題となった事案その他を素材とし，どのような推認過程，理由付けによる使用が適切であるかを探ってみたい。

（1）　平成24年判例（前科証拠）の事案[252]

　D は，平成 3 年から平成 4 年にかけて釧路市内で行なった15件の窃盗のほか，平成 4 年に釧路市内で行った11件の放火罪（未遂を含む）により懲役 8 月及び懲役15年に処せられ，平成21年に出所した。11件の放火すべてが，窃盗を試みて欲するような金品が得られなかったことに対する鬱憤晴らしとして行われ，うち10件は侵入した室内において，残り 1 件は侵入しようとした居室に向けてなされ，いずれも灯油を撒布して行われたものであった。今回，D は，東京都内のアパートに侵入し，金品を窃取の上，居室内の石油ストーブ内の灯油を室内に撒布して放火したとの罪で起訴された。D は，窃盗については自白したが，放火は行なっていないと主張した。D の前科を証拠とすることができるかが問題となった。第一審の東京地裁は，これを許容しなかったが，東京高裁は，これを許容すべきであるとした。最高裁第二小法廷は，前科証拠を D と犯人の同一性の証明に用いる場合は，前科に係る犯罪事実が顕著な特徴を有し，かつ，それが起訴に係る犯罪事実と相当程度類似することから，それ自体で両者の犯人が同一であることを合理的に推認させるようなものであって，初めて証拠として採用できるとのルールを宣言し，本件は，この場合に当たらないと判断した。

　まず，この事件において，前科を証拠として許容できるかどうかを判断するに当たって，A 犯罪（前科の罪。平成 4 年に釧路市内で行った11件の放火罪（未遂を含む））の犯人と B 犯罪（起訴された罪。平成21年に東京都内で行なった放火罪）

（252）　最二判平成24年 9 月 7 日刑集66巻 9 号907頁。

191

◆ 第10章 ◆　我が国における類似事実証拠の有効かつ適切な利用

の犯人が同一人であると認められるかどうかという証明の枠組みを設定することは必ずしも適切ではない。両者の間に17年間という間隔があり，犯罪場所も遠く離れているから，そのような犯罪間において犯人が同一であるかどうかを問題にすることは，必ずしも現実的ではない。A犯罪の犯人がDであることが立証され，次いで，A犯罪の犯人とB犯罪の犯人が同一人であると立証することを介して，B犯罪の犯人がDであることを立証する場合の典型例は，両犯罪が，時間的に近接，場所も近接してなされたという事案であろう。

　本件において，Dが，本件居室に侵入し，その場にあったカップ麺を盗んで食べ，500円玉2個を窃取した事実については，DNA型の一致という科学的証拠があるほか，Dが自白している。Dの主張は，侵入時刻は午前7時台，室内に10分程度いた後，午前7時台に退出した，D以外の第三者が放火したというものである。窃盗及び放火の犯行可能時間は，居住者が外出した午前6時30分ころから，同室からの出火が確認された午前11時50分ころまでの間である。以上の証拠により，午前11時50分ころに出火が確認された放火事件につき，Dを犯人と認めることができるか。この場合，最大限約5時間20分の間（Dの主張を前提にすれば，最大限約4時間40分）に，D以外の者が，偶然の事態として，居室に侵入して放火することは常識として考えられるか。第一審の裁判所は，D以外の者が放火した可能性を完全に否定できないとした。最大限5時間20分が，間隔が空きすぎているとしたら，それでは，1時間か2時間であったらどうであろうか[253]。4，5時間という間隔の可能性があるので，同一場所に侵入して，近接した時間に窃盗を行なった事実のみでは，同一場所の放火の犯人であると認定することに疑いが残るとした場合，その状況証拠による証明をより強化するために，類似事実を内容とする前科を使用してよいか，という問題設定をすることが考えられる。

　本件におけるDの前科から認められる性向は，極めて特殊なものであると認められる。単に，空き巣の性向があるにとどまらず，空き巣に入ったが，十

────────────────

（253）　平成25年決定の金築裁判官の補足意見は，Dの犯行と認められる住居侵入・窃盗（未遂を含む）と放火との時間の幅が1時間20分，2時間といった時間的近接性の極めて高い事件であれば，それだけでDを放火の犯人であると推認することに疑問はないだろう，と述べる。

◇ 第2節 ◇　我が国の事案における類似事実証拠の適切な利用

分な金品が得られなかったときに，現場に放火する，しかも，現場にある石油
ストーブ内の灯油を撒布して火を放つという性向である。Dの前科の放火事件
数の多さからすると，Dのそのような性向は，相当に根深いものと認められる。
あるいは，Dは，空き巣を行う能力のある（あるいはその用意のある）者のグル
ープでも，さらに，現場で放火をも行う能力を持つ（あるいはその用意のある），
より狭く限定された犯罪者集団に属すると言える。なお，前科の犯罪が本件放
火の17年前と古いことは，その前科の刑のため，長期間服役しており，その刑
の服役を終え，出所後約4か月余りで本件窃盗の犯行に出ていることからする
と，そのような性向や能力は，過去のものになったということはできないであ
ろう。要するに，本件類似前科証拠が本件において持つ価値は，常識的に見て
非常に大きいものがある。

　前科を証拠として許容した場合の推認過程は，大きく分けて二つ考えられる。
　一つ目は，他の証拠関係が強力であるから，それを補う性向推認を許容する
考えである。放火の訴因に対しては，同じ場所，近接した時間に窃盗を行なっ
て現場に存在したことから，相当強力な状況証拠があるとの前提で，このよう
な場合には，証明力の高度な性向推認は許容されるとする見解である。特殊な
手口による犯行であることから，その類似性の程度は高く，性向が持つ証明力
は高度なものと考えられる。あるいは，性向ではなく，バガリック説のように
考え，Dが，空き巣の能力あるいはそれを行う用意のある者のクラス（集合）
の中でも，さらに，空き巣に入ったときに，放火まで行う能力あるいはそれを
行う用意のある者という極めて限定されたクラス（集合）に属するから，Dが
放火を行なった蓋然性を高めるとし，状況証拠による有罪認定を強化すると考
えることもできよう（この場合は，性向推認を経由していない）。

　二つ目は，偶然の一致排除理論を基本に置く。本件の場合，Dが，住居に侵
入の上，窃盗を行って退出した後，D以外の第三者が現場に侵入し，窃盗は行
わなかったが，石油ストーブ内の灯油を撒布する方法で放火したという偶然の
事態が起きたとは，常識からしてあり得ないと考えるのが，偶然の一致排除理
論である。その前提事実として，Dが上記のような性向を有すること自体，な
いしは，バガリック説のように考え，Dが，空き巣の能力あるいはそれを行う
用意のある者のクラス（集合）の中でも，さらに，空き巣に入ったときに，放

193

◆ 第10章 ◆　我が国における類似事実証拠の有効かつ適切な利用

火まで行う能力あるいはそれを行う用意のある者という極めて限定されたクラス（集合）に属する事実を加えて，窃盗と放火の各犯行の間に4，5時間という間隔の可能性があるにしても，D以外の第三者が犯人であるという偶然の事態が発生した可能性があり得ないことをより明確にするものである。この場合も，狭義の性向推認を経由していない。

　平成25年決定の金築裁判官の補足意見は，時間的近接性との関係で，偶然の一致排除理論を示唆する[254]。偶然の一致として起こることがあり得ないとの判断は，イギリス控訴院判例が言うとおり，陪審の常識による判断である。したがって，この偶然の一致排除理論が採用できるか否かは，陪審・裁判員の常識や裁判官の常識に基づく判断に委ねられている。

(2)　平成25年判例（前科証拠及び併合審理されている他の犯罪事実）の事案[255]

　Dは，二つの前科を有する。一つは，昭和47，48年に犯した窃盗13件，同未遂1件，放火1件，同未遂2件等により懲役6年に処せられた前科である。他は，平成2年に犯した住居侵入・窃盗10件，住居侵入・窃盗・放火2件，住居侵入未遂1件により懲役9年に処せられた前科である。今回の起訴は，平成16，17年，岡山市内において，合計20件の住居侵入・窃盗・同未遂・放火の犯行に及んだというものである。Dは，起訴された事実のうち，合計10件の住居侵入・窃盗に関しては認めるが，残りの訴因に関しては認めていない。そこで，Dが否認する訴因について，上記前科の事実及びDが自白する訴因の事実を証拠として許容してよいかが問題となる。高裁判決は，これら前科事実及び今回起訴された事実中Dが認める事実から，Dの住居侵入・窃盗の動機に関して，女性用の下着等を窃取するいわゆる色情盗という特殊な性癖によること，放火については，女性用の物を窃取した際に，女性に対する独特の複雑な感情を抱

---

(254)　「仮に，争いのある放火が，被告人の関与なしに他の者によって犯されたとするならば，それは極めて確率の低い偶然の事態が発生したことを承認することになろう」と言及する。

(255)　最一決平成25年2月20日刑集67巻2号1頁。

194

◇ 第2節 ◇ 我が国の事案における類似事実証拠の適切な利用

いて，室内に放火したり，石油を撒いたりするという極めて特異な犯罪傾向に
よるものと認定し，これを，Ｄが否認する訴因事実につき，その犯人がＤで
あることの間接事実の一つとした。しかし，最高裁第一小法廷は，第二小法廷
の平成24年判例を引用した上，それが示す基準には該当しないから，前科事実
及び自白している他の訴因の事実を，Ｄが否認する訴因の証拠とすることはで
きないと判断した。

　本決定は，まず，前科証拠を被告人と犯人の同一性の証明に用いる場合につ
いて，平成24年判例を引用し，次いで，その法理は，前科以外の他の訴因の犯
罪事実についても，同様に当てはまるとする。ただし，決定要旨部分からは，
平成24年判例のそれにあった「それ自体で両者の犯人が同一であることを合理
的に推認させるようなものであるとき」という，類似性を限定する文言は落と
されている。要件とされる類似性の程度が緩和されたと読むことが可能である。
また，類似事実の使用は，「間接事実」としての使用であることが指摘されて
いる。

　本件における主な争点については，<u>争いのある8件の放火に関して，同じ場
所で行われた住居侵入・窃盗の犯人がＤであると立証された場合，その8件
の放火の犯人がＤであることを認定する証拠として，2個の前科に係る類似
事実及び併合審理されている類似事実（Ｄが認めている分）を使用してよいか</u>
という問題の立て方をすべきであろう。そうすると，考えられる推認過程の分
析は，平成24年判例と基本的に同じことになる。ここでも，性向推認を初めか
ら排除せずに，使用できる推認過程を分析すべきであると考える[256]。大きく
分けて，性向推認を許容する考え方と偶然の一致排除理論を基本にする考え方
の2種類となる。なお，付加すると，平成25年判例の事案は，高裁判決が認定
した事実によれば，色情盗に加えて，窃盗の現場で放火を行う特殊な性向も，
性的意味合いを持つことが示唆されている。そうすると，そのような性向は，
性犯罪を犯す傾向と同様，永続するもので，容易に消滅するものでないと見る
ことができる。イギリス控訴院判例において，性的行動様式についての性格的

---

(256)　大澤裕「判批」論究ジュリスト17号（2016年）226，231頁は，「金築補足意見が，
　　被告人の犯罪傾向を介した推認の可能性を示唆した」とする。

◆ 第10章 ◆　我が国における類似事実証拠の有効かつ適切な利用

特徴は，永続することが指摘されていること，さらに，アメリカの連邦証拠規則では，性的暴行事件の場合，一般的に，性向推認が許容されていることなども，参考とされるべきである。その意味で，平成25年判例の事案では，前科の類似事実や併合審理されている類似事実が持つ価値は，相当に大きいと言えよう。

　平成25年判例には，すでに述べてきたように，金築裁判官の補足意見が付されている。同補足意見は，前科事実は別として，併合審理された類似事実については，別の観点から検討する必要がある旨を指摘する。観点の第一は，偶然の一致排除理論及び複数訴因に関する証拠の総合評価の問題に関する。「本件起訴に係る10件の現住建造物等放火は，約４か月の短期間に連続的に犯されたものであるが，いずれの犯行においても，放火が実行されたと推認される時以前，最大限約10時間の幅の時間内に，被告人が，放火された住居に侵入し，放火された室内で金品を盗みあるいは盗もうとしたという事実が認められる。このうち２件は，放火についても被告人は自認しており，上記時間の幅が10時間の１件については，室内に灯油を撒いたことを認めている。このような事実関係において，仮に，争いのある放火が，被告人の関与なしに他の者によって犯されたとするならば，それは極めて確率の低い偶然の事態が発生したことを承認することになろう。本件のような事案について，各放火事件の犯人性は，あくまで，それぞれの事件に関する証拠のみで別箇独立に認定すべきであるとすることは，不自然であり，類似する多数の犯行を総合的に評価することは許される」と述べ，さらに，時間的近接性の極めて高い事件であれば，それだけで放火の犯人を被告人と推認してよいが，どの程度の時間の幅までよいかというときに，類似事実の存在は，一つの補強的な証拠になり得る，と述べる。次に，第二の観点は，Dが認めている２件の住居侵入・窃盗・現住建造物等放火を，他の８件の住居侵入・窃盗・現住建造物等放火の犯人がDであることの間接事実とすることができるのかという観点である。平成24年判例がルールとし，平成25年判例も採用したルールのうちの「顕著な特徴」という例外の要件は，事案により，幅をもって考えてよいのではないかとの指摘である。

　ところで，金築補足意見には，前科の事実と併合審理された事実を区別して考えているところがある[257]。その理由の一つとして，前科は，その存在自体

◇ 第2節 ◇　我が国の事案における類似事実証拠の適切な利用

で人格的評価を低下させる危険性を指摘するが，これを強調することには必ずしも賛成できない。前科の事実であっても，併合審理された事実と変わらない証明力を持つ場合があり得る。前科を殊更，特別に扱い，一律に，その弊害を強調することは相当でない。陪審制を採るイギリスにおいて，前科の犯罪事実が特に弊害が大きいとして，その他の犯罪事実と，そのことだけで殊更，区別して取り扱うことはしていないのである。

(3) 昭和41年判例（同種前科を詐欺の故意という主観的要素に使用した事例）の事案[258]

寄附金詐欺の事案である。一審は，Dは，Aに対し，真実，社会福祉事業に使用する意思も能力もないのに，「身寄りのない老人に対する福祉促進趣意書」と題する書面を提示した上，「恵まれない人の援護をしておりますので，寄附をお願いします」と言って，相手方を真実その福祉事業に使用されるものと誤信させ，同人から寄附金名下に現金1000円を受け取ったほか，合計202回にわたり，202人から，現金合計20万1500円を騙取したという事実を認定した。Dの主張は，要するに，社会福祉事業に対する寄附金の趣旨で受け取ったのではなく，老人福祉の向上のために仏様に祈念するためのお布施としてもらったというものであった。

控訴審判決は，詐欺の犯意がないという主張に対しては，本件と同様の手段による詐欺罪により懲役刑に処せられ，現在執行猶予中の身であり，本件もその態様に照らし，詐欺罪を構成することの認識があったことなどを指摘して，犯意がなかったとは言えないとし，仮に，自己の行為をもってその信仰する宗教活動のためであって絶対正しいものと信じていたとしても，犯意を阻却しないと判断した。最高裁第三小法廷は，「犯罪の客観的要素が他の証拠によって認められる事案において，詐欺の故意のごとき主観的要素を，被告人の同種前科の内容によって認定しても違法ではない」と判示した。

---

(257)　三好幹夫「前科等の類似事実による被告人と犯人の同一性の認定について」上智法学論集59巻3号（2016年）13，22頁が同旨である。

(258)　最三決昭和41年11月22日刑集20巻9号1035頁。

◆ 第10章 ◆ 　我が国における類似事実証拠の有効かつ適切な利用

　高裁の説示を基に検討すると，同種前科を，性向推認のための性向証拠とし
て使用したものではない。仮に，Ｄが相手方に提示した「趣意書」を，Ｄが主
張するように解釈する余地があるとしても，同様手段を用いて詐欺罪で有罪に
なっていることから，Ｄは，同様の行為（趣意書の提示プラス上記のような寄附
を求める文言）に出れば，相手方が，福祉事業に使用されるための寄附を求め
ていると誤信するであろうことを認識していたことは明らかである。この同種
前科の使用方法は，アメリカの判例に現れている，コカインの所持で起訴され
た者が，所持していた物がコカインであることを知らなかったと防御した場合，
コカイン所持罪による前科を許容し，その前科により，Ｄはコカインがどのよ
うな物かを知ったから，本件においても所持する物がコカインであることの認
識を有していたと立証する場合と類似した使用方法である。犯意を阻却するこ
とはないという判示については，同様手段による詐欺罪で有罪となった事実か
ら，詐欺罪になることの認識があるのみならず，自己の行為が違法であること
の意識又はその可能性があったと認定するものであろう。結論として，本件で
は，同種前科から，同種犯行を行う性向を認定し，これを有罪認定に使用する
ものではなく，同様手段による詐欺罪で有罪となった事実から，本件のような
行為に出れば，相手方を騙すことになることの認識があった（さらには，違法
性の意識又はその可能性があった）という推認をするものである[259]。性向推認
をするものではないから，前科の利用であるが，Ｄに対し不公正（偏見）の害
を与える恐れは，ほとんどない[260]。

　同種前科を使用しなくても，202件もの多数の寄附を求める行為を行ってい
るＤが，相手方が，真実，社会福祉事業に使用すると誤信したからこそ寄附

---

(259)　永井紀昭「判批」平野龍一編『刑事訴訟法判例百選（第３版）』144頁，145頁（有
斐閣，1976年）が同旨である。

(260)　なお，大判昭和15年３月19日判決全集７輯12巻26頁は，結婚に名を借りて女性か
ら金員を騙取した詐欺の事案で，Ｄが犯意を否認したのに対し，結婚詐欺などで女性か
ら金員を騙取した詐欺の前科が３回ある旨のＤの公判供述を証拠としたことを是認し
た。その理由を，公訴事実に全然交渉のない前科を理由として公訴事実を認定すること
は，違法であるが，Ｄの性行経歴で犯行と脈絡交渉ある場合は，犯人がそのような性行
経歴を有するものであることを当該犯罪認定の資料とすることは許される旨を判示する。
争点に関連性があれば，前科も許容される趣旨である。

◇ 第2節 ◇　我が国の事案における類似事実証拠の適切な利用

したことを認識しないはずがないであろうと，偶然の一致排除理論によって推認することが可能かもしれない。全部の訴因の証拠を全体的に評価することにより導かれる結論である。

(4)　和歌山毒カレー事件（カレー毒物混入事件）

　最高裁第三小法廷は，和歌山毒カレー事件について，Ｄが犯人であることについて，刑事上の証明がなされているとの職権判断を示した[261]。和歌山毒カレー事件とは，自治会の夏祭りに際して，参加者に提供されるカレーの入った鍋に猛毒の亜砒酸を大量に混入し，同カレーを食した住民ら67名を急性砒素中毒にり患させ，うち4名を殺害したが，その余の63名については死亡させるに至らなかったという，殺人，同未遂事件である。同小法廷判決は，Ｄがその犯人であることが，証明十分であるとして，いくつかの状況証拠を列挙しているが，類似事実（併合審理されている事実を含む）については，根拠に挙げていない。しかし，類似事実による犯人性の立証の許否について，一，二審において，重要な争点の一つとなっていたのであるから，これに対して判断を示さなかったことは，その判断を回避したものであろうか。この点は，英米法上の難問でもあることを意識して，未だ判断を示すに適当でないと考えたものであろうか。いずれにしても，同小法廷の明示の判断がないので，以下，一，二審判決を検討する。

　まず，一審判決[262]は，次のように言う。「Ｄは，現に，保険金取得目的でカレー毒物混入事件発生前の約1年半の間に，4回も人に対して砒素を使用しており[263]，この事実は，通常の社会生活において存在自体極めて稀少である猛毒の砒素を，人を殺害する道具として使っていたという点で，Ｄ以外の事件関係者には認められない特徴であって，カレー毒物混入事件におけるＤの犯

（261）　最三判平成21年4月21日判例タイムズ1297号127頁。
（262）　和歌山地判平成14年12月11日判例タイムズ1122号464頁。
（263）　1件は，起訴されていない砒素使用事件で被告人の犯行と認定された事件を，他の3件は，併合審理されているくず湯事件，牛丼事件，うどん事件の各保険金詐取目的殺人未遂事件を指している。

◆ 第10章 ◆ 　我が国における類似事実証拠の有効かつ適切な利用

人性を肯定する重要な間接事実といえる。また，この金銭目的での４回の砒素使用や，その他の２件の睡眠薬使用という事実は，人の命を奪ってはならないという規範意識や，人に対して砒素を使うことへの抵抗感がかなり薄らいでいたことの現れととらえることができる」とする。過去の４回の砒素使用の事実を被告人の特徴ととらえ，さらに，規範意識や抵抗感の薄れを指摘している。

　より掘り下げてみたい。まず，過去の４回の砒素使用事実をどのような理由付けで使用したのであろうか。一審判決が，４回の砒素使用の事実から，Ｄの砒素使用の性向を認定し，性向推認をしたのかである。そうではないと考える。一審判決が言うところは，４回の砒素使用の事実を，カレー毒物混入事件の犯人を同定するに当たり，その犯人を限定する資料として用いたものと解される。類似事実の性向推認でない使い方であり，バガリック説が言うように，Ｄが，コミュニティの中で，極めて限定されたカテゴリーの中の一員であることを示す。４回も人に対して砒素を使用したこと，さらには，そのことから，砒素の入手が容易な立場にあり，かつ，その使用に習熟していたことも認められるから，カレー毒物混入事件を行う潜在的能力を持つ人間であることは明らかである。そのような者が，その地域，その時間帯に，他にも多数存在することは，通常考えにくい。他の証拠関係を加えれば，当該類似事実証拠が，Ｄを犯人であると同定する証明力は，決定的と見ることも可能である。一方，規範意識や抵抗感の薄れは，主として，動機との関係で認定され，指摘されたものであろう。いずれも，類似事実証拠から，砒素を使用して殺人事件を犯す性向を認定し，この性向から，Ｄが犯人である可能性を高めるという性向推認を経るものではない。しかし，性向推認を行わないまでも，過去の非行を認定しているから，偏見を与えるなどの弊害をもたらす恐れは，否定できない。したがって，偏見の害に対する明確な意識を持つことは必要であるが，本件の場合，証明力が非常に大きく，他の証拠が強力であることから，許容に問題はないことになろう。

　次いで，控訴審判決[264]について見る。「亜砒酸は一般には容易に入手し得ない毒物であり，Ｄが過去これを犯罪目的に使用していたということは，それ

（264）　大阪高判平成17年６月28日判例タイムズ1192号186頁。

◇ 第2節 ◇ 我が国の事案における類似事実証拠の適切な利用

だけでも，亜砒酸をカレー鍋に混入させた犯人がDであることを強く疑わせるというべきである」とする。引用文言だけでは，ややあいまいであるが，性向推認を用いたものではなく，一審判決について述べたと同じ理由によるものと解してよいであろう。控訴審判決は，さらに，類似事実（併合審理されているくず湯，牛丼，うどん事件を含む）からは，①被告人は，自分の目的のためには他人の生命，身体を犠牲にすることを躊躇せず，人の生命を奪うことに対する罪障感，抵抗感が鈍磨していたこと，②飲食物に亜砒酸を混入させても決して発覚しないと考えるようになっていたこと，③類似事実の多くは偶発的な機会をとらえ，とっさの思いつきで敢行されていることがそれぞれ認められ，これらの諸点にかんがみれば，些細な動機目的のために夏祭りカレーに亜砒酸を混入させることを思いつき，即座にこれを実行するということは，過去において上記犯罪行為を繰り返してきた被告人であったからこそ可能であったというべきである旨述べている。この説示は，カレー毒物混入事件が，明確な動機目的を特定することが困難な事案であることに関して，説明を試みたものとして理解することができる。さらに，控訴審判決は，殺意の認定の関係でも，類似事実を用いた説示をしている。この関係では，特段の問題はない[265][266]。

---

(265)　成瀬剛「類似事実による立証」井上正仁＝酒巻匡編『刑事訴訟法の争点』ジュリスト増刊（有斐閣，2013年）154，155頁参照。

(266)　東京高判平成20年12月16日判例タイムズ1303号57頁は，平成4年2月から平成12年6月にかけて，9人の女性に催眠作用を有する薬物を摂取させるなどして強姦したという9件の準強姦罪の事実（同時に起訴され審理され，一審で有罪とされた）をも指摘して，一審が無罪とした準強姦致死罪等の事実（平成12年7月発生，Vが死亡し，死体が損壊・遺棄された事案）につき，DがVに睡眠導入剤を摂取させて準強姦に着手した事実（姦淫の既遂までは認定できないが）は，認定できるとした。同判決は，Vが睡眠導入剤を摂取していたことは，解剖により明らかとなっているところ，その他の客観的な間接事実に加えて，上記9件の類似事実をも指摘して，VがDの関与なしに睡眠導入剤を摂取したとはおよそ考えられないと判断している。さらに，9件の類似事実を指摘して，Vに対し準強姦の意図を有していたと認定している。いずれの使用も，性向証拠としての使用ではない。偶然の一致排除理論による説明が可能と思われる。

◆ 第10章 ◆　我が国における類似事実証拠の有効かつ適切な利用

(5)　練炭による一酸化炭素中毒殺人事件（連続練炭中毒死事件）[267]

　平成21年1月，5月，8月に行われた密室内2件，自動車内1件における練炭燃焼による一酸化炭素中毒殺害事件である。控訴審判決から読み解ける範囲で見ると，本件においては，検察官は，起訴されていない類似事実（A宅の火災報知器が外されていた事実から，Aに対する殺害準備行為を立証しようとした）を起訴されている3件の有罪立証に使用する意図があった。控訴審判決は，このような立証を違法なものとしたが，一審判決が，A証言を除外して有罪認定をしているから，判決に影響しないとした。さらに，検察官は，起訴されている3件の殺人事件について，相互に顕著な特徴を有するから，1件につきDが犯人であると立証された場合，それを他の事件について，Dが犯人であることを推認する証拠とできる趣旨の主張をしたようである。一審判決は，この主張に乗ることなく，1件1件独立した判断をし，被告人を有罪と認めている。

　本件で，3件の訴因の証拠の相互許容性を認めるとしたら，どのような理由付けが考えられるであろうか。いずれも，一酸化炭素中毒により死亡し，数種類の睡眠薬が遺体から検出された各事件につき，Dは，死亡直前ころに各Vに会った人物であるという点などで各事件といずれも関係を有するので，その3件ともが自殺や失火によるという偶然の一致は到底あり得ず，3件とも殺人事件であると認められ，結局，3件のいずれにも上記のように関係するDしか，3件の犯人ではあり得ないという理由付けによることが考えられる。偶然の一致排除理論によるものである。あるいは，*Norris*事件のように，一つの事件の証拠が強力で，まず，その事件でDが犯人であることが認定できる場合，その事実を，十分に類似する他の事件も同一犯人（すなわちD）によることを推認させる状況証拠として用いることが考えられる。本件では，他にも，Dが所持していたものと特徴が一致する練炭コンロが各現場に残されていたこと，Dは，各Vの遺体から検出された睡眠薬と同じ成分の睡眠薬を所持していたこと，各Vを殺害する動機も有していたことなどの多数の状況証拠があ

---

(267)　最二判平成29年4月14日（LEX/DB文献番号25448669），東京高判平成26年3月12日（LEX/DB文献番号25503368），さいたま地判平成24年4月13日（LEX/DB文献番号25481416）。

◇ 第2節 ◇　我が国の事案における類似事実証拠の適切な利用

るなど，本件では，各事件で独立しても，それぞれにDを有罪とする十分な証拠が存在するとされた。しかし，各訴因の証拠の相互許容性を認める上記のような推認を加えると，その証明は，盤石なものになると言えよう。

(6)　睡眠薬投与後入水させて殺害した連続殺人事件（鳥取連続不審死事件）[268]

　起訴された事件のうちの主要事件は，2件の強盗殺人事件である。いずれも債務の弁済を免れる目的で，A男に睡眠薬等を服用させて意識もうろう状態に陥らせた上，砂浜に誘導し，海中に入水させて溺れさせて殺害した事件と，その6か月後に，B男に睡眠薬等を服用させて意識もうろう状態に陥らせた上，河川内に誘導し，入水させて溺れさせて殺害した事件である。弁護人の主張は，いずれも犯人は，D（女性）と同居していたE男であるというものである。一審判決は，いずれの事件についても，その事件性（殺害されたこと）及びその犯人がDであることについて，事件毎に独立して検討しており，いずれも，殺害されたこと，その犯人がDであることを肯定している。控訴審判決も最高裁判決も，一審判決のそのような認定を是認している。

　これを複数訴因の証拠の許容性の観点から見てみる。前提として，二つの事実が類似していることは明らかである。海辺，河川で溺死した男性の遺体から，睡眠薬が検出された状況が類似していることは明らかであり，時期的に6か月離れているだけであり，同じ鳥取県内である。弁護人の主張は，犯人はE男というものである。E男証言によれば，A男事件では，Dから電話を受けて，砂浜に行くと，Dが全身ずぶ濡れで，A男はいなかった，B男事件では，Dから電話を受けて，港に行き，D及びB男と会い，その後，Dから駐車場で待つように言われ，待機し，迎えに来いと言われ，行くと，Dの下半身が濡れた状態であり，B男の姿はなかったというものである。A男事件の際，Dが全身ずぶ濡れ状態であったことについては，その後，着替えを購入し，ラブホテル

---

(268)　最一判平成29年7月27日（LEX/DB文献番号25448930），広島高松江支判平成26年3月20日（LEX/DB文献番号25503372），鳥取地判平成24年12月4日（LEX/DB文献番号25503373）。

◆ 第10章 ◆　我が国における類似事実証拠の有効かつ適切な利用

で着替えたことなどを述べるＥ男証言につき，客観的裏付け証拠が強力であると認められ，仮に，Ａ男事件の犯人がＤであることの認定を先に行った場合，それを類似事実として，Ｂ男事件の犯人がＤであることの認定に使うことが考えられる。その場合の理由付けは，性向推認ではなく，*Norris*判決のように，Ａ男事件の犯人がＤであることを状況証拠ととらえるものである。両事件に「十分な類似性」があり，それらが同一犯人によることを示す状況が存する。しかし，いずれにしても，本件では，検察から，訴因間で証拠を相互に許容すべきであるとの主張は，なされなかったようである。

　将来的には，類似した態様の連続殺人事件が発生し，一部事件の証拠が一部整っていないような場合，複数訴因の他の訴因の証拠の許容により，上記のような推認を利用する必要性が生じることが考えられる。

(7)　手口酷似強姦致傷事件[269]

　有罪認定された主要な事件は，強姦致傷Ａ事件，同Ｂ事件である。各事件とも，各Ｖが，犯人をＤと同定する証言をした。さらに，各事件で検出された精液の血液型及びＤＮＡ型が，Ｄの血液のそれといずれも同型であるなど，強力な客観的証拠がある。これに加えて，同判決は，類似前科を指摘する。Ｄの前々刑（昭和55年判決）及び前刑（昭和60年判決）の強姦の犯行の手口は，いずれも自動車を運転している女性を追尾した上，クラクションを鳴らすなどして停車させて因縁を付け，暴行脅迫を加えてその車両に乗り込み，人気のない場所に連行し，女性を全裸にして強姦するというものであり，本件犯行の手口と酷似していると判示する（さらに前刑の強姦においては，Ｖを針金で後ろ手に緊縛している点は，Ａ事件の場合と同じである）。2件の前科の事実及び本件各事実とも，すべて強姦事件である。性向推認に適した犯罪類型である。加えて，強姦の手口が酷似していることから，証明力は高い。他の証拠は，ＤＮＡ鑑定など強力な客観的証拠が存在し，強力であるから，Ｄに偏見を与えるなどの弊害は少ない。これに対して，我が国では，他の証拠でＤが犯人であることが

---

(269)　水戸地下妻支判平成4年2月27日判例時報1413号35頁。

◇ 第2節 ◇ 我が国の事案における類似事実証拠の適切な利用

十分認定できるのであれば，あえて類似事実を使用する必要はないとの考え方があるかもしれない。しかしながら，Dが犯人であるかどうかにつき，各Vの証言とDの供述が真っ向から対立している状況で，DNA鑑定に加えて，各Vの同定証言の裏付けを万全ならしめることは，意味のあることである。DNA鑑定に対しても，その正確性などが争われることがある（第1節(2)(c)参照）。

　そうすると，A事件，B事件の各Vが，Dを犯人と同定したことに関して，強姦事件の前科を2個有する，しかも，その各犯行態様は，本件各事件のそれと極めて似ている，そのような前科を有する者を犯人と同定したことが単なる偶然と言えようかと，偶然の一致排除理論による同定証言の真実性の支持に使用することが考えられる。また，2名のVが，それぞれ，同じ人間を犯人として同定したことも価値を持つから，A事件の証拠とB事件の証拠は，相互に許容されるべきであろう。

　さらに，本件で起訴された2件に限ってみても，いずれも栃木県内で，1週間の間隔をおいてなされている。手口の酷似のほかに，この事情をも加えると，本件の2件は，同一犯人によるものと推認することができるから，A事件でDを犯人と認定した後，仮にB事件の他の証拠が弱いような場合，A事件でDが犯人であることを，B事件の犯人がDであることの証拠とすることができる。*Norris* 判決は，これを状況証拠とする[270]。

(8)　準急東海4号すり事件[271]

　裁判所が，有罪認定した事実は，D_1及びD_2は，ほか数名と共謀の上，第1，午後3時42分ころ，磐田駅停車中の上り準急東海4号の7号車後部デッキにおいて，乗客V_1着用のオーバー内ポケットから，現金のほかに名刺，紙片等6枚くらいが入った財布をすり取り窃取し，第2，同日午後4時14分ころ，前記

---

[270]　広島地福山支判平成18年8月2日判例タイムズ1235号345頁は，争いのある第1事実の強姦の犯人がDであることを認定するに当たり，DNA鑑定の結果に加え，Dが犯人であることに争いのない第2事実の強姦，第3事実の強姦致傷の各犯行態様と，第1事実のそれとが，その特徴的な点において類似していることを指摘している。

[271]　静岡地判昭和40年4月22日下刑集7巻4号623頁。

◆ 第10章 ◆　我が国における類似事実証拠の有効かつ適切な利用

準急東海 4 号の 9 号車後部デッキにおいて，乗客 V_2 の背広上衣内ポケットに手を入れて金品をすり取ろうとしたが，警察官に現行犯逮捕され，窃盗未遂に終わったという事実である。D_1 及び D_2 は，いずれも，犯罪事実のすべてを否認した。判示第 2 事実に関しては，D_1 及び D_2 は，その場で現行犯逮捕されており，有罪認定に特段の証拠法上の問題はない。

　裁判所は，判示第 1 事実を有罪と認定した理由について，次のように言う。V_1 は，犯人数名の中に，D_1 及び D_2 がいたかどうかは分からないと証言し，警察官が，判示第 2 の窃盗未遂の犯行により，D_1 及び D_2 を現行犯逮捕した際，その現場に判示第 1 の窃盗の被害品である V_1 の名刺，紙片等が落ちていたのを発見したが，誰がこれを現場に捨てたかは明らかでないから，これらの状況証拠だけからでは，D_1 及び D_2 が犯人である証明は十分でないとも考えられる。しかし，判示第 1 の窃盗の事実は，判示第 2 の窃盗未遂の事実と時間的にも場所的にも共に接着し，その犯行の方法と態様も同類であって，両事実は互に密接かつ一連の関係にあるから，判示第 2 の窃盗未遂の事実が証明された場合には，この事実は，判示第 1 の窃盗の事実との関係において，同事実の存在を必然的に推理する蓋然性があり，判示第 1 の窃盗の事実も D_1 及び D_2 の犯行であるとする関連性が認められ，また，他の犯罪証拠排斥の原則は，両犯行が密接に連結して相互に補足する関係にある本件の場合には適用がない。

　以上に引用した，裁判所の，他の犯罪事実を証拠として許容した結論は妥当である。分析を試みる。まず，後に行われた窃盗未遂の現行犯逮捕の現場に名刺等（先行する窃盗の被害品の一部）が落ちていた事実は，先行する窃盗の犯人らが遺留したものと認められるから，そのこと自体が，窃盗の犯人らが窃盗未遂の犯人らであると推認することができる客観的な状況証拠である。これを基礎に，両事実が時間的，場所的に近接し（特に，準急列車が磐田駅発車ころ，7 号車の後部デッキで，次いで，掛川駅発車後に，9 号車の後部デッキで各犯行が行われた事実は，重要である），その犯行方法，態様が類似していること，及び，本判決が判示する，各犯行に至るまでの D_1 及び D_2 らの動静を総合すれば，両事実の犯人らが同一のグループであると認定でき，結局，先行する窃盗事件の犯人グループが，後行の窃盗未遂事件の犯人である D_1 及び D_2 ほか数名の者であることが確実なものと証明されたと分析できる。類似事実の許容性という点

では，平成24年，25年判例の基準に立っても許容される可能性がある。犯行方法，態様の類似性に，時間的，場所的近接性，さらに各犯行に至るまでの D_1 及び D_2 らの動静が加わり，両者の犯人グループの同一性が証明される。要するに，本件の推認過程には，性向推認の要素は含まれていない[272]。

(9)　最　後　に

以上において，性向推認を最初から排除せずに，類似事実をどのような推認過程，理由付けで有罪認定の推認に利用できるかを，我が国の判例の事案を素材に検討してみた。この作業により，イギリスの控訴院が，CJA2003の下，類似事実証拠をどのようにして有罪立証に用いているかが，あらためて，より明確に理解されたのではないかと考える。

◆ 第3節 ◆　結　論

本書の結論として，第7章から第9章で述べてきた，イギリス控訴院判例の分析結果を踏まえ，我が国において類似事実証拠を有罪認定に使用する場合の方向性を提言したい。

(1)　禁じられた推論からの解放

最初に，類似事実証拠の許容性の基準を，性向推認を利用する場合か否かに置くことは相当でない。性向推認を，最初から排除する発想を取ることは必ずしも適切とは言えない。はじめに，性向推認をどう定義するかの問題がある[273]。アメリカの場合，現に，許容性の基準として，性向推認による場合かそうでないかの区別を採用しているが，その控訴審判例の分析からは，具体的事案における区別の難しさが伺われるところである[274]。イギリスのCJA2003による改

---

(272)　佐伯千仞「悪性格と類似事実」法律時報39巻8号（1967年）80頁，86頁は，静岡地判の結論に反対である。

◆ 第10章 ◆　我が国における類似事実証拠の有効かつ適切な利用

革は，性向推認の禁止の建前は取り払った。その効用は，性向推認であるか否かの区別に注力することから，類似事実証拠からの有罪推認過程，理由付けの分析に関心が移行したことにあり，14年以上の運用状況から，これが成功していると認められる。ロバーツらの前記評価はそのように解される（第5章前文参照）。

(2)　適切な有罪推認過程，理由付けの分析の探求

　我が国においても，類似事実証拠からの有罪推認過程，理由付けの分析が正確になされることが重要である。類似事実証拠の許容の要件としては，一般の証拠と同様，争点との関連性が必要であるが，これが認められれば済むというものではない。類似事実証拠を有罪認定のために，どのように利用するのかの過程を探求する必要がある。弊害の少ない有効な利用であるかを確認するためである。類似事実証拠から，有罪を推認するためにどのような推認過程，理由付けによるのか，この分析を各事案の状況に応じて適切に行う必要がある。

　ところで，我が国では，当然のことながら，陪審に対する説示の段階は存在しない。そのため，裁判員裁判による場合は，もちろん，職業裁判官のみによる場合でも，検察によって証拠が請求された段階から，どのような推認過程，理由付けによる使用をするのかの議論が必要である。どのような推認過程，理由付けを経て，類似事実証拠を有罪認定に役立たせるのか，法廷における議論が必要である。また，そうすることによって，許容性の判断を正確になし得ることになる。

　その分析においては，「他の証拠」が重要な意味を持つ。したがって，当該事件における，証拠構造の分析，整理が必要である。直接証拠により認定する

---

(273)　本書では，類似事実から性向を認定するが，それから性向推認することなく（すなわち，その性向に従って，起訴された犯罪を行ったのであろうとの推認を行うことなく），別の推認過程，理由付けを取る場合は，性向推認に当たらないとの立場で議論してきた。旧法当時の *Thompson* 判決（前掲注(160)，(224)参照），*Straffen* 判決（前掲注(160)参照）は，この立場に立つものと解される。

(274)　Leonard, *supra* note 95 at 367-765.

◇ 第3節 ◇　結　論

場合か，状況証拠により認定する場合か。次に，それらの証拠に，類似事実は
どのように働くのか。直接証拠の真実性を支持するものか，状況証拠による総
合的な証明を確実にするものか。そのような支持，補強の理由が，偶然の一致
排除理論など，性向推認を経ない利用であれば，弊害がより少ないことが明ら
かとなる。このような推認過程，理由付けは，常識に基礎を置くものでなけれ
ばならない。上記のような分析を行っていく結果，類似事実証拠から狭義の性
向推認を経由する場合は，かなり限定的となってくるであろう。それは，証明
力が高度で，かつ，弊害が少ないことが明らかな事案に限られることになる。

　そうすると，まず，狭義の性向推認を経由しない，類似事実証拠の利用が，
探求されるべきである。もし，狭義の性向推認を経る場合は，性向推認に適し
た犯罪類型であるか，類似事実証拠自体が，特定の性向を立証する強さ，その
性向が証明対象事実を立証する強さなど，類似事実証拠が持つ証明力の判断が
必要である。加えて，偏見の害を避けるために，「他の証拠」が強いかの検討
が必要となる。検察の弱い「他の証拠」を強化する場合であれば，許容すべき
でない。このような場合は，争点との関連性が一たん肯定されても，証拠から
排除すべきことになる。

　次に，平成24年判例及び平成25年判例の下で，上記のような提言は，許され
るのかという疑問が生じるかもしれないので，その点について述べておきたい。
両判例は，A事実の犯人がDであることが証明されている場合に，A事実と
B事実が顕著な特徴を共有する場合，A事実の犯人がDである事実を利用し
て，B事実の犯人もDであることを立証する場面に限定された判断である。
これは，アメリカ連邦証拠規則404条(b)項(2)号が定める許容される使用の「同
一性」に関係するうちの一場面について，アメリカの判例の見解を採用したも
のであると思われる。あくまでも，我が国の両判例は，上記の特定の推認過程
を経由する場合に限定されたルールを提示し，それに基づいた事例判断を示し
たものに過ぎないものと解すべきである。したがって，両判例とも，上記の限
度で拘束力があると解すべきである。前科等の類似事実を上記判示以外の推認
過程，理由付けによって有罪認定に利用する場合については，何ら判示すると
ころではない（なお，平成25年判例の金築裁判官補足意見では，偶然の一致排除理
論や全訴因の総合評価などについて示唆があるが）。さらに，平成24年判例は（平

209

◆ 第10章 ◆ 我が国における類似事実証拠の有効かつ適切な利用

成25年判例もほぼ同趣旨），証明対象事実について「実証的根拠の乏しい人格評価によって誤った事実認定に至るおそれがないと認められるときに初めて証拠とすることが許される」，「前刑放火の事実からＤに対して放火を行う犯罪性向があるという人格的評価を加え，これをもとにＤが本件放火に及んだという合理性に乏しい推論をすることに等しい」と，結論に至る理由を述べている。これは，判例としての理由付けであり，それ自体は，判例としての拘束力はないものと解されるが，本書の提言が，両判例が述べる理由付けにも合致するものであることを説明しておきたい。イギリス控訴院が許容する推認過程，理由付けのうち，狭義の性向推認を経由しないものは，我が国の両判例が問題とする性向推認に当たらず，かつ，常識に基づいた合理性のあるものであるから，両判例の上記理由付けに反しない。次に，狭義の性向推認を経由する場合も，他の証拠による強力な証明を補完する場合などに限られ，かつ，類似事実証拠の証明力が偏見の害を凌駕する場合であるから，「実証的根拠の乏しい人格評価によって誤った事実認定に至るおそれ」がある場合でないことが明らかで，かつ，合理性のある推論と言うことができる。よって，本書の提言は，両判例が理由として述べるところにも抵触するものではないと考える。

　なお，他の証拠が強い場合であれば，あえて，類似事実証拠を利用するまでもないとの見解があるかもしれないが，それは，訴訟を動的に見ない見解である。検察の証拠が一応強力なものであっても，Ｄ側が，事実を否認し，防御をする以上，それらに反証し，有罪の証明を万全にする必要性は，常に存在する。

　また，類似事実証拠の中で，前科証拠を特別視する立場を取るべきでないことは，すでに述べた（本章第2節(2)参照）。

(3)　裁判員裁判について

　裁判員裁判を特別扱いする必要はない。我が国では，重大犯罪は，裁判員裁判の対象となる。裁判員裁判であるから，前科を含む類似事実証拠の許容に厳格な態度で臨むべきであるとの立場は採らない。なぜなら，イギリスでは，陪審が，現に，類似事実証拠に関して，常識に基づいた判断を行っている。裁判所による適切な警告，指示があれば，裁判員は，常識に基づいた判断をなし得

◇ 第3節 ◇ 結 論

るものと考える。

　したがって，裁判員裁判では，裁判員に対し，類似事実がどのような推認過程，理由付けを経由して，Ｄを有罪と認定することに役立つのかを具体的に説明すべきである。もちろん，それを採用して有罪認定をするか否かは，裁判員が常識に基づいて決すべきことである。なお，イギリスにおいて，推認過程，理由付けの分析は，陪審に対する説示を適正化するなかで進化してきていることが想起されるべきである。したがって，我が国においても，以上のような推認過程，理由付けの説明を裁判員に行うことによって，裁判官自身の思考も整理されていくことが期待される。

　加えて，イギリスにおいて，裁判官の陪審に対する説示でなされているように，一般的な注意，警告，すなわち，前科等の類似事実だけ，あるいは，それを主な証拠として，Ｄを有罪としてはいけないこと，あくまでも，それは，背景的，追加的な証拠であることなどの警告が，常になされるべきである。

⑷　副次的訴訟の弊害

　最後に，イギリスで議論される副次的訴訟の問題に触れる。副次的訴訟の弊害（類似事実に争いがある場合，その審理に時間が掛かり過ぎることなど）が生じるかどうかは，類似事実証拠の許容性判断の考慮要素となる。

　イギリスの控訴院でその弊害が高いとされ，類似事実証拠の取り調べを許容すべきでないとされた事例は，類似事実証拠が，無罪評決があった事実などであり，確かに，本案と同程度の別の訴訟を審理に加えるものであり，審理の長期化が最初から見込まれる事件であった。日本において，そのような極端な事態が起こることは，事実上，考えにくい。なお，イギリスにおいては，前科等の類似事実につき，Ｄと検察との間にほぼ争いがない場合には，合意書面が取り調べられて，証人尋問が省略されることなどの工夫が行われている。

　和歌山毒カレー事件では，有罪となれば極刑が予測された事件でもあり，ある程度の類似事実証拠，すなわち，併合審理されている事実のほかにも起訴されていない事実を取り調べることの必要性が認められた。もちろん，その証明力が高度であることが必要であるが，極刑等の重い刑が，予測される事件では，

211

◆ 第10章 ◆　我が国における類似事実証拠の有効かつ適切な利用

有罪の証明を盤石なものとしたいと考え，起訴されていない類似事実についても，取り調べ請求がなされることは，これからも起こるであろう。その場合，当該類似事実が持つ証明力の強さを検討する必要がある（和歌山毒カレー事件では，控訴審は，睡眠薬事件に関し，立証を許したことの相当性に疑問の余地がないではないとしたが，結局，違法とまでは言えないと判断した。連続練炭中毒死事件では，別件の火災報知器が外されていたというマイナーな事実の立証は，控訴審が違法であるとした）。

　さらに，類似事実を審理することによって必要となる時間を事前に予測し，事件を管理することも求められている。

参考文献一覧

I　邦文の文献

秋吉淳一郎　「判批」井上正仁編『刑事訴訟法判例百選（第8版）』（有斐閣，2005年）134頁

浅田和茂　「同種前科による認定」佐々木史朗ほか編『刑事訴訟法の理論と実務』（判例タイムズ社，1980年）319頁

足立勝義　『英米刑事訴訟に於ける情況証拠』司法研究報告書5輯4号（司法研修所，1952年）62頁

石井一正　『刑事実務証拠法（第5版）』（判例タイムズ社，2011年）282頁

伊藤博路　「類似事実の立証に関する一考察 —— 最高裁平成二四年九月七日判決を契機として」名城ロースクール・レビュー27号（2013年）1頁

伊藤雅人　「類似事実による立証について」山崎学［ほか］編『植村立郎判事退官記念論文集 —— 現代刑事法の諸問題第1巻』（立花書房，2011年）365頁

岩崎邦生　『最高裁判所判例解説刑事編平成24年度』（法曹会，2015年）275頁

岩崎邦生　『最高裁判所判例解説刑事編平成25年度』（法曹会，2016年）1頁

内田博文　「判批」判例評論657号（判例時報2196号）（2013年）32頁

遠藤邦彦　「類似事実に関する証拠の許容性，関連性，必要性の判断基準」判例タイムズ1419号（2016年）35頁

大澤裕　「判批」論究ジュリスト17号（2016年）226頁

大谷直人　「証拠の関連性」松尾浩也＝井上正仁編『刑事訴訟法の争点（新版）』ジュリスト増刊（有斐閣，1991年）192頁

岡田雄一　「判批」松尾浩也＝井上正仁編『刑事訴訟法判例百選（第7版）』（有斐閣，1998年）136頁

門野博　「判批」刑事法ジャーナル31号（2012年）83頁

門野博　『白熱・刑事事実認定 —— 冤罪防止のハンドブック』（青林書院，2017年）115頁

川出敏裕　「裁判員裁判と証拠・証明」論究ジュリスト2号（2012年）51頁

川出敏裕　「刑事訴訟法演習」法学教室386号（2012年）162頁

川出敏裕　「同種前科・類似事実による立証」警察学論集68巻1号（2015年）127頁，川出敏裕『判例講座　刑事訴訟法〔捜査・証拠篇〕』（立花書房，2016年）267頁所収

楠本英隆　「イギリスにおける類似事実証拠」早稲田法学38巻3・4冊（1962年）20頁

参考文献一覧

楠本英隆 「アメリカにおける類似事実証拠法則の一断面」楠本英隆［ほか］編『齊藤金作先生還暦祝賀論文集』（成文堂，1963年）１頁

楠本英隆 「類似事実証拠法則の若干の適用」早稲田法学39巻１号（1963年）23頁

栗原眞人 『一八世紀イギリスの刑事裁判』（成文堂，2012年）214頁

江家義男 『刑事証拠法の基礎理論』（有斐閣，1951年）222頁

小松正富 「同種前科による認定」熊谷弘ほか編『証拠法大系I』（日本評論社，1970年）169頁

佐伯千仭 「悪性格と類似事実」法律時報39巻８号（1967年）80頁，『続生きている刑事訴訟法』（日本評論社，1970年）298頁所収，『刑事訴訟の理論と現実』（有斐閣，1979年）168頁所収，『生きている刑事訴訟法（佐伯千仭著作選集５巻)』（信山社，2015年）219頁所収

佐々木一夫 「証拠の『関連性』あるいは『許容性』について」八木正一［ほか］編『原田國男判事退官記念論文集 ── 新しい時代の刑事裁判』（判例タイムズ社，2010年）199頁

笹倉宏紀 「判批」井上正仁ほか編『刑事訴訟法判例百選（第10版)』（有斐閣，2017年）144頁

佐藤淳 「判批」研修756号（2011年）17頁

佐藤隆之 「判批」『平成18年度重要判例解説』（ジュリスト臨時増刊1332号）（有斐閣，2007年）194頁

佐藤隆之 「判批」『平成24年度重要判例解説』（ジュリスト臨時増刊1453号）（有斐閣，2013年）184頁

高内寿夫 「判批」國學院法学51巻１号（2013年）83頁

高倉新喜 「刑事被告人の類似事実の証拠の証拠能力の判断について」寺崎嘉博＝白取祐司編『激動期の刑事法学 ── 能勢弘之先生追悼論集』（信山社，2003年）105頁

高田卓爾「同種事実の証拠」大阪市立大学法学雑誌10巻１号（1963年）１頁

高平奇恵 「イギリスにおける悪性格証拠の許容性に関する予備的考察」法政研究78巻３号（2011年）267頁

高平奇恵 「イギリス二〇〇三年刑事司法法における悪性格証拠の許容性」法政研究79巻３号（2012年）341頁

高平奇恵 「犯人性の認定のために悪性格証拠が許容される場合の判断基準」法律時報85巻12号（2013年）123頁

高平奇恵 「二〇〇三年英国刑事司法法における悪性格証拠に関する説示」法政研究81巻３号（2014年）195頁

高平奇恵 「イギリス法の視点からみる悪性格証拠に関する課題」法政研究81巻４号

（2015年）373頁

滝沢誠　「判批」法学新報120巻3・4号（2013年）525頁

田中和夫　『新版証拠法（増補第3版）』（有斐閣，1971年）

田中英夫　『英米法総論上，下』（東京大学出版会，1980年）

田邉真敏　『アメリカ連邦証拠規則』（レクシスネクシス・ジャパン，2012年）

玉本将之　「判批」研修779号（2013年）13頁

田宮裕　『演習刑事訴訟法』（有斐閣，1983）176頁

辻裕教　「判批」井上正仁ほか編『刑事訴訟法判例百選（第9版)』（有斐閣，2011年）140頁

辻脇葉子　「同種前科・類似事実による立証」明治大学法科大学院論集18号（2016年）51頁

辻脇葉子　「類似事実による立証と偶然の理論」明治大学法科大学院論集21号（2018年）139頁

寺崎嘉博　「前科と『関連性』について」井田良ほか編『新時代の刑事法学 —— 椎橋隆幸先生古稀記念（上巻)』（信山社，2016年）

永井紀昭　「判批」平野龍一ほか編『刑事訴訟法判例百選（第3版)』（有斐閣，1976年）144頁

長沼範良・園原敏彦　「類似事実の立証」法学教室338号（2008年）71頁

成瀬剛　「類似事実による立証」井上正仁＝酒巻匡編『刑事訴訟法の争点』ジュリスト増刊（有斐閣，2013年）154頁

成瀬剛　「類似事実による主観的要件の立証 —— 性犯罪事件における性的目的の立証を素材として」酒巻匡ほか編『井上正仁先生古稀祝賀論文集』（有斐閣，2019年）545頁

野口佳子　「同種前科・類似事実による立証」安廣文夫編著『裁判員裁判時代の刑事裁判』（成文堂，2015年）213頁

野々村宜博　「アメリカ合衆国における同種行為の許容性に関する一考察」東大阪大学・東大阪大学短期大学部教育研究紀要9号（2012）1頁

平野龍一　『刑事訴訟法』（法律学全集）（有斐閣，1958年）238頁

廣瀬健二　「判批」『平成23年度重要判例解説』（ジュリスト臨時増刊1440号）（有斐閣，2012年）185頁

堀田尚徳　「判批」北大法学論集65巻4号（2014年）162頁

堀江慎司　「判批」『平成25年度重要判例解説』（ジュリスト臨時増刊1466号）（有斐閣，2014年）194頁

前田雅英　「同種前科による証明」警察学論集65巻11号（2012年）155頁

前田雅英　「裁判員裁判と最高裁の変化」研修778号（2013年）3頁

参考文献一覧

正木祐史 「前科・類似事実立証」季刊刑事弁護70号（2012年）37頁

松岡正章 「被告人の悪性格の立証についての一考察」立命館法学50号（1964年）23頁，「被告人の悪性格の立証について」と改題の上，松岡正章『量刑手続法序説』（成文堂，1975）25頁所収

松岡正章 「証拠の関連性について」団藤重光ほか編『犯罪と刑罰（下）佐伯千仭博士還暦祝賀』（有斐閣，1968年）275頁，「『関連性』について」と改題の上，松岡正章『量刑手続法序説』（成文堂，1975年）53頁所収

松岡正章 「判批」松尾浩也＝井上正仁編『刑事訴訟法判例百選（第6版）』（有斐閣，1992年）126頁

松代剛枝 「類似事実立証について —— 最高裁平成24年9月7日判決／同平成25年2月20日決定と英米法の論理」関西大学法学論集63巻6号（2014年）48頁

松田岳士 「判批」判例評論662号（判例時報2211号）（2014年）31頁

三好幹夫 「前科等の類似事実による被告人と犯人の同一性の認定について」上智法学論集59巻3号（2016年）13頁

村瀬均 「同種前科・類似事実による立証」法学教室435号（2016年）8頁

安冨潔 「余罪証拠と悪性格の立証」刑法雑誌27巻3号（1986年）566頁

河上和雄ほか編『大コンメンタール刑事訴訟法（第2版）第7巻』（青林書院，2012年）435頁（安廣文夫執筆）

吉川崇 「判批」研修774号（2012年）19頁

吉川崇 「判批」警察学論集66巻7号（2013年）155頁

綿引紳郎『最高裁判所判例解説刑事編昭和41年度』（法曹会，1967年）212頁

II 英文の文献

Acorn, A. E., Similar Fact Evidence and the Principle of Inductive Reasoning : Makin Sense, 11 *Oxford J. Legal Stud.* 63（1991）

Auld, R. *Review of the Criminal Courts of England and Wales*（The Stationery Office, London, 2001）

Bagaric, M & Amarasekara, K., The prejudice agaist similar fact evidence, 5 *Int'l J. Evidence & Proof* 71（2001）

Beattie, J. M., *Crime and the Courts in England 1660–1800*（Princeton University Press, 1986, reprinted 2002 by Oxford University Press, Oxford）

Bentley, D., *English Criminal Justice in the Nineteenth Century*, 237-249（The Hambledon Press, 1998）

Broun, K. S., *McCormick on Evidence volume 1*, s. 190（7th ed., Thomson Reuters, 2013）

Cross, R., *Evidence* 382–393 (5th ed., Butterworths, London, 1979)

Dennis, I., *The Law of Evidence* (6th ed. Thomson Reuters, 2017)

Fortson, R. & Ormerod, D., Bad character evidence and cross-admissibility, 5 *Crim. L. R.* 313 (2009)

Glover, R. & Murphy, P., *Murphy on Evidence* (13th ed., Oxford University Press, Oxford, 2013)

Halliday, J et al., *Making Punishments Work : Report of a review of the sentencing framework for England and Wales* (2001)

Hamer, D., The Structure and Strength of the Propensity Inference : Singularity, Linkage and the Other Evidence, 29 *Monash U. L. Rev.* 137 (2003)

Hamer, D., Similar Fact Reasoning in Phillips : Artificial, Disjointed and Pernicious, 30 *U. N. S. W. L. J.* 609 (2007)

Ho, H. L., *A Philosophy of Evidence Law : Justice in the Pursuit of Truth*, 285–337 (Oxford University Press, Oxford, 2008)

Howard, M. N., et al. edit., *Phipson on Evidence* (15th ed., Sweet & Maxwell, London, 1999)

Imwinkelried, E. J., Use of Evidence of an Accused's Uncharged Misconduct to Prove Mens Rea : The Doctrines Which Threaten to Engulf the Character Evidence Prohbition, 51 *Ohio St. L. J.* 575 (1990)

Imwinkelried, E. J., The Evolution of the Use of the Doctrine of Channces as Theory of Admissibility for Similar Fact Evidence 22 *Anglo-Am. L. Rev.* 73 (1993)

Imwinkelried, E. J., An Evidentiary Paradox : Defending the Character Evidence Prohibition by Upholding a Non-Character Theory of Logical Relevance, the Doctrine of Chances, 40 *U. Rich. L. Rev.* 419 (2006)

Judicial College, *The Crown Court Compendium Part 1 : Jury and Trial Management and Summing Up* (June 2018) (https : //www.judiciary.uk/wp-content /uploads/2016/06/crown-court-compendium-pt 1-jury-and-trial-management-and-summing-up-june-2018a.pdf)

Kuhns, R. B., The Propensity to Misunderstand the Character of Specific Acts Evidence, 66 *Iowa L. Rev.* 777 (1981)

Langbein, J. H., *The Origins of Adversary Criminal Trial* (Oxford University Press, Oxford, 2003)

The Law Commission, *Evidence in Criminal Proceedings : Previous Misconduct of a Defendant* (LCCP No 144, July 1996)

The Law Commission, *Evidence of Bad Character in Criminal Proceedings* (Law Com No 273, October 2001)

Leonard, D. P., *The New Wigmore : Evidence of Other Misconduct and Similar Events* (Aspen Publishers, 2009)

Ligertwood, A. & Edmond, G., *Australian Evidence : a principled apprpoach to the common law and Uniform Acts* (6th ed., LexisNexis Butterworths, Australia, 2017)

Ministry of Justice, *Conviction histories of Offenders between the ages of 10 and 52 England and Wales* (London, 2010)

Ministry of Justice, *Criminal Statics : England and Wales 2009 Statics Bulletin* (London, 2010)

Ministry of Justice, *Adult re-conviction : results from the 2009 cohort England and Wales* (London, 2011)

Ministry of Justice, *Proven Re-Offending Statistics Quarterly Bulletin October 2009 to September 2010, England and Wales* (London, 2012)

Morgan Harris Burrows LLP, *Reserch into the impact of bad character provisions on the courts* (Ministry of Justice, 2009)

Munday, R., *Evidence* (9th ed., Oxford University Press, Oxford, 2017)

Ormerod, D & Perry, D. edit., *Blackstone's Criminal Practice 2018* (Oxford University Press, Oxford, 2017)

Park, R. C., Character at the Crossroads, 49 *Hastings L. J.* 717 (1998)

Pattenden, R., Similar fact evidence and proof of identity 112 *L. Q. R.* 446(1996)

Redmayne, M., Recognising propensity, 3 *Crim. L. R.* 177 (2011)

Redmayne, M., *Character in the Criminal Trial* (Oxford University Press, Oxford, 2015)

Richardson, P. J. edit., *Archbold : Criminal Pleading, Evidence and Practice 2018* (Sweet & Maxwell, 2017)

Roberts, P. & Zuckerman, A., *Criminal Evidence* (2nd ed., Oxford Univetsity Press, Oxford, 2010)

Saltzburg, S. A. et al., *Federal Rules of Evidence Manual* vol. 1 (11th ed., Matthew Bender, 2015)

Sanders, A. et al., *Criminal Justice* (4th ed., Oxford University Press, Oxford, 2010)

Spencer, JR, *Evidence of Bad Character* (2nd ed., Hart Publishing, Oxford, 2009)

Spencer, JR, *Evidence of Bad Character* (3rd ed., Hart Publishing, Oxford, 2016)

参考文献一覧

Stone, J., The Rule of Similar Fact Evidence : England, 46 *Harv. L. Rev.* 954 (1932–1933)

Tapper, C., Criminal Justice Act 2003 : Part 3 : evidence of bad character, Jul. *Crim. L. R.* 533 (2004)

Tapper, C., *Cross and Tapper on Evidence* (12th ed., Oxford University Press, Oxford, 2010)

Taylor, R. et al., *Blackstone's Guide to The Criminal Justice Act 2003* (Oxford Univetsity Press, Oxford, 2004)

Wigmore, J. H., *The Science of Judicial Proof* (3rd ed., Little, Brown and Company, Boston, 1937)

Wigmore, J. H., A Treatise on the Anglo-American System of Evidence in Trials at *Common Law* vol. 1 (3rd ed., Little, Brown and Co., Boston, 1940)

Williams, C. R., The Problem of Simiar Fact Evidence, 5 *Dalhousie L. J.* 281 (1979)

Wills, W., *The Theory and Practice of the Law of Evidence* (2nd ed., 1907)

Zuckerman, A., Similar fact evidence - the unobservable rule, 103 *L. Q. R.* 187 (1987)

事項・人名索引

◆ あ 行 ◆

悪性格（bad character）………………………3
悪性格証拠の許容性 …………………………3, 45
「悪性格」証拠の定義 …………………………49
足利事件 ………………………………………188
アメリカ連邦証拠規則 …………………………38
    404条 …………………………………………38
    404条(b)項(1)号 ……………………………39
    404条(b)項(2)号 ……………………………39
    413条 …………………………………………39
    414条 …………………………………………39
イムウィンケルリート, E. J. …………………88
ウィグモア, J. H. ………………………44, 76, 133
ウィリアムズ, C. R. ……………………………24, 85
ウェンズベリ事件の基準 …………………60, 67
オールド裁判官による「イングランドとウェールズの刑事裁判所の見直し」（2001年）……45

◆ か 行 ◆

カテゴリー・アプローチ（categories approach）
  ………………………………………………19, 23
起訴された罪と同種の犯罪を犯す性向 ……53
客観的不可能性原理（doctrine of chances）
  ………………………………………………86
狭義の（直接的の，独立した）性向推認……12, 74,
  75, 177, 188
許容された悪性格証拠の使用目的 …………71
許容されない推論の連鎖（inadmissible
  chain of reasoning）………………………22
許容性から説示（推認過程）への重点の移動
  ………………………………………………65, 173
禁じられた推論（forbidden reasoning）
  ………………………………………………22, 74, 207
禁じられたタイプの推論（forbidden type
  of reasoning）………………………………22
偶然の一致排除アプローチ（The 'coincidence'
  approach）…………………………………156
偶然の一致排除理論（coincidence reasoning）
  ………………10, 19, 75, 86, 131, 152, 180, 193
Criminal Justice Act 2003（CJA2003） →2003
年刑事司法法

◆ さ 行 ◆

刑事法院裁判官の手引き概説（Judicial
  College, *The Crown Court Bench
  Book Compendium*）………………………70
決定の理由を述べるべき裁判所の義務 ……56
潔白な関係（innocent association）……24, 26
潔白な存在 ……………………………………150
原則的許容アプローチ ………………………57
顕著な類似性（striking similarity）…27, 31, 32
公正（fair），公正さ（fairness）………28, 30, 34,
  52, 55, 56, 96, 186
行動のパターン（pattern）…………………169
コカインへの関心 ……………………………142, 183
子どもに対する性的関心 ……111, 113, 177, 182
コモン・ロー …………………………………3, 14
  ――のルールの廃止 ……………………48

裁判員裁判 ………………………………6, 12, 210
裁判官研修所（Judicial Studies Board）
  ………………………………………………67, 69
裁判官による陪審に対する説示（judicial directions）………………………………65, 66, 162
裁判官の裁量による排除 …………31, 55, 115
サミング・アップ ……………………7, 66, 70
システム（system）…………………………19, 170
司法大学 ………………………………………70
銃器，ナイフが存在することの認識 ………135
銃器，ナイフとのかかわり …………139, 182
銃器に関係する人間とのかかわり ……140, 182
十分な類似性（sufficiently similar）…34, 155,
  167
準急東海4号すり事件 ………………………205
順次アプローチ（sequential approach）
  ………………………………………………168, 172
状況証拠（間接事実）…168, 171, 172, 181, 183
状況証拠の総合による証明を確実にする働き
  ………………………………………………177
常識（common sense）………12, 28, 66, 68,
  133, 160, 181, 186
少女に対する性的関心 ………………………109
証明力と弊害との比較衡量 …………29, 31,
  34, 118, 188

事項・人名索引

昭和41年判例 ……………………197

推認の累積（accumulation of inference）…165

推認を誤らせる偏見（inferential error
　prejudice）………………………41

推論における偏見（reasoning prejudice）
　…………………………………42

「すべての国民に正義を」と題する白書
　（2002年）………………………46

すべての訴因の証拠の全体的観察 ……169, 179

性格（character）………………………3

性向アプローチ（The 'propensity' approach）
　………………………………156

性向証拠（propensity evidence）……………66

性向推認（propensity inference）………12, 23,
　42, 54, 74

性向立証のための証明水準 …………126

正当防衛の防御の反証のための利用 …124

説示に関する協議及びその書面化 ……70

説明証拠 ………………………51

前科証拠 ………………………4

善性格（good character）………………3

全体アプローチ（pooling approach）…169, 172

1898年刑事証拠法（Criminal Evidence
　Act 1898）1条 ………………36

1968年窃盗法（Theft Act 1968）27条(3)項 …16

1984年警察・刑事証拠法（The Police and
　Criminal Evidence Act 1984）74条(3)項,
　78条(1)項 ………………………54, 56

1999年少年司法及び刑事証拠法（The
　Youth Justice and Criminal Evidence
　Act 1999）41条 ………………………50

争点となっている重要な事項との関連性 …51

争点との関連性 ………………12, 208

◆ た 行 ◆

他の証拠（other evidence）…12, 84, 85, 95, 174

直接証拠の真実性を支持するための利用
　………………………………119, 175

追加的証拠（additional evidence）…………100

DNA（鑑定）……………………103, 189

D以外の者の性格 ………………3, 50

Dが他人の性格を攻撃したとき …………51

Dの悪性格証拠 ………………………4

　──が許容される入り口 …………………51

Dの性格 ………………………3

Dの善性格証拠 ………………………3

手口（modus operandi） ………………59, 105

手口酷似強姦致傷事件 ………………204

手続きの公正を害する ………………55, 56, 96

同種前科1件 ………………………59, 129

同定証言を支持する働き ………………141, 176

鳥取連続不審死事件 ………………203

◆ な 行 ◆

二重の推認 ………………………75, 76

二重評価（ダブル・カウンティング）……148,
　159, 179

2003年刑事司法法（Criminal Justice Act 2003）
　…………………………………3, 45

　学界の評価 ………………………47

　第11編第1章「悪性格証拠」成立の動因……45

　98条 ………………………49

　99条 ………………………48

　100条 ………………………50

　101条(1)項 ………………………51

　101条(1)項(d)号 ………………………53

　101条(3), (4)項 ………………………55, 59

　101条(3)項による排除 ………………115

　103条 ………………………53, 59

　110条 ………………………56

　112条(1)項………………………49, 53

2004年の内務大臣の命令（The Criminal
　Justice Act 2003（Categories of Offences）
　Order 2004, SI 2004 No. 3346）………54, 96

認識，故意の認定のための利用 …………131

◆ は 行 ◆

背景証拠（background evidence）…………52

バガリック, M. 及びアマレイスカラ, K.
　…………………………………35, 91

バガリック説 ………………75, 91, 152, 181

パク, R.C. ………………………78

Huddleston 判決，ハドルストン・ルール ……40

ハリデイらによる「処罰の有効化：イング
　ランドとウェールズのための量刑体制の
　見直しについての報告」（2001年）………46

犯罪的ギャングの一員 ………………138, 149, 183

Hanson 判決のガイドライン ………………58

犯人の同一性認定のための利用 …………141

P 判決 ………………………32

PV＞PE テスト ……………………………34
比較的性向（comparative propensity）……78
ビデオ面通しの列（VIPER parade）………99
副次的訴訟（satellite litigation）の弊害
　…………………………………13, 60, 211
複数告訴人証言の訴因間使用，相互支持
　…………………………………154, 178
複数訴因間の証拠の許容性 …………31, 153
不真実の性向（嘘をつく性向）………53, 60
古い前科 …………………………68, 117, 129
平成24年判例 …………………4, 191, 209
平成25年判例 …………………4, 194, 209
　――の金築裁判官の補足意見 …192, 194, 196
ヘイマー，D. ……………………………85
ホー，H. L. ……………………………82
法律委員会の諮問文書（1996年），
　報告書（2001年）……………………45
法を無視する偏見（nullification prejudice）
　…………………………………………41
Boardman 判決…………………22, 26, 32

◆ ま 行 ◆

Makin 判決 ……………………20, 29, 86
間違った印象を正す証拠 ………………51
麻薬であることの認識 …………………133
無罪とされた類似事実 ……………55, 62

◆ や 行 ◆

有罪推認過程の分析 ………………3, 12, 94, 208
浴槽の花嫁事件 ……………………………87
ヨーロッパ人権条約6条 ………………184

◆ ら 行 ◆

リスト・アプローチ ……………………39
両者のアプローチ（Both approaches）……156
倫理的自律性 ……………………………82
倫理的偏見（moral prejudice）…………42
類型アプローチ …………………………24
類似事実証拠からの有罪推認過程，
　理由付けの分析 ……………10, 12, 208
類似事実証拠に関するルール（原則許容説，
　原則排除説）……………………………44
類似事実証拠の許容性に関するルール …14, 53
レドメイン，M. ……22, 25, 35, 78, 87, 148
レナード，D. P. ……………40, 42, 89, 133
連続練炭中毒死事件 ……………………202
ロバーツ，P. 及びズッカマン，A. ……42, 47, 65

◆ わ 行 ◆

わいせつ映像の取調べ ……………110, 112
和歌山毒カレー事件 …………………5, 199

判例索引

◆ イギリス ◆

Associated Provincial Piture Houses LTD v Wednesbury Corporation [1948] 1 KB 223 ······60

DPP v Boardman [1975] AC 421 ·······························22, 26, 74, 87, 154, 178
DPP v Chand [2007] EWHC 90 (Admin) ·······························116
DPP v P [1991] 2 AC 447 ·······························32, 112

Makin v Attorney General of New South Wales [1894] AC 57 ·······················20, 86, 180

O'Brien v Chief Constable of South Wales Police [2005] 2 AC 534 ·······················83

R v A [2009] EWCA Crim 513 ·······························109, 114, 177, 182
R v Bailey (1847) 2 Cox 311 ·······························17
R v Balazs [2014] EWCA Crim 937 ·······························113, 115, 177
R v Ball [1911] AC 47 ·······························21
R v Barns [1995] 2 Cr App R 491 ·······························172
R v Benabbou [2012] EWCA Crim 1256 ·······························117, 118
R v Bond [1906] 2 KB 389 ·······························170
R v Bowman [2014] EWCA Crim 716 ·······························128
R v Boynes (1843) 174 Eng Rep 714 ·······························17, 18
R v Brima [2006] EWCA Crim 408 ·······························141, 151, 152
R v Brown [2012] EWCA Crim 773 ·······························129
R v Bryon [2015] EWCA Crim 997 ·······························102, 105, 106
R v Burdess [2014] EWCA Crim 270 ·······························129

R v Campbell [2007] EWCA Crim 1472 ·······························71, 119, 124, 175, 176
R v Chopra [2006] EWCA Crim 2133 ·······························154
R v Clements [2009] EWCA Crim 2726 ·······························117
R v Clewes (1830) 4 C& P 228 ·······························16
R v Cole (1810) in D. Bentley, Select Cases from the Twelve Judges' Notebooks 109 ···········14
R v Cooper (1849) 3 Cox 547 ·······························17
R v Cox [2014] EWCA Crim 804 ·······························61, 129, 131, 176
R v Cross [2012] EWCA Crim 2277 ·······························146, 162, 168, 173
R v Cundell [2009] EWCA Crim 2072 ·······························73, 123, 124

R v D'Ambrosia [2015] EWCA Crim 182 ·······························51
R v Darnley [2012] EWCA Crim 1148 ·······························103
R v DM [2008] EWCA Crim 1544 ·······························55, 61
R v Donnal (1817) 2 C & K 308 ·······························16
R v Dossett [2013] EWCA Crim 710 ·······························68, 147, 148, 151, 152, 177, 180
R v Downey [1995] 1 Cr App R 547 ·······························172
R v D, P and U [2011] EWCA Crim 1474 ·······················71, 108, 110, 111, 114, 177, 182
R v Dunn and Smith (1826) 1 Moo 146 ·······························15

判 例 索 引

R v Eastlake and Eastlake [2007] EWCA Crim 603 ·················142, 152, 176, 180
R v Edwards, Duggan, Chohan and Others [2005] EWCA Crim 1813 ·················67
R v Edwards, Rowlands, Smith, Enright and Others [2005] EWCA Crim 3244 ·················73
R v Egerton (1819) 168 Eng Rep 852 ·················16
R v Elliott [2010] EWCA Crim 2378 ·················106, 134, 137, 141, 177, 178, 183
R v Ellis [2010] EWCA Crim 163 ·················122

R v Francis (1874) LR 2 CCR 128 ·················18, 132, 180
R v Freeman and Crawford [2008] EWCA Crim 1863 ·················146, 155, 178
R v Fursey (1833) 172 Eng Rep 1155 ·················16

R v Geering (1849) 8 Cox 450n ·················17
R v George [2002] EWCA Crim 1923 ·················104
R v Grant [2008] EWCA Crim 1890 ·················103
R v Gunning [2018] EWCA Crim 677 ·················160, 161, 165, 168, 178, 179

R v H [2011] EWCA Crim 2344 ·················159
R v Hanson, Gilmore and P [2005] EWCA Crim 824 ·········53, 58, 66, 77, 105, 117, 122, 174, 177
R v Harris [1952] AC694 ·················21, 23, 87
R v Harris [2017] EWCA Crim 1849 ·················21, 23, 160
R v Harrison-Owen (1951) 35 Cr App R 108 ·················24
R v Highton and Others [2005] EWCA Crim 1985 ·················56, 71
R v Howe [2017] EWCA Crim 2400 ·················103, 105, 106, 177

R v Isichei [2006] EWCA Crim 1815 ·················142, 152, 183

R v Jackson [2011] EWCA Crim 1870 ·················75, 145, 152, 178, 181
R v Jordan [2009] EWCA Crim 953 ·················117

R v Kilbourne [1973] AC 729 ·················27
R v Koc [2008] EWCA Crim 77 ·················133

R v L [2012] EWCA Crim 316 ·················72
R v Lafayette [2008] EWCA Crim 3238 ·················68, 72, 127
R v Lewis (1983) 76 Cr App R 33 ·················24
R v Lewis [2014] EWCA Crim 48 ·················24, 149, 152, 183

R v M [2006] EWCA Crim 3408 ·················129
R v Mahoney (1848) 12 JP 377 ·················17
R v Maina [2010] EWCA Crim 3228 ·················138, 140, 182, 184
R v Marsh [2009] EWCA Crim 2696 ·················51
R v Maxwell [1935] AC 309 ·················36
R v McGranaghan [1995] 1 Cr App R 559 ·················172
R v McKenzie [2008] EWCA Crim 758 ·················121, 124, 175
R v McLeod [1995] 1 Cr App R 591 ·················37
R v Miller [2010] EWCA Crim 1578 ·················110, 115, 177
R v Mitchell [2016] UKSC 55 ·················63, 68, 126
R v MJ [2013] EWCA Crim 1050 ·················148, 152, 176, 180
R v Morris [2016] EWCA Crim 2236 ·················160

225

判 例 索 引

R v Mortimer (1936) 25 Cr App R 150 ·······························132, 180
R v N (H) [2011] EWCA Crim 730 ································153
R v Ngando [2014] EWCA Crim 506 ·····················150-152, 180
R v Ngyuen [2008] EWCA Crim 585 ································125
R v Nicholas [2011] EWCA Crim 1175 ·····················139, 140, 182, 184
R v Nicholson [2012] EWCA Crim 1568 ············148, 153, 161, 168, 178, 179
R v Norris [2009] EWCA Crim 2697 ··················165, 168, 179, 183

R v Oddy (1851) 169 Eng Rep 499 ·······························15
R v O'Dowd [2009] EWCA Crim 905 ······························62
R v Ogden [2013] EWCA Crim 1294 ····························103
R v Osbourne [2007] EWCA Crim 481 ·················49, 154, 177, 178

R v Pettmann [1985] unreported, in R. Munday, *Evidence* 275 (9 th ed., Oxford University
Press, Oxford, 2017) ··52
R v Phillips [2003] 2 Cr App R 35 ·································52
R v Pope [2010] EWCA Crim 2113 ·······························148
R v Purcell [2007] EWCA Crim 2604 ····················144, 152, 176

R v Rhodes (1899) 19 Cox 182 ····································171
R v Richardson (1861) 8 Cox 448 ······························18, 224
R v Rickman (1789) East 2 P C 1035 ···························16
R v Roden (1874) 12 Cox 630 ·····································17
R v RR [2010] EWCA Crim 148 ·························137, 140, 182

R v Sims [1946] KB 531 ···27
R v Smith (1916) 11 Cr App R 229 ·······························33, 87
R v Smith and Others [2008] EWCA Crim 1342 ·······135, 140, 180, 182
R v Spittle [2008] EWCA Crim 2537 ·················144, 151, 176, 180
R v Straffen [1952] 2 QB 911 ······························35, 75, 208
R v Suleman [2012] EWCA Crim 1569 ·········146, 152, 169, 170, 172, 179, 180
R v SW [2011] EWCA Crim 2463 ································162

R v Tattersal and Others (1801) in D. Bentley, Select Cases from the Twelve Judges'
Notebooks 89 ··14
R v Thompson [1918] AC 221 ·····································75, 208
R v Tirnaveanu [2007] EWCA Crim 1239 ························50
R v Tully and Wood [2006] EWCA Crim 2270 ·······101, 105, 115, 117

R v Urushadze [2008] EWCA Crim 2498 ·················116-118

R v Voke (1823) 168 Eng Rep 934 ·······························16

R v Wallace [2007] EWCA Crim 1760 ·········169, 171, 172, 179, 180
R v Waters and Ellis (1870) 72 CCC Sess Pap 544 ············17
R v Weir, Somanathan, Manister and Others [2005] EWCA Crim 2866 ···········107
R v Westwood (1813) 4 C & P 547 ·································16
R v Whiley and Haines (1804) 168 Eng Rep 589 ················14

判例索引

R v Williams ［2011］EWCA Crim 2198 ……………………72
R v Winkworth （1830）4 C & P 444 ……………………16
R v Winslow （1860）8 Cox 397 ……………………18
R v Z ［2000］2 AC 483 ……………………………………55

◆ アメリカ ◆

Huddleston v United States, 485 U. S. 681 （1988）……………40
Old Chief v United States, 519 U. S. 172 （1997）……………41
United States v Egglestone, 165 F. 3 d 624 （8th Cir. 1999）……44
United States v Perkins, 94 F. 3 d 429 （8th Cir. 1996）……44
United States v Woods, 484 F 2 d 127 （4th Cir. 1973）……89

◆ カナダ ◆

R v B （FF）［1993］1 SCR 697 ……………………35
R v Morris ［1983］2 SCR 190 ……………………35

◆ オーストラリア ◆

Pfennig v R （1995）182 CLR 461 ……………………35, 221
R v Makin （1893）14 LR （NSW）1 ……………………91

◆ ニュージーランド ◆

R v Hall （1887）5 NZLR 93 ……………………18

◆ 日　本 ◆

大判昭和15年 3 月19日判決全集 7 輯12巻26頁（結婚詐欺事件）……………………198
静岡地判昭和40年 4 月22日下刑集 7 巻 4 号623頁（準急東海 4 号すり事件）……………………205
最三決昭和41年11月22日刑集20巻 9 号1035頁（寄附金詐欺事件）……………………5, 197
水戸地下妻支判平成 4 年 2 月27日判例時報1413号35頁（手口酷似強姦致傷事件）……………………204
宇都宮地判平成 5 年 7 月 7 日判例タイムズ820号177頁（足利事件確定審）……………………188
東京地判平成 6 年 3 月31日判例タイムズ849号165頁（ロス疑惑銃撃事件）……………………124
東京高判平成 8 年 5 月 9 日判例タイムズ922号296頁（足利事件確定審）……………………188
東京高判平成10年 7 月 1 日判例タイムズ999号102頁（ロス疑惑銃撃事件）……………………124
和歌山地判平成14年12月11日判例タイムズ1122号464頁（和歌山毒カレー事件）……………………6, 199
大阪高判平成17年 6 月28日判例タイムズ1192号186頁（和歌山毒カレー事件）……………………6, 199
広島地福山支判平成18年 8 月 2 日判例タイムズ1235号345頁（犯行態様類似強姦，同致傷事件）…205
東京高判平成20年12月16日判例タイムズ1303号57頁（睡眠導入剤準強姦事件）……………………201
最三判平成21年 4 月21日判例タイムズ1297号127頁（和歌山毒カレー事件）……………………6, 196
さいたま地判平成24年 4 月13日 LEX/DB 文献番号25481416（連続練炭中毒死事件）……………………202
最二判平成24年 9 月 7 日刑集66巻 9 号907頁（平成24年判例）……………………4, 5, 191
鳥取地判平成24年12月 4 日 LEX/DB 文献番号25503373（鳥取連続不審死事件）……………………203
最一決平成25年 2 月20日刑集67巻 2 号 1 頁（平成25年判例）……………………5, 194
東京高判平成26年 3 月12日 LEX/DB 文献番号25503368（連続練炭中毒死事件）……………………202
広島高松江支判平成26年 3 月20日 LEX/DB 文献番号25503372（鳥取連続不審死事件）……………………203
最二判平成29年 4 月14日 LEX/DB 文献番号25448669（連続練炭中毒死事件）……………………202

227

判 例 索 引

最一判平成29年 7 月27日 LEX/DB 文献番号25448930（鳥取連続不審死事件）……………………203
最一決平成29年12月25日判例タイムズ1447号70頁（東京都庁郵便小包爆発事件）……………………165
最一判平成30年 5 月10日刑集72巻 2 号141頁（公然わいせつ事件）……………………………………189

〈著者紹介〉

中 川 武 隆（なかがわ・たけたか）

1944年　石川県金沢市生まれ
1966年　京都大学法学部卒業
1968年　裁判官任官。以後，ノートル・デイム大学ロー・スクー
　　　　ル客員研究員，最高裁調査官，司法研修所教官，前橋家
　　　　裁所長，新潟地裁所長，東京高裁部総括判事などを歴任。
2009年　早稲田大学法務研究科任期付教授
2019年　早稲田大学博士（法学）
現　在　弁護士（第二東京弁護士会）

〈著書（共著）〉
『情況証拠の観点から見た事実認定』司法研究報告書42輯 2 号
　（司法研修所，1992年，後に法曹会より刊行）

学術選書
188
刑事訴訟法

悪性格と有罪推認
── イギリス控訴院判例の分析 ──

2019（令和元）年 8 月15日　第 1 版第 1 刷発行

著　者　　中　川　武　隆
発行者　　今井貴 稲葉文子
発行所　　株式会社 信山社
〒113-0033　東京都文京区本郷6-2-9-102
Tel 03-3818-1019　Fax 03-3818-0344
info@shinzansha.co.jp
出版契約 2019-6788-4-01010　Printed in Japan

©中川武隆，2019　印刷・製本／亜細亜印刷・牧製本
ISBN978-4-7972-6788-4 C3332 分類327.630-a010 刑事法・刑事訴訟法
P244　￥6800E-012-030-020

JCOPY 〈社出版者著作権管理機構　委託出版物〉
本書の無断複写は著作権法上での例外を除き禁じられています。複写される場合は，
そのつど事前に，社出版者著作権管理機構（電話 03-5244-5088, FAX 03-5244-5089,
e-mail：info@jcopy.or.jp）の許諾を得て下さい。

現代選書シリーズ

未来へ向けた、学際的な議論のために、
その土台となる共通知識を学ぶ

中村民雄　著　ＥＵとは何か（第3版）

畠山武道　著　環境リスクと予防原則 Ⅰ
　　　　　　　　－リスク評価〔アメリカ環境法入門〕

畠山武道　著　環境リスクと予防原則 Ⅱ
　　　　　　　　－予防原則論争〔アメリカ環境法入門2〕

森井裕一　著　現代ドイツの外交と政治

三井康壽　著　大地震から都市をまもる

三井康壽　著　首都直下大地震から会社をまもる

林 陽子 編著　女性差別撤廃条約と私たち

黒澤 満 著　核軍縮入門

森本正崇　著　武器輸出三原則入門

高 翔龍 著　韓国社会と法

加納雄大　著　環境外交

加納雄大　著　原子力外交

初川 満 編　国際テロリズム入門

初川 満 編　緊急事態の法的コントロール

森宏一郎　著　人にやさしい医療の経済学

石崎 浩 著　年金改革の基礎知識（第2版）

信山社

◆ドイツの憲法判例〔第2版〕

ドイツ憲法判例研究会 編　栗城壽夫・戸波江二・根森健 編集代表

・ドイツ憲法判例研究会による、1990年頃までのドイツ憲法判例の研究成果94選を収録。ドイツの主要憲法判例の分析・解説、現代ドイツ公法学者系譜図などの参考資料を付し、ドイツ憲法を概観する。

◆ドイツの憲法判例Ⅱ〔第2版〕

ドイツ憲法判例研究会 編　栗城壽夫・戸波江二・石村修 編集代表

・1985～1995年の75にのぼるドイツ憲法重要判決の解説。好評を博した『ドイツの最新憲法判例』を加筆補正し、新規判例を多数追加。

◆ドイツの憲法判例Ⅲ

ドイツ憲法判例研究会 編　栗城壽夫・戸波江二・嶋崎健太郎 編集代表

・1996～2005年の重要判例86件を取り上げ、ドイツ憲法解釈と憲法実務を学ぶ。新たに、基本用語集、連邦憲法裁判所関係文献、1～3通巻目次を掲載。

◆ドイツの憲法判例Ⅳ　2018.10新刊

ドイツ憲法判例研究会 編　鈴木秀美・畑尻剛・宮地基 編集代表

・主に2006～2012年までのドイツ連邦憲法裁判所の重要判例84件を収載。資料等も充実、更に使い易くなった憲法学の基本文献。

◆フランスの憲法判例

フランス憲法判例研究会 編　辻村みよ子編集代表

・フランス憲法院(1958～2001年)の重要判例67件を、体系的に整理・配列して理論的に解説。フランス憲法研究の基本文献として最適な一冊。

◆フランスの憲法判例Ⅱ

フランス憲法判例研究会 編　辻村みよ子編集代表

・政治的機関から裁判的機関へと揺れ動くフランス憲法院の代表的な判例を体系的に分類して収録。『フランスの憲法判例』刊行以降に出されたDC判決のみならず、2008年憲法改正により導入されたQPC（合憲性優先問題）判決をもあわせて掲載。

◆ヨーロッパ人権裁判所の判例

戸波江二・北村泰三・建石真公子・小畑郁・江島晶子 編

・ボーダーレスな人権保障の理論と実際。解説判例80件に加え、概説・資料も充実。来たるべき国際人権法学の最先端。

◆ヨーロッパ人権裁判所の判例Ⅱ　2019.3最新刊

小畑郁・江島晶子・北村泰三・建石真公子・戸波江二 編

・新しく生起する問題群を、裁判所はいかに解決してきたか。様々なケースでの裁判所理論の適用場面を紹介。

信山社

ブリッジブック刑法の考え方（第3版）　高橋則夫 編

新時代の刑事法学　椎橋隆幸先生古稀記念

　井田良・川出敏裕・高橋則夫・只木誠・山口厚 編

刑事法学の未来　長井圓先生古稀記念

　高橋則夫・只木誠・田中利幸・寺崎嘉博 編

刑事コンプライアンスの国際動向　甲斐克則・田口守一 編

企業活動と刑事規制の国際動向　甲斐克則・田口守一 編

「侵害原理」と法益論における被害者の役割

　アルビン・エーザー 著／甲斐克則 編訳

ブリッジブック医事法（第2版）　甲斐克則 編

医事法辞典　甲斐克則 編集代表

医療情報と医事法〈医事法講座９〉　甲斐克則 編

法と哲学　井上達夫 責任編集

信山社